또 다른 지능, 다음 50년의 행복

아시아

박태준미래전략연구총서 12

또 다른 지능, 다음 50년의 행복

장병탁 권호정 이인아 권영선 지음

아시아

다음 50년의 행복은 인공지능과 더불어

2016년 초 다보스 세계경제포럼에서 '제4차 산업혁명'이 화두로 던져진 후 4년이 지나가는 현 시점에서 돌아보면, 처음에 일부에서 대두됐던 회의적인 시각은 점차 약해지는 반면 정말로 새로운 기술혁신의 변곡점에 인류가 서 있다는 견해가 점차 더 강해지고 있다. 2019년 8월 프랑스의 발명가 프랭키 자파타는 인류 최초로 자신이 개발한 1인용 플라잉보드로 영불해협을 횡단하는 쾌거를 이뤘고, 2019년 1월 딥마인드가 개발한 알파스타가 인기 있는 실시간 전략시뮬레이션 게임인 스타크래프트II 최고수들을 상대로 승리를 거둔 데 이어 최근 (2019년 11월 1일) 딥마인드는 알파스타가 스타크래프트II 게임플레이어의 상위 0.2%에 해당하는 그랜드마스터 등급에 도달했다고 발표했다. 경제성 문제를 차치하고 볼 때 인공지능의 역량은 사람만이 할 수 있다고 여겨졌던 많은 영역에서 인간의 능력을 따라잡고 추월하고 있다. 더 나아가 여러 기술선진국들이 눈을 밖으로 돌려 달에 식민지를 건설하고 화성에 인류를 보내는 비전을 제시하고 단계적으로 추진하는 시대를 우리는 살아가고 있다.

이러한 기술혁신의 변혁기에 인공지능 기술은 이제 우리 일상생활과 경제활동에 있어서 보편적으로 활용되는 범용기술이 되어가고 있다. 컴퓨터, 통신, 바이오, 나노, 소재 등 여러 기술발전의 이면에는 대개의 경우 인공지능이 자리 잡고 있는 것이다. 인공지능이 빠르게 확산되는 것은 인공지능을 잘 활용하면 생산성을 획기적으로 높일 수 있고, 새로운 소재와 의약품을 개발할 수 있고, 질병을 예방해 오래 건강히 살 수 있고, 자원소비를 절약해 에너지 고갈과 기후온난화 문제 해결에 기여할 수 있기 때문이다. 그러나 제4차 산업혁명 시대의 인공지능은 기존 경제 생태계를 통째로 뒤엎는 기술(disruptive technology)로 우리에게 다가와 다양한 경제사회 문제를 야기하고 있다. 당장 '타다' 서비스와 택시산업의 충돌에서 보는 것과 같이 신생 서비스와 기존 서비스의 일자리 다툼, 산업구조조정 과정에서 발생하는 소득불균형 심화, 촘촘한 네트워크 속에 살아가면서 자연스럽게 남기게 되는 디지털 흔적이 모아져 분석되고 활용되면서 발생하는 개인정보 침해와 감시 등 다양한 부작용이 발생하고 있다.

앞으로 인공지능이 더욱 발전해 사람과 같은 수준의 '또 다른 지능'으로 우리에게 다가오면, 인공지능은 우리의 생활환경과 삶의 방식을 바꾸는 것에 그치지 않고 더 나아가 인간 자체의 진화를 재촉할 것으로 보인다. 과거의 기술진보가 인간의 수족을 활용한 노고를 덜기 위한 것이었다면 인공지능은 인간 뇌의 역할을 상당부분 대신해주고 인간 생명의 신비를 벗겨내 인간의 진화를 가속화시킬 것이기 때문이다. 우리는 정말로 지각변동과 같이 대단한 기술진보의 변곡점에 서 있는 것이고, 이러한 변화를 우리는 기대와 두려움을 갖고 맞이하고 있다.

특히 이러한 급진적 변화가 우리 경제의 근대화 50년을 지나는 변곡점에서 우리에게 닥쳐오고 있다. 삼성전자, 포스코, 현대중공업 등 우리의 주력 기업들이 50세를 넘기는 시점에 우리 경제의 성장률은 2% 수준도 유지하기 어려운 상황에 처해 있다. 과감히 새로운 성장전략을 찾아야 하는 시점에 급진적 기술변화가 닥쳐오면서 이 시기가 더욱 가혹한 시련으로 우리에게 다가올 수도 있으나, 네 명의 공저자는 이 책을 통해서 현재 진행되는 대단한 기술발전을 우리가 잘 활용하면 '다음 50년' 동안 행복하게 살기 위한 새로운 기회가 될 것임을 이야기하고자 했다. 다른 사람보다 앞서 각자의 분야에서 인공지능과 관련된 연구를 해온 네 명의 공저자는 이 책에서 우리의 미래 경제사회뿐만 아니라 우리 자신에게 발생할 변화의 모습을 상상하고 다음 50년의 행복한 삶을 위한 대안을 통합적으로 이야기하고자 노력했다.

신을 모방해 진화된 인간이 자신을 모방해 창조한 인공지능이 가져올 대단한 미래의 변화상에 대해 각자의 능력을 최대한 활성화시켜 상상해 보았지만 능력이 미흡해 아직 부족한 부분이 많음을 실토할 수밖에 없다. 이 점을 독자들이 이해해주기를 바란다. 다만, 기존의 파편화된 인공지능 관련 논의를 네 명의 이질적 전공자가 통합적으로 다루어, 비록 빠진 부분이 있으나, 큰 그림을 그리려고 노력했다는 것을 독자들이 혜량해준다면 감사할 따름이다.

이 책이 나오기까지 포스텍 박태준미래전략연구소의 물심양면 지원이 없었다면 공저는 불가능했을 것이다. 두 번의 집필진 회의와 태풍 링링이 지나가는 와중에 포스텍에서 1박2일 저술기획 토론을 진행할 수 있었던 것도 그 덕분이었다. 이 자리를 빌려 김승환 소장님, 정기준 교수님께 깊이 감사드린다. 아울러 필자들의 게으름과 부족으로 원고가 지연되면서 짧은 일정에도 불구하고 책이 기획된 대로 출판될 수 있도록 수고를 아끼지 않은 이대환 작가님께도 감사드린다. 끝으로 이 책의 필자들이 공저자로 만날 수 있도록 연을 만들어주신 고 박태준 포스코 회장님께 감사드린다.

2019년 11월
공저자 일동

차례

장병탁 서울대학교 컴퓨터공학부 교수

또 다른 지능, 인공지능이 가져올 미래의 변화

사람이 프로그램하는 인공지능의 시대에서 기계가 스스로 학습하는 인공지능의 시대가 도래하였다. 인간만의 고유한 영역이라고 여겼던 문제들이 빅 데이터 기반의 딥러닝 인공지능에 의해 정복되고 있다. 아직까지는 가상의 디지털 공간에서의 이야기다. 그러나 인공지능이 물리적인 세계로 나오고 있다. 가상의 인공지능이 사물인터넷으로 연결되어 실세계를 지각하고 실세계에 행동하는 체화, 확장된 인지 능력을 지닌 새로운 인공지능이 탄생하고 있다. 이는 가히 "또 다른 지능"이라고 부를 만큼 새로운 종의 인공지능이다.

 이 글에서는 또 다른 지능의 시대가 가져올 미래 세상의 모습을 조망해 본다. 또 다른 지능은 가상세계뿐만 아니라 현실세계에서의 우리의 삶, 일, 여가의 모든 영역을 다루기 때문에 인류 진화의 방향을 바꿀 만큼 큰 변화를 야기할 것이다. 또 다른 지능의 시대에 대두될 새로운 문제들과 우리 인간이 행복하게 살아남기 위해서 취해야 할 인공지능과의 관계에 대해서 논의한다.

1. 인공지능 50년을 돌아보며

인공지능은 사람처럼 생각하고 사람처럼 행동하는 기계를 연구한다. 컴퓨터가 등장하자 이를 이용하여 계산만 수행하는 것이 아니라 논리적인 추론을 함으로써 사람처럼 생각하는 기계를 만드는 것이 가능할 것이라는 것이 인공지능의 출발점이었다. 산업혁명을 통해서 등장한 증기기관, 전기모터 등이 사람의 근육과 힘을 쓰는 노동력을 대신하였다면, 컴퓨터는 이와는 달리 사람의 정신적인 노동력을 대신한다는 점에서 구별된다.

인공지능은 그 방법론에서 몇 번의 변화가 있었다. 초기의 고전적 인공지능은 사람의 지식을 기계에 주입함으로써 기계가 사람처럼 생각하고 문제를 해결하도록 하는 지식기반 시스템을 연구하였다. 의사들의 질병진단 지식을 규칙 형태로 프로그래밍하여 컴퓨터에 넣어준 후 이를 이용하여 병을 진단하는 전문가 시스템이 개발되었다. 이러한 시도는 부분적으로는 성공하였으나, 여러 가지 단점을 가지고 있었다.

첫째로, 문제 해결에 어떤 지식이 사용되는지를 그 지식의 소유자도 명시적으로 알지 못하는 경우가 많다. 둘째로, 문제 해결에 하나의 특정한 지식만이 쓰이는 것이 아니라 다양한 종류의 복합 지식이 사용되기 때문에 하나의 지식만을 프로그래밍한다고 해도 문제해결에 큰 도움이 되지 않을 수 있다. 셋째로, 지식기반 프로그래밍 방식은 언어로 표현할 수 있는 종류의 지식만을 컴퓨터에 넣어줄 수 있다. 예를 들어, 그림이나 소리로 들은 지식은 이를 언어화하는 데 한계가 있다.

지식기반의 고전적 인공지능 기술은 전문가 시스템의 개발을 통하여 산업화하는 데 성공하였으나 1990년을 전후해서 이러한 기술의 한계가 드러나자 인공지능 연구는 겨울을 맞이하게 된다. 특히 일본이 1982년부터 10년짜리 야심찬 제5세대 컴퓨터 계획을 세워서 인공지능 개발에 박차를 가했으나, 이 프로젝트가 끝나갈 무렵에 원래 목표한 것에 50%도 도달할 수 없다는 결론이 나자 인공지능에 대한 기대가 무너지기 시작하였다. 전세계적으로 인공지능에 대한 투자가 줄고 결국 빙하기에 들어간다.

한편 기호주의적인 고전적 인공지능 기술이 시들어가는 시점에서 새로운 혁신이 일어난다. 이는 바로 뇌를 닮은 인공지능을 개발하려는 신경망 연구로1986년에 오류역전파 알고리즘을 발견한 것이다. 오류역전파 알고리즘은 다층구조의 신경망을 학습할 수 있는 방법으로 이를 통해서 기존의 단순한 신경망이 해결할 수 없는 복잡한 문제를 해결할 수 있는 기반이 마련되었다. 실제로 다층신경망은 음성인식이나 패턴인식 문제를 잘 해결할 수 있다는 것을 데모하였다. 신경망은 이후 계산이론, 통계학, 정보이론 등의 수학적 이론적 기반을 갖추어 계산학습이론과 머신러닝으로 발전하여 새로운 인공지능 기술로 발전하였다.

학습기반의 인공지능 기술은 고전적 인공지능 기술의 한계를 극복하였다. 사람의 지식을 기계에 프로그래밍하는 대신에 머신러닝 방식은 기계가 데이터로부터 직접 지식을 자동으로 습득한다. 이 방식은 문서, 이미지, 소리 등의 원래 데이터로부터 의사 결정을 하는 지식을 직접 만들어 냄으로써 과거의 지식기반 방식에서 한계를 극복할 수 있다. 그러나 초기의 머신러닝은 대학교 연구실에서 수행하는 기초연구에 머물렀다. 학습할 데이터가 많지 않았기 때문에 다양한 학습 모델과 학습 알고리즘 및 이론적 기반를 갖추는 데 주력하였다.

머신러닝 기술은 2000년대를 통해서 빅 데이터 출현과 맞물려 산업화의 국면을 맞이한다. 이미 1990년을 전후해서 개인용 컴퓨터와 사무용 컴퓨터가 가정과 사무실에 보급되어 많은 데이터가 전자화되고 데이터베이스화되어 축적되었다. 1990년 중반에 인터넷과 웹이 등장하면서 정형화된 데이터뿐만 아니라 웹문서와 이메일 등의 글로된 텍스트 데이터가 널리 보급되었다. 전자상거래가 사업화되면서 많은 비즈니스 거래 데이터가 데이터베이스화되었다. 2000년대 중반에는 유튜브가 등장하고 스마트폰이 등장하면서 사진, 비디오, 소리, 음성, 위치, 센서 데이터 등의 다양한 새로운 종류의 데이터가 수집되어 빅 데이터가 등장하였다. 또한 정보검색 연구자들은 TREC(정보검색텍스트 데이터셋) 데이터를, 음성인식 연구자들은 TIMIT(음성인식 데이터셋) 데이터를, 컴퓨터비전 연구자들은 PASCAL(이미지인식 데이터셋) 데이터를 수집하였다.

머신러닝 연구자들은 성능비교를 위해서 120만 장의 이미지 데이터에서 1 000개의 물체를 인식하는 ImageNet 데이터셋 기반의 ILSVRC 챌린지를 개최하였다. 그 사이에 페이스북, 트위터, 위챗, 카카오톡 등의 소셜미디어가 새로 등장함에 따라서 일상 생활에서 사용하는 메세지 데이터가 수집되었다. 더불어 우버, 에어비앤비 등의 온오프비즈니스가 등장하면서 새로운 데이터가 등장하였다. 최근에는 영화, 드라마, 유튜브 비디오 데이터 등이 수집되고 있다. 이러한 빅 데이터의 등장은 최근 머신러닝이 산업화되는 환경을 조성하였다. 이는 딥러닝 연구를 촉발하였고 딥러닝 기반의 머신러닝 기술은 산업화 수준에 이르렀다.

최근 인공지능의 성공 사례들은 딥러닝 기반의 새로운 머신러닝 기술에 기반하고 있다. 딥러닝은 많은 수의 신경층을 가진 심층신경망 구조의 학습 모델로서, 모델의 복잡도를 높임으로써 기존에 풀지 못하던 고난도의 복잡한 문제들을 해결할 수 있는 신기술이다. 2012년 ImageNet 대회에서 딥러닝이 우승하였고 또한 음성인식에 있어서도 딥러닝이 획기적인 성능 향상을 거두었다. 2016년에는 구글 딥마인드가 개발한 알파고 인공지능 프로그램이 바둑에서 세계챔피언과 대결하여 이기는 획기적인 사건이 일어난다. 2018년에는 생성대립넷 딥러닝기술이 사람의 얼굴 사진을 학습하여 사람이 구별할 수 없을 정도의 가짜 사진을 만들어 낼 수 있음을 보임으로써 인공지능의 사회적 법적 문제 논의를 야기하였다. 2019년 11월에는 구글 딥마인드의 알파스타가 스타크래프트 게임에서 프로게이머들을 제치고 최고수의 반열에 올랐다.

2. 기계도 생각하고 학습한다

영상인식, 음성인식, 바둑게임, 스타크래프트 등에서 인공지능이 사람을 능가하는 수준을 보이고 있는 것은 단순히 그 성능이 우수하다는 것 이상의 의미를 갖는다. 더 심오한 의미는 유사한 AI 기술이 다른 모든 산업에도 적용될 수 있기 때문이다. 그래서 인공지능을 4차 산업혁명의 원동력이라고 하는데, 그 이유를 세 가지 특성에서 좀 더 분석해 보기로 하자.

첫째, 딥러닝 기반의 인공지능 기술은 데이터로부터 학습함으로써 축적되는 데이터를 통해서 끊임없이 계속 성능을 향상시킬 수 있다. 이 방식이 혁명적일 수 있는 이유는 기계번역의 역사에서 찾을 수 있다. 기계번역은 2차 대전 이후 냉전시대에 동,서방의 군사적인 첩보 정보 수집을 위해서 많은 투자를 한 기술이다. 그러나 1970년대에 고급 수준의 기계번역은 불가능하다는 결론을 내렸으며 1980년대와 1990년대를 통해서는 포기하였다. 그러나 2000년대에 들어 웹에서 여러 나라 말로 작성된 텍스트 데이터가 등장하고 특히 위키피디어나 다국어 홈페이지가 등장함에 따라서 구글은 이러한 병렬 말뭉치를 학습 데이터로 사용하여 머신러닝 기반으로 기계번역을 하는 기술을 개발하였다. 최근의 딥러닝 기반의 뉴럴기계번역 기술은 과거에는 상상도 할 수 없었던 수준의 고품질 기계번역을 수행하고 있으며 그 성능은 꾸준히 계속 향상되고 있다. 음성인식의 경우에도 마찬가지다. 과거의 통계적 기반의 음성인식 기술이 오랫동안 정체되어 오다가 2012년에 딥러닝을 사용하여 8.5%의 성능 향상을 이룩하는 발전을 이루었다. 이 모든 것이 축적된 데이터와 이를 학습시킬 수 있는 인공지능 기술의 발전을 통해서 얻은 결과이다. 응용 분야에 상관없이 기계학습 기술은 데이터가 축적되는 곳에서는 끊임없이 성능을 향상할 수 있는 특성이 있다.

둘째, 인공지능은 스스로 추론을 할 수 있다. 원인으로부터 결과를 추론함으로써 미래를 예측하거나, 결과로부터 원인을 추론함으로써 사건을 설명할 수 있는 특성이 있다. 의사들의 환자 질병 진단, 크레딧카드 사용자의 도용 탐지, 고객의 프로파일로부터 물건 구입 성향 예측 등과 같은 문제는 이러한 추론을 활용하는 사례이다. 인공지능은 지난 30년 동안 베이지안 통계적 추론과 같이 불확실성 하에서 안정적으로 의사결정을 하는 추론 문제를 많이 연구하였다. 최신의 확률적 추론 기술은 자율주행자동차 개발에도 사용되었다. 스탠포드대학교 인공지능 연구실에서는 베이지안 추론을 수행하는 입자필터를 개발하고 이를 자율주행대회에서 사용하여 2005년도 DARPA 그랜드챌린지 자율주행자동차 대회에서 우승하였다. 이 기술은 로보틱스에서 지도를 학습하고 지도상에서 위치를 찾아내는 핵심 기술로서, 구글맵과 같은 인터넷 지도에서 자기 위치를 추적하고 예측하는 데도 사용된다. 많은 문제들이 불확실성 하에서 과거로부터 미래를 예측하는 문제이고 이는 확률적인 추론을 필요로 한다.

셋째, 인공지능의 학습과 추론 기술은 그 자체로 많은 응용을 갖는 요소 기술로서도 중요하지만, 더 나아가서 학습과 추론이 결합된 에이전트 기술로서도 중요하다. 에이전트는 환경을 센싱하고 지각하여 의사결정을 하여 환경에 대해서 행동할 수 있는 시스템으로, 이상적인 에이전트는 사람이나 동물과 같은 인지시스템이다. 자율지능 에이전트 기술은 다양한 분야에서 새로운 서비스를 제공하는 새로운 종의 스마트 머신들을 만들어 내는 기반을 제공할 것이다. 개인 서비스형 로봇, 자율주행 자동차, 드론, 디지털 트윈, 스마트 오피스, 스마트 팩토리, 스마트 시티 등에서 핵심적인 정책과 전략을 구사하는 브레인 역할을 할 것이다.

3. 인간지능과 인공지능은 유사하나 다르다

사람의 지능과 기계의 지능은 유사한 면이 많다. 컴퓨터가 사람의 뇌가 하는 계산을 수행하기 위해서 고안된 기계라는 점을 감안한다면 이는 그리 놀라운 것이 아니다. 논리적인 판단을 한다든지, 의사결정을 할 때 사람은 절차를 따르고 컴퓨터도 일련의 절차, 즉 알고리즘에 따라서 순차적으로 일을 처리한다. 특히 사람이 오래 생각하여 처리하는 업무를 컴퓨터로 처리할 때에 유사성이 크다. 사람의 지능의 많은 부분이 기억에 의존하고 컴퓨터도 대용량의 기억장치를 가지고 있어서 일을 처리하는 점 또한 유사하다. 디스크와 같이 장기기억 장치를 가지고 있고, 데이터베이스를 이용하여 기억을 보조하고, 실시간에는 레지스터와 같은 순간적 정보저장도 한다는 면에서 인간의 기억과 상당히 유사하다.

사람과 컴퓨터가 가장 차이가 많이 나는 것은 입출력 장치에 있다. 사람은 다양한 센서를 갖추고 외부의 정보를 실시간에 지각하는 데 반해서 컴퓨터는 다른 사람이나 장치를 통해서 데이터를 수집한 후 이를 명시적으로 컴퓨터에 입력해 주어야 한다. 사람은 손, 팔, 다리, 눈을 통해서 외부 환경을 직접 탐색하거나 조작하지만 컴퓨터는 글자나 소리 그림만을 생성할 수 있고 외부 환경을 직접 조작하는 데는 매우 취약하다. 이러한 입출력 장치의 약점은 컴퓨터를 사용하여 사람과 같은 인공지능을 만들 때 큰 약점으로 작용한다. 인지과학적으로 볼 때도 지능은 컴퓨터에 기호로 표현할 수 있는 지식만이 아니라, 체화된 지식 즉 지각과 행동에 기반하여 환경과의 상호작용을 통해서 형성된 지식에 의존한다는 것을 고려할 때 커다란 제약이다.

컴퓨터와 사람은 또한 정보처리 방식에서 커다란 차이가 있다. 기계는 모든 정보를 이진수로 이산화해서 표현하며 이에 기반하여 정확하고 빠르게 계산을 수행한다. 메모리도 정확하고 용량이 커서 다양한 가능성을 정확히 기억하고 비교할 수 있다. 즉 기계는 정확하게 생각하고 생각의 폭이 넓고 깊다. 그러나 기계가 단순히 빠른 속도와 무한한 기억 용량만으로는 여전히 사람을 능가할 수 없는 일들이 많다. 바둑이 그러한 예이다. 바둑의 수는 10170으로 경우의 수가 너무 커서 실제로는 계산이 불가능하다. 그러나 최근 이러한 문제에서 기계가 사람보다 잘 할 수 있다는 가능성이 실현되었다. 이는 머신러닝을 통해서 인간의 직관과 같은 능력을 기계에게 일부 부여해주었기 때문이다. 특히 최근의 딥러닝을 통해서 기계 사고의 깊이와 폭에 엄청난 향상이 이루어지면서, 기계가 직관을 통해서 무한히 많은 가능성들을 다 테스트하지 않고도 인간의 수준을 능가하는 점을 찾아낸 것이다.

그렇다면 아직 인간이 기계보다 우월한 능력은 어디에 있는가? 이것은 바로 유연성에 있다. 특히 다양하게 변화하는 불확실한 환경에서 변화하는 문제를 풀어야 할 때이다. 열린 세계의 문제를 해결하는 데는 아직 기계가 미숙하다. 문맥을 이해해야 하는데 기계는 이에 약하다. 잘 정의된 문제 환경에서는 기계는 사람을 능가한다. 그러나 많은 문제는 잘 정의되기 어려우며 시간이 감에 따라서 환경이 달라지고 문제도 변화한다. 이러한 변화를 감지하고 그에 대응하여 변화된 목적함수를 가지고 대응하는 문제에는 인간이 월등한 능력을 보여준다.

즉 지각, 행동, 인지하는 시스템으로서 인간은 여전히 기계를 능가한다. 특히 기계는 아직 다양하게 동적으로 변화하는 환경에서 문제를 해결하는 데는 약하다. 복잡한 실세계 환경을 이해하는 지각 능력이 부족하고, 복잡한 실세계 환경을 변화시키는 행동 능력이 아직 부족하기 때문이다. 이 부족한 지각, 행동 능력은 아무리 뛰어난 인지능력과 결합하여도 인간과 같은 유연한 인공지능을 만들어내기가 어렵다. 다시 말해서 부족한 지각과 행동 능력에서도 잘 대처하는 새로운 인지 능력이 필요하다. 뇌는 이러한 환경에서 진화를 통해서 발전된 지능을 보유하고 있다. 그러나 디지털 컴퓨터는 태생부터가 이진수에 기반한 완전하고 정확한 정보와 데이터 표현을 가정하고 발달하였다. 기계 지능과 인간 지능의 차이는 이러한 근본적인 차이에서 기인한다.

4. 또 다른 지능의 시대

지금까지의 인공지능은 디지털 컴퓨터를 통해서 만든 가상세계에서 존재하였다. 실세계의 물리적인 센서 정보를 직접 입력 받기보다는 중간 매개체를 통해서 입력된 디지털화된 정확한 정보에 기반하여 학습하고 의사결정을 하였다. 이러한 디지털 지능 기술은 물리적 실세계에서 일어나는 사건들을 다루는 데는 적합하지 않다.

최근 사물인터넷, 5G 통신, 자율주행자동차, 스마트시티 등의 환경에서 발생하는 물리적인 센서 데이터가 발생되고 있다. 인공지능이 센서와 모터를 달게 되면 이러한 실세계 데이터를 직접 접근하고 실세계를 직접 조작할 수 있게 된다. 즉, 인공지능이 가상세계에서 현실세계로 나올 수 있다. 이는 분명 "또 다른 지능"이라고 부를 수 있을 정도로 새로운 종의 인공지능이 될 것이다. 인공지능이 마음만 가진 것이 아니라 사물인터넷으로 확장된 마음을 지닌 체화된 인지 로봇이 되기 때문이다.

구글 딥마인드가 만든 알파스타 AI는 실시간에 동적인 환경에서도 빠르게 대응해야 하는 스타크래프트 게임에서 사람을 이겼다. 여전히 전자오락 게임의 가상세계에 머물고 있고 조이스틱을 통해서 현실세계 및 사람과 연결되어 실시간에 의사결정을 하고 행동을 해야하는 문제라는 점에서 아직 완전한 실세계 인공지능은 아니다. 그러나 AI가 현실세계로 나오는 첫발을 내디뎠다고 볼 수 있다. 로보틱스 분야에서 일어나고 있는 인공지능 기술은 현실세계 인공지능 기술이다. 가정 환경이나 작업 환경에서 물리적으로 이동하고 물건을 조작하고 고객들을 응대하는 서비스 로봇의 경우 이미 또 다른 실세계의 인공지능이다.

또 다른 지능은 지금까지의 인공지능과는 다른 새로운 능력을 가지게 될 것이다. 첫째로, 인공지능은 정보처리의 정확도, 속도, 기억 용량에 있어서 인간과는 비교할 수 없는 월등한 인지 능력을 가지게 될 것이다. 이는 디지털 기술 발전의 연장선상에서 이미 계속 일어나고 있는 일이다. 둘째로, 환경을 이해하는 지각 능력의 측면에서 인공지능은 인간과 같은 수준 또는 유사 수준에 도달하게 될 것이다. 컴퓨터의 발달을 통해서 초인지능력을 가져온 것처럼, 센서의 발달을 통해서 인간이 감지하지 못하는 정보를 감지하게 되는 초지각 능력을 가지게 될 것이다. 적외선 센서, 온도 센서, 레이저 센서 등의 장치들은 인간이 지각하지 못하는 것들도 지각할 수 있게 만들 것이다. 셋째로, 물리적인 환경을 조작하고 상호작용하는 능력에 있어서 인간을 닮아 가게 될 것이다. 다른 한편으로, 인간의 환경이 기계의 조작이 편리한 방향으로 진화할 것이다. 궁극적으로 기계와 인간이 협업하기 편한 환경으로 바뀌면 조작의 정확도, 속도, 생산성에 있어서 기계는 곧바로 인간을 능가하게 될 것이다.

위의 세 가지 인지, 지각, 행동 능력이 각각 발달하게 되고 이들의 통합을 통해서 재귀적 자가향상 능력을 인공지능이 갖게 되면 인간을 능가하는 특이점에 도달하게 될 것이다. 단, 인공지능이 재귀적 자가향상 능력을 갖게 되기 위해서는 아직 많은 연구가 필요하다. 이는 인공지능이 한 번 더 도약할 수 있는 마일스톤이 될 것이다. 그리고, 일단 재귀적 자기향상 능력을 갖는 인공지능이 출현하고 여기서 더 나아가 생명체처럼 자기 복제가 가능하다면 이는 새로운 종의 인공지능의 출현을 알리는 신호가 될 것이다. 생명체들과는 달리 인공지능은 모든 경험과 정보를 정확히 공유하고 복제할 수 있기 때문에 인공지능의 진화 속도는 인간의 진화 속도를 월등히 능가할 것이다.

5. 다음 50년의 미래사회 엿보기

　실세계에서의 지각, 행동, 인지 능력을 겸비하게 되면 인공지능은 우리의 일상적인 삶, 일, 여가를 모두 완전히 변화시킬 것이다. 인공지능이 사람을 이해하고 사람의 의도를 파악하며 의사소통을 할 수 있게 되고 사람의 환경에서 왠만한 행동을 실행할 수 있게 되면, 지금까지의 컴퓨터에서의 입출력 문제가 해결되어 많은 새로운 응용이 가능하게 될 것이다.

　집에서는 인공지능 가사 도우미가 잠자리에서 일어나서 잠자리에 들기까지 가족의 하루 일과를 계획해줄 것이고, 이는 가족들의 다른 일정이나 날씨 정보 등도 세심하게 고려한 것일 것이다. 로봇 형태의 신체를 갖춘 인공지능 가사 도우미라면 집안에서 물건을 정리하거나 날라주는 심부름도 할 수 있게 될 것이다. 에어컨, 냉장고, 세탁기 등의 가전 제품은 사물인터넷과 연결되어 인공지능을 갖게 될 것이다. 냉장고는 내부에 무슨 식품이나 음료가 부족한지를 스스로 인식하여 미리 장을 보도록 알려주거나 심지어는 자동으로 물건을 주문할 수도 있을 것이다. 세탁기는 카메라를 가지고 있어서 세탁물이 들어갈 때 옷감을 감지하여 옷감을 해치지 않고 최적의 세탁 코스를 자동으로 조절할 수 있을 것이다. 에어컨은 그 방에 어떤 사람이 있는지를 알아보고 그 특정인에게 맞춤형의 온도와 풍향의 세기 등을 자동 조절해줄 것이다. 방의 온도가 높으면 에어컨을 조절하고 냉장고와 연동하여 시원한 음료를 준비하고 로봇 심부름꾼을 불러서 음료 배달을 하게 할 것이다.

사무실에서도 인공지능은 많은 변화를 가져올 것이다. 인공지능이 사람의 업무를 관찰하고 있다가 반복적인 작업을 찾아내어 자동으로 하나의 큰 작업으로 묶어 자동화시킴으로써 업무 효율을 향상시켜줄 것이다. 회의 석상에서 인공지능이 사람들을 인식하고 말을 기록하여 회의록을 자동으로 작성해 줄 것이다. 인사 업무에 있어서 직원들의 근태를 자동으로 모니터링 하여 보다 정확한 인사 고과가 이루어질 수 있게 될 것이다. 신입 사원이 채용되면 인공지능은 초보 업무를 교육하는 일도 담당하게 될 것이다. 인공지능이 고객사와의 원격회의를 함으로써 시급한 고객의 요구를 빨리 해결해 줄 것이다. 만약 문제의 난이도가 어려우면 사람 직원을 호출하여 도움을 받을 것이다. 회의 때 웨어러블 안경과 같은 형태의 인공지능 장치를 착용하여 인공지능이 대화 상대의 과거 대화 내용을 리마인드 해 주고 심지어는 현재의 기분이나 감정 상태를 파악하여 보다 효과적인 회의가 되도록 도와줄 것이다.

인공지능은 설계 방법에 혁신을 가져올 것이다. 엔지니어는 전형적으로 한 분야를 공부하고 그 분야에서 오래 일해온 경험을 통해서 새로운 제품을 설계하거나 그 분야의 문제를 해결하였지만, 과거의 설계 경험이 데이터로 축적되어 쌓이게 되면 인공지능이 학습을 통해서 그 쌓이는 경험을 지식의 형태로 만들어줄 수 있다. 예를 들어, 냉장고를 설계하는 엔지니어는 새로운 냉장고 모델이 나올 때마다 새로운 설계를 할 필요가 없다. 모델 변경에 따른 과거 데이터가 축적되어 있다면, 이를 딥러닝이 학습하여 새로운 설계를 쉽고 빠르게 하고, 또한 성능 평가를 위해 어떤 실험을 수행해야 할지에 대한 가설도 인공지능이 탐색하게 함으로써 사람 엔지니어는 디테일한 설계에서 보다 자유로워질 수 있다. 특히 사람의 경험은 기억용량, 정확도, 속도 등의 한계가 있지만 인공지능은 이러한 한계를 극복하고 시간이 갈수록 보다 정확하고, 빠르고, 안정적인 설계를 만들어낼 수 있다. 또한 사람은 한 사람의 머릿속에 있는 지식과 경험을 다른 사람과 공유하는 데 한계가 있지만, 기계는 많은 사람들의 지식과 경험을 통합해서 배우는 것이 가능하고 또한 습득된 지식과 경험을 다른 모든 기계나 사람과 공유하는 것이 훨씬 용이하다. 사람 대 사람 지식 전파의 속도에 비하면 기계 대 기계의 지식 전파의 속도는 혁명적이다.

인공지능은 과학을 하는 방법을 완전히 바꿀 것이다. 가설을 만들고, 이를 검증하기 위한 실험을 설계하고, 실험을 수행하여 데이터를 수집하고, 데이터를 분석하여 가설을 검증 또는 수정하는 순차적인 과정을 거쳤다. 지금까지는 인공지능이 주로 데이터 분석 단계에만 사용되었다. 그러나 지각, 행동, 인지 능력을 통합적으로 갖춘 인공지능은 위의 전 사이클에서 보조 과학자 역할을 하게 될 것이다. 특히 가설을 검증만 하는 것이 아니고 새로운 가설을 만들어내는 데 인공지능이 기여할 것이며, 또한 이 가설을 최적으로 효율적으로 검증하기 위한 실험 설계 방법도 인공지능이 제안해줄 것이다. 실험을 수행하는 자동화 기술 발전에 힘입어 인공지능이 실제 실험을 수행할 것이며, 부족한 데이터가 무엇인지를 고려하여 실험을 재설계하는 일도 하게 될 것이다. 또한 인공지능은 인터넷에 있는 전자화된 문헌과 데이터 및 다른 방대한 연구 결과들을 쉽고 빠르고 정확하게 접근할 수 있기 때문에 인간 과학자를 많은 부분에서 능가할 것이다.

지금까지는 인공지능의 기술적인 면을 살펴보았다. 이를 요약하면 인공지능 기술의 핵심은 두 가지이다. 하나는, 인공지능이 사람의 일을 대신 한다는 것이다. 그것도 정신 노동 성격의 일이다. 다른 하나는, 인공지능의 지능이 데이터에 기반하여 스스로 성장한다는 것이다. 이러한 특징은 지금까지 생각하지 못한 새로운 경제사회적인 이슈들을 야기시킨다.

한 가지는 윤리적인 문제이다. 기계가 데이터에 기반하여 지능을 향상시켜 가는데, 악의적으로 데이터를 조작한다면 인공지능이 윤리적인 규범을 벗어나는 의사결정을 할 수도 있게 된다. 비근한 예로, 마이크로소프트에서 테이라는 챗봇을 개발하여 페이스북에 올렸는데 이를 사용하는 사람들이 테이에게 히틀러를 찬양하는 대답을 하도록 가르쳐서 물의를 일으켰던 사건이 있다.

인공지능은 정치나 민주주의에도 영향을 미칠 수가 있다. 댓글에 대한 회신이 인공지능으로 이루어지거나 댓글을 인공지능이 단다고 할 때 특정 정당을 지지하거나 반대하는 조작된 정보가 유포될 수도 있고 데이터를 이용한 여론의 조작에 대한 우려도 있다. 트위터나 페이스북 등의 SNS에 올라온 글들을 인공지능이 분석하는데, 이때 데이터가 편향되어 있다면, 그 결과는 심각한 잘못된 영향력을 발휘할 수 있다. 최근 미국의 대통령 선거에서 페이스북이 이러한 소송에 휘말렸던 사례가 있다. 더욱 발달된 인공지능의 경우 기사를 작성할 수도 있어서 그 영향력이 더욱 커질 수도 있다. 최근 인공지능은 얼굴 사진 분석과 사진 합성에도 활용되는데 이는 금융시스템의 보안이나 정보시스템 보안 등에 심각한 문제를 야기할 수도 있다.

인공지능으로 인해서 새로운 법적인 이슈들도 등장한다. 자율주행 자동차가 등장하여 인공지능이 운전을 한 무인자동차가 사고를 냈을 경우 책임을 누가 지느냐의 문제가 발생한다. 자율주행 AI 기술을 개발한 소프트웨어 회사에서 책임을 져야 할지, 하드웨어 장치 회사에서 책임을 져야 할지, 자율주행자동차를 소유한 사람이 책임을 져야 할지, 사고 당시 자율주행차에 타고 있던 사람이 책임을 져야 할지, 보험회사가 책임을 져야 할지, 완성차 업체가 책임을 져야 할지 등의 이슈들이 있다. 만약 자율주행 자동차를 이용하여 목적지를 가는데 자율주행 인공지능이 창의성을 발휘하여 승차한 사람이 좋아할 만한 맞춤형의 서비스의 일종으로 임의의 길을 선택할 때 그로 인해 어떤 피해가 발생한다고 하면 그 피해에 대한 책임 소지 또한 문제가 될 수 있다.

인공지능의 도입은 경제적인 불평등 이슈를 야기할 수 있다. 고급의 최첨단 인공지능 기술은 이를 지불할 수 있는 경제적 능력이 있는 사람들만이 향유할 것이고, 그렇지 못한 사람들은 상대적으로 손해를 볼 수도 있다. 금융권에서 인공지능을 이용하여 투자를 대신해 준다고 할 때 돈 있는 사람들은 인공지능을 이용하여 더욱 큰 수익을 창출할 것이고, 인공지능을 활용하지 못하는 사람들은 시장에서 상대적으로 손해를 보게 될 가능성이 크다. 인공지능이 신약개발에 활용되어 생명을 구하고 연장하는 데 일조한다면, 이를 지불할 능력이 있는 사람들만이 먼저 혜택을 누리게 될 것이다.

인공지능은 사회적인 불평등 문제와도 관련된다. 스마트폰을 소유하지 못한 사람들이 디지털 디바이드에 의해서 소외를 당하는 것처럼, 인공지능을 소유한 사람들과 소유하지 못한 사람들 간에 AI divide 문제가 발생하여 이들이 사회적으로 소외될 우려가 있다. 다른 한편, 인공지능은 사회적 소외 현상을 해결하는 도구를 제공하기도 한다. 인공지능이 소외된 계층을 대상으로 이들을 돌보는 일을 할 수도 있다. 인공지능 로봇이 농촌에 외로이 사는 독거노인들에게 보급되어 말동무와 간단한 일의 도우미 역할을 하는 실험이 있었다.

인공지능이 발달함에 따라 인간의 일자리를 빼앗아갈 수 있다는 우려가 크다. 인류의 역사에서 볼 때 늘 신기술의 등장은 일자리 문제와 관련이 있었다. 마차 대신 자동차가 등장함에 따라서 마부와 마차 만드는 직업들이 서서히 없어졌다. 한편 자동차를 생산하기 위해서 새로이 공장이 생기고 새로운 직업들이 많이 탄생하였다. 심지어는 자동차 산업이라는 거대한 신산업이 등장하였다. 그러나 당시에 마차 관련 직업을 가지고 있던 사람들은 일자리를 잃게 되어 심각한 사회 문제를 야기할 수 있었다. 20세기 후반의 컴퓨터와 워드프로세서도 마찬가지였다. 기존의 타자기를 다루던 비서 직업과 문서 작업을 하던 사람들의 일자리에 위협을 가했지만, 재교육을 통해서 타자기에서 워드프로세서 작업으로 서서히 전환함으로써 문제가 해결되었다.

인공지능이 인간의 지능을 능가하는 특이점이 올 것을 예측하고 우려하는 사람들이 있다. 이는 인류의 생존에 위협이 될 수도 있기 때문이다. 사람이 하는 모든 일들이 데이터화될 수 있고 이를 인공지능이 학습함으로써 인간과 같은 지능을 언젠가는 가질 수 있다는 것이다. 디지털 기계는 이미 사람보다 빠르고, 정확하고, 복제가 가능하고, 상호 연결될 수 있기 때문에 인간수준의 지능에 도달하는 순간 수퍼지능에는 금방 도달할 수 있게 된다.

6. 또 다른 지능과 행복하게 살아가기

가상 세계에 존재하던 인공지능이 점차 현실 세계로 나오게 됨에 따라서 인간의 모든 활동 영역에 보다 깊이 관여하게 될 것이다. 이는 일상의 삶과 직업적인 일 그리고 휴가와 여가 생활 등을 모두 포함할 것이다. 또한 인공지능은 과학기술의 발전과 경제산업 활동을 근본적으로 바꿀 것이며 미래사회 변화의 기반을 제공할 것이다. 또 다른 인공지능이 큰 임팩트를 갖는 이유는 지적인 일들이 실세계와 센서로 연결되어 물리세계를 모니터링하고 통제할 수 있다는 것이다.

앞으로 인공지능은 인간의 도우미인가? 아니면 동료인가, 상사인가? 아니면 친구인가, 적인가? 동반자나 반려자인가? 인공지능과 앞으로 어떻게 함께 살아가야 할지가 문제이다. 앞으로 미래의 또 다른 인공지능과 행복하게 함께 살아가는 방법에 대해서 살펴보자.

인간 삶의 거의 모든 것이 기록되어 데이터화되고 있다. 앞으로 인공지능은 이를 바탕으로 점점 더 똑똑해질 것이다. 인공지능이 우리의 생활과 일에 관여하게 되는 것은 거부할 수 없는 대세이다. 인공지능을 거부하려 하면 사회에서 고립되는 사람이 되거나 손해를 볼 가능성이 높다. 배척하기보다는 적극적으로 받아들여서 이를 활용하여 보다 편리한 삶을 살 생각을 하는 것이 바람직하다. 다만 개인정보보호나 사생활 침해 등의 미묘한 새로운 이슈가 있을 수 있으며 이에 대비하고 대처해 나가는 것이 중요할 것이다.

디지털 기계는 정확하고, 빠르고, 기억 능력이 무한하다. 이러한 특성은 인간이 갖추지 못한 엄청난 장점이다. 속도와 정확도와 기억력을 요하는 문제에 있어서 인공지능과 대결하려고 한다면 이는 처음부터 승산이 없는 게임이다. 이러한 인간의 단점을 보완하며 기계의 장점을 결합한 하이퍼지능을 실현하는 것이 가능하다. 인공지능은 인간의 지능을 보강하고 강화하는 수단이다. 이러한 증강 지능이야말로 인간사회의 발전을 도모할 것이다. 인간은 감성적이고 창의적이고 유연한 데 반해서 인공지능은 이러한 능력에서는 뒤쳐진다.

인간의 또 다른 역할 중의 하나는 인공지능을 가르치고 훈련하는 것이다. 모든 일을 스스로 하려고 하기보다는 인공지능의 도움을 받으려고 할 것이고, 일의 수행 방법을 인공지능에게 가르치는 데 시간을 쓰게 될 것이다. 인간은 나이가 들면 자식을 가르치고 자손을 돌보는 일에 시간을 할애하였다. 마찬가지로 새로운 세대의 인공지능들이 등장하면 인간은 이들을 가르쳐서 다음 세대로의 진화를 순조롭게 만들게 될 것이다. 보다 체계적으로 인공지능을 교육하기 위한 학원이 생길 수도 있다. 이는 단순한 재훈련 학교일 수도 있고 아이들의 유치원과 같은 교육기관이 될 수도 있다.

다른 한편 인간과는 달리 기계는 다른 기계와의 커뮤니케이션이 용이하고 복제도 용이하다. 특정인을 위해서 서비스하든 인공지능이 다른 인공지능과 마음대로 소통하게 된다면 여러 가지 보안 문제, 프라이버시 문제 등이 대두될 수 있다. 나를 위해서 일하던 인공지능을 다른 사람과 공유할 것인지는 생각해 봐야 할 문제이다. 다른 한편 내가 똑똑하게 교육한 인공지능을 다른 사람이 경제적 가치를 지불하고 구매해 간다면 이는 새로운 비즈니스로 발전할 수도 있다.

참고문헌

[1] Clark, A., *Being There: Putting Brain, Body, and World Together Again*, MIT Press, 1996.

[2] Feldman, J. A. & Ballard, D. H., Connectionist models and their properties, *Cognitive Science*, 6:205-254, 1982.

[3] Gazzaniga, M. S., Ivry, R. B., & Mangun, G. R., *Cognitive Neuroscience: The Biology of the Mind* (3rd Ed.), Norton, 2009.

[4] Gibson, J. J., *The Ecological Approach to Visual Perception*, Houghton Mifflin, 1979.

[5] Ha, J.-W., Kim, B.-H., Lee, B., & Zhang, B.-T., Layered hypernetwork models for cross-modal associative text and image keyword generation in multimodal information retrieval, *Lecture Notes in Artificial Intelligence: PRICAI-2010*, 6230:76-87, 2010

[6] Lee, S.-W., Kim, J.-H., Jun, J., Ha, J.-W., and Zhang, B.-T., Overcoming catastrophic forgetting by incremental moment matching, *Advances in Neural Information Processing Systems 30* (NIPS 2017), 2017

[7] Kahneman, D., *Thinking, Fast and Slow*, Farrar, Straus and Giroux, 2011

[8] Kim, J.-H., Lee, S.-W., Kwak, D.-H., Heo, M.-O., Kim, J., Ha, J.-W., and Zhang, B.-T., Multimodal residual learning for visual QA, *Advances in Neural Information Processing Systems 29* (NIPS 2016), 2016.

[9] Michalski, R. S., Carbonell, J. G., & Mitchell, T. M. (Eds.), *Machine Learning: An Artificial Intelligence Approach*, Springer, 1984.

[10] Minsky, M., Steps toward artificial intelligence, *Proceedings of the IRE*, 49(1):8-30, 1961.

[11] Pfeifer, R. & Bongard, J., *How the Body Shapes the Way We Think*, MIT Press, 2007.

[12] Piaget, J., *The Construction of Reality in the Child*, Basic Books, 1954

[13] Rumelhart, D. & McClelland, J., *Parallel Distributed Processing: Explorations in the Microstructure of Cognition*, MIT Press, 1986.

[14] Searle, J. R., Minds, brains, and programs, *Behavioral and Brain Sciences*, 3(3):417-457, 1980.

[15] Sloman, A., Some requirements for human-like robots, In: Sendhoff, B. et al., *Creating Brain-Like Intelligence*, Springer, 2009

[16] Turing, A. M., Computing machinery and intelligence, *Mind*, 59(236):433-460, 1950.

[17] Zhang, B.-T., Hypernetworks: A molecular evolutionary architecture for cognitive

learning and memory, *IEEE Computational Intelligence Magazine*, 3(3):49-63, 2008

[18] Zhang, B.-T., Cognitive learning and the multimodal memory game: Toward human-level machine learning, *IEEE World Congress on Computational Intelligence (WCCI-2008)*, pp. 3261-3267, 2008.

[19] Zhang, B.-T., Ontogenesis of agency in machines: A multidisciplinary review, *AAAI 2014 Fall Symposium on The Nature of Humans and Machines: A Multidisciplinary Discourse*, Arlington, VA, 2014.

[20] 장병탁, 차세대 기계학습 기술, 정보과학회지, 25(3): 96-107, 2007.

[21] 장병탁, 여무송, Cognitive Computing I: Multisensory Perceptual Intelligence in Real World - 실세계 지각행동 지능, 정보과학회지, 30(1):75-87, 2012.

[22] 장병탁, 이동훈, Cognitive Computing II: Machine Vision-Language Learning in Real Life - 실생활 시각언어 학습, 정보과학회지, 30(1):88-100, 2012.

[23] 장병탁, 김현수, Cognitive Computing III: Deep Dynamic Prediction in Real Time - 실시간 예측결정 추론, 정보과학회지, 30(1):101-111, 2012.

권호정 연세대학교 생명공학과 교수

또 다른 지능과 바이오

금세기 들어 생명과학의 비약적 발전은 관련 기초과학 및 공학과 연계, 융합하여 신비로운 생명 시스템의 원리규명과 조절방법 개발을 가속화하였다. 또한 최근 인공지능(Artificial Intelligence; AI)과 IT 기술의 발전은 다양한 생명현상에서 주요 조절인자와 반응정보를 통계 및 big data기반으로 deep/machine learning을 통해 아주 지능적으로 처리하고 가상현실에서 선행적이며 시험적인 분석을 가능하게 하였다. 이는 바이오에서 구축, 활용되고 있는 생명정보와 응용기술로 경험적 지식을 추가해 다양하고 복잡한 생명 시스템 현상들을 예측하고 조절하는 과정의 효율성을 향상시키는 데 기여하고 있다. 더 나아가 지속적으로 생산, 축적되는 생명정보와 이 과정에서 축적된 경험을 이용하여 향후 또 다른 50년에는 AI와의 협업으로 보다 진화된 새로운 생명 조절 방식, 새로운 생명체 탄생 같이 SF영화에서나 볼 수 있는 변화도 도래할 것으로 예측된다. 이 글에서는 인간과는 다르지만 기계적 지능인 AI와 바이오가 어떤 공생공존 관계를 형성할 수 있으며 이를 통해 '다음 50년'의 인류사회의 궁극적 목표인 행복달성에 어떻게 기여할 수 있는지에 대해 알아보고, 바이오에서 AI를 잘 활용하여 보다 나은 '생명지능과 인공지능의 공생관계'를 구축하는 방안을 제시하고자 한다.

1. 바이오의 지난 70년을 돌아보며

영국의 생물학자이자 지질학자인 찰스 다윈이 1859년 『종의 기원』을 출간하여 생물 진화의 사실을 제시하고 '자연선택' 이론을 수립하였다. 특정한 생물의 모습이 서식하는 환경에 맞추어 서서히 변화해 왔음을 밝혀낸 것이다. 특히 "인간은 원숭이로부터 진화되었다"는 주장은 당시 지배적이었던 창조설, 즉 지구상의 생물체는 신의 뜻에 의해 창조된다는 '신'중심주의 학설을 뒤집고 인류의 정신문명에 커다란 충격을 주었을 뿐만 아니라 궁극적으로 인류문명의 발전을 가져오게 했다. 이 같은 진화론은 1870년에 이르러 과학계와 많은 대중이 사실로 인정하게 되었으며, 20세기 초반까지 자연선택이 진화의 기본 메커니즘이라는 것은 서양 사회 전반에서 지지를 받았다. 다윈의 과학적 발견의 핵심은 '진화론적 생명과학의 통합 이론으로 생명의 다양성을 설명'할 수 있다는 점이다.

19세기말 20세기 초에 걸친 다윈의 진화론을 통한 생명과학의 새로운 개념 제시에 의한 사회적 변화는 1953년 왓슨과 클릭의 DNA이중나선 분자구조의 규명으로 또 하나의 큰 변곡점을 맞이하게 된다. 이는 진화론적 생명 다양성 현상의 원인을 현상적 수준에서 발전하여 물질적 수준으로 제시하는 분자 생명과학의 시작으로도 볼 수 있다. 자연 생태계를 구성하는 동물, 식물, 미생물의 다양한 모습의 생명체 특성과 진화를 조정하는 생명정보의 핵심 물질로서 아데닌(A),

구아닌(G), 티민(T), 그리고 시토신(C)이라는 네 가지 염기성 유기화합물이 서로 짝을 이루어 DNA이중나선을 구성하고 있다는 것을 분자적 수준에서 명확히 제시한 것이다. 이는 다윈의 관찰학적 생명체 해석방법에서 생명체를 분자적 수준으로 분석, 해석할 수 있다는 새로운 학습방법을 제시하였다는 점에서 바이오의 성장에 있어 그 의미가 중요하다. 또한 이들 네 가지 화학물질의 구조, 유기적 배열, 화학적 변화를 근간으로 생명체를 분류하고 기능을 규명하며 조정할 수 있는 시대를 맞이할 수 있음을 예고한 것이라 볼 수 있다. 실제로 1953년의 DNA이중나선 구조 규명 이후 생명정보의 흐름은 DNA → RNA → 단백질 → 대사물질로 전달되는 소위 'Central Dogma'의 정립으로 연결된다. 이처럼 생명과학 발전 역사 중 1950년 중반부터 1990년 중반의 40여년 간에 걸친 분자 생명과학시대의 도래를 필자는 바이오 성장의 지난 70년 기간 중 전반기로 분류하고자 한다.

바이오 70년의 전반기에서 생명과학자들은 특히 제시한 생체분자 구조의 해석을 통해 생명정보의 흐름(central dogma)의 원리를 분자적 수준에서 효율적이고 정확하게 분석하게 되었다. 이를 통해 생명체 연구의 새로운 학습 방법 개발과 적용이 가능해졌으며, 한때 창조적 피조물이고 진화적 결과물이라고 생각되었던 생명체의 본질이 유기물질의 집합체라는 것을 제시하게 되었다. 생명물질 분석기술 확보와 확장 적용으로 유전자 및 단백질 서열 분석 방법의 개발과 유전자 조작을 통한 생명정보의 증폭과 개량이 가능해졌다. 즉, 자연 및 환경적 생명체 진화방법론에서 실험적, 인위적 방법으로 생명진화 및 개조가 가능해졌다. 이는 인류문명과 과학사회 발전에 있어 다윈의 진화론 다음으로 큰 의미가 있다고 본다.

한편 1990년 중반 이후 생명정보 물질을 통합적으로 분석하는 유전체 분석이 진행된 시점 이후부터 현재에 이르는 기간을 바이오 성장의 지난 70년에서 후반기로 분류하고자 한다. 이 기간은 생명체 본질에 대한 분자적 수준의 명확한 이해를 바탕으로 동물, 식물, 미생물 등 다양한 생명체 단위의 구성 물질을 총합적으로 분석하여 다량, 다수의 생명정보를 도출해내는 시기로 볼 수 있다. 특히 바이오 성장의 70년 후반기에는 다양한 생명체 구성의 기본단위인 '세포' 단위 내의 생체물질을 집중적으로 분석함으로써 소위 세포 내 구성 성분의 부품 리스트(part list)를 확보하게 되었다. 세포라는 생명체를 구성하는 독립적 공간은 '생체분자의 사회(A society of biomolecules)'로서 1 uM도 되지 않은 공간에 약 30억 개의 DNA분자와 2만 개의 유전자 그리고 10만 개의 단백질이 고밀도로 존재하며 각 분자 간 특정 연결(interaction)과 부분 연결망(signalsome) 그리고 정보교류 방식(systems sociology)을 생물리화학적 방식으로 운영, 조절하고 있는 것으로 추정되었다. 이에 대한 실체를 과학적으로 분석하여 이들의 운영 방식을 제시하고 데이터 베이스화 함으로써 생명체 연구의 공통 연장박스(tool box)를 구축할 수 있게 된 것이었다. 그런데 여기에는 바이오시대 전반기에 구축된 개별적인 생체 물질 분석 및 연구 방식의 원리와 경험을 바탕으로 한 생명 물질의 고효율적 분석기술이 필요하였다. 이같은 바이오 분야의 대량 정보 분석 및 활용기술 개발의 새로운 기술적 수요는 관련 기초과학, 공학, 의약학, 농수산 분야의 기술과 이론을 함께 접목하면서 생명정보 분석의 증폭기를 맞이하는 데 결정적인 역할을 한다. 그 결과 차세대 염기서열 결정법 (NGS), 고집적 DNA 및 단백질 chip, 유전자 및 유전체 편집기술, 프로테오믹스, 대사체공학 등 소위 오믹스 기술들이 탄생하게 되었다. 이를 통해 21세기 초반에 들어 기하급수적으로 생명정보의 분석과 생산이 가능해졌다. 아울러 단백질 정제 및 구조결정 방법, 생체분자 분자량 측정 및 분석 그리고 분자 이미징 영상 기술 등이 확보되면서 생명 원리 규명을 위한 '학습-추론-실행'의 지식, 정보, 방법론 축적의 주요 3단계 중 학습 및 추론을 위한 생명물질 분석기술들(wet technologies)이 구축되었다.

생명체 분석의 제반 생명물질 분석기술(wet technologies)을 확보함과 아울러 생명과학자들은 정보 및 통계공학자들과의 협업을 통해 다양한 생명체로부터 생산되는 대량의 생명 정보를 체계적이고 효율적으로 분류하고 분석하는 소위 생명정보 분석기술(dry technologies)인 생명정보학(bioinformatics)의 탄생에 결정적인 역할을 한다. 이것은 방대한 생체정보 데이터 베이스(DB)의 구축을 진행함과 아울러 그 정보들을 생명체처럼 활용하는 기계적 지적 연결망(neural network)을 주축으로 하는 인공지능(Artificial Intelligence: AI) 탄생의 모티브가 생성되었다. 또한 다양하고 방대한 생명 정보 현상 분석과 이용을 체계화하기 위한 생명체 이용기술 플래폼(platform) 구축, 바이오 헬스(Red), 농림수축산(Green), 소재산업, 환경(White) 활용 기술이 형성되면서 이른바 바이오 인더스트리 시대가 도래하게 되었다.

2. 바이오, 인공지능과 만나다

금세기 들어 인류는 역사상 경험해보지 못한 새롭고 다양한 기술과 정보의 홍수를 접하고 있다. 특히 1950년대 중반 이후부터 질적, 양적으로 기하급수적인 성장을 해온 바이오 분야는 최근에 생산된 다양하고 방대한 생명 정보 분석과 원리 파악을 통한 활용 방향 설정을 보다 효율적으로 수행해야 할 필요성에 직면하게 되었다. 인공지능은 이같은 바이오의 진화 상황에서 대량의 생명 정보 이용의 효율성(시간, 비용)을 증가시킬 수 있는 새로운 도구(tool)로서 자연스럽게 바이오와 연결되고 상호 공존하며 성장하는 관계를 형성해 가고 있다.

인공지능(artificial intelligence 혹은 machine intelligence)이란 시스템에 의해 만들어진 기계적 지능, 즉 인공적 지능을 뜻한다. 일반적으로 범용 컴퓨터에 적용한다고 가정한다. 이는 또한 동일한 지능을 만들 수 있는 방법론이나 실현 가능성 등을 연구하는 과학 분야를 지칭하기도 한다. 인공지능은 학습하고 인지하고 사고하고 판단하는 인간의 두뇌작용을 컴퓨터가 시스템 상으로 수행하는 것이다. 본래 인간의 영역이라 여겨졌던 능력을 컴퓨터가 대체할 수 있게 되었다는 점에서 인공지능은 매우 혁신적이지만 인간에게는 도움이 될 수도, 위협이 될 수도 있다는 점에서 현재까지 다양한 논쟁을 야기한다.

인공지능(AI)이라는 용어는 1956년 다트머스 대학의 존 매카시 교수가 주최한 타트머스 콘퍼런스에서 사용되기 시작했다. 사람처럼 생각하고 문제를 풀 수 있는 '인공적인' 지능을 개발하려는 것이 인공지능 탄생의 서막이었다. 그러나 인공지능이 실용화되는 데에는 많은 시간이 필요했다.

생각하는 기계에 대한 초기 연구는 1930년대 후기에서부터 1950년대까지 과학계를 지배하던 다양한 이론에서 영감을 얻은 것으로 알려져 있다. 당시 신경학의 최신 연구는 실제 뇌가 뉴런으로 이루어진 전기적인 네트워크라고 보았다. 노버트 위너가 인공두뇌학을 전기적 네트워크의 제어와 안정화로 묘사했으며, 클로드 섀넌의 정보 과학은 이를 디지털 신호로 묘사했다. 또 앨런 튜링의 계산 이론은 어떤 형태의 계산도 디지털로 나타낼 수 있음을 보였다. 이같은 20세기 초기의 과학 발전은 인공두뇌의 전자적 구축에 대한 촉매제가 되었다.

특히 1950년 영국의 튜링은 '생각'이 정의되기 어렵다는 사실에 주목하여, 그 유명한 튜링테스트를 고안했다. 텔레프린터와의 대화에서 기계와 대화하고 있음을 감지할 수 없을 정도로 대화가 매끄럽게 진행된다면, 이는 기계가 '생각'하고 있다는 주장을 뒷받침할 만한 근거가 된다는 것이었다. 현대 컴퓨터의 아버지라 회자되는 튜링의 테스트는 인공지능에 대한 최초의 심도 깊은 철학적 제안으로 '생각하는 기계'의 구현 가능성을 제시하였다.

　인공지능이 초창기부터 우리 인류와 접점을 가장 많이 이룬 분야는 아마도 게임분야일 것이다. 실제로 1960년경에 개발된 체커 프로그램은 아마추어 체커라도 도전할 수 있는 충분한 기술적 발전을 이룩했다. 최근에는 알파고가 우리나라의 이세돌 기사와 바둑대국을 진행하여 세간의 이목을 받은 것은 우리의 기억에 선명히 남아 있다. 따라서 게임 인공지능은 앞으로도 인공지능 발전의 척도로 계속 사용될 것으로 예상된다.

　지난 반세기 동안 인공지능 분야는 가장 오래된 목표 중 몇 가지를 이미 달성했다. 이것은 비록 인류의 생활과 기술을 뒷받침해주는 종속적인 역할이었지만 특히 여러 기술 산업에 걸쳐 매우 유용하게 사용되었다. 이는 컴퓨터의 성능이 증가했기 때문이고 또한 개별적인 문제들의 해결에 집중하면서 높은 과학적 의무감으로 문제를 해결하였기 때문에 가능하였다.

　실제로 인공지능이 인류의 다양한 생활양식에 접목되며 그 존재감을 알리는 예는 게임분야 뿐만 아니라 최근에는 여러 분야에서 진행되고 있다. 디프 블루는 1997년 당시 세계 체스 챔피언이던 게리 카스파로프를 이긴 최초의 체스 플레이 컴퓨터가 되었다. 또한 2005년 스탠포드의 로봇은 DARPA 그랜드 챌린지에서 사막 도로를 자율 운전하여 우승하였다. 2년 뒤, CMU의 한 팀은 DARPA 도시 챌린지에서 모든 교통 법규를 지키고 교통 혼잡 속에서 자동으로 길을 찾아 소위 자율주행 인공지능 시대의 도래를 촉진하였다. 그리고 2011년 제퍼디 퀴즈 쇼의 시범 경기에서 IBM의 대답하는 시스템 왓슨은 두 명의 제퍼디 챔피언들을 이겼다.

이러한 인공지능의 성공은 새로운 패러다임 때문이 아니라 다양하고 탄력적으로 적용되는 엔지니어 스킬과 매우 뛰어난 성능을 가진 오늘날의 컴퓨터에서 비롯된 것으로 보고 있다. 실제로 딥 블루의 컴퓨터는 1951년 체스 하는 법을 가르친 마크 1보다 1천만 배 빨랐다. 이 엄청난 처리 속도의 증가는 2년마다 컴퓨터의 메모리 속도와 양은 두 배씩 늘어난다는 무어의 법칙에 의해 측정되었다. 따라서 컴퓨터 성능과 관련되었던 초기의 문제는 서서히 극복되고 있다고 볼 수 있다.

한편 근래의 AI 연구자는 과거에 사용했던 것보다 더욱 정교한 수학적 도구를 사용하여 인공지능을 개발하기 시작했다. 실제로 수학, 경제학 또는 오퍼레이션 연구 분야와의 융합은 더 효율적인 인공지능 개발을 돕고 있다. 수학적 언어의 활용으로 높은 수준의 협력, 좋은 평판, 여러 분야를 성공적으로 이끌고 측정과 증명이 된 결과들의 성취가 가능해졌으며, 이로써 AI는 더욱 정확하고 엄격한 과학 학문이 되었다. 현재 사용 중인 많은 새로운 연산 도구와 여러 기존의 방법들이 최적화되었다. 또한 보다 정밀한 수학적 설명들은 신경망 네트워크와 진화 알고리즘과 같은 연산 지능적 패러다임의 보완을 위해 지속적으로 개발되었다.

아울러 AI 연구자들에 의해 처음 개발된 알고리즘은 거대한 시스템에서 부분적으로 사용되기 시작했다. AI는 매우 어려운 문제들을 해결했고 이는 데이터 마이닝, 산업 로봇공학, 논리학, 음성 인식, 은행 소프트웨어, 의학적 진단, 구글 검색 엔진 등 여러 기술들에 적응되어 현대 인류사회의 기술산업 개발 및 보완에 매우 유용하다는 것이 이미 증명되고 있다.

초기 AI 연구자들은 2001년에는 인간과 유사하거나 혹은 인간의 능력을 뛰어넘는 지능을 가진 기계가 개발될 것이라고 상상했다. 이 같은 믿음을 바탕으로 HAL 9000이라는 캐릭터가 구성되었으나 실질적으로 기대치에는 이르지 못하였다. 일부 연구자들은 이같은 문제가 컴퓨터 성능에 있으며, 무어의 법칙에 따라 인간 수준의 지능을 가진 기계는 앞으로 10년 뒤인 약 2029년에 나올 것이라고 예견하고 있다. 아마도 인간과 유사한 수준의 지능을 가진 컴퓨터는 뇌인지 바이오 과학과 공학이 더욱 성숙하여 총체적으로 인간 지능과 유사한 컴퓨터 지능이 구축되기까지는 시일이 더 소요될 수 있으나 부분적으로 인간 뇌 신경구조의 성질을 무시하고 간단한 문제 해결을 위한 단순 모델을 추구하는 방향으로는 조만간 실현가능할 것으로 전망되고 있다.

일견 독립적으로 탄생하여 성장해온 것 같은 바이오와 인공지능도 우연인지 필연인지는 모르겠으나 생명과학의 전반부 변곡점인 왓슨과 클릭의 DNA이중나선 구조 결정 시기인 1950년대 전반부에 탄생되어 생명과학과 컴퓨터 발전에 연계하며 성장했다고 볼 수 있다. 특히 인공지능의 궁극적 목표점의 하나가 인간의 뇌 인지기능과 유사한 기능을 수행하는 것으로 볼 때 바이오와 인공지능의 만남은 필연적이라 하겠다. 초기 이 두 분야의 만남은 생명체 뇌기능 및 운영원리에 대한 바이오 분야의 이해를 인공지능이라는 기계 지능개발의 틀(주형,

Template)로 활용하며 주로 기본적인 시스템의 구축과 재현 그리고 생체 상황의 모방이 실질적으로 형성되었는지에 대한 검증으로 진행되었다. 이는 앞서 제시한 과학기술의 발전 주요 삼요소인 '학습-추론-실행'이 인공지능의 정립과 진화에도 적용되고 있음을 시사한다. 이러한 과정을 거쳐 제시된 새로운 인공지능은 이론적이고 학문적인 성과를 바탕으로 우리 실생활에서 인간의 뇌 기능을 대신하거나 대체하는 새로운 기계적 지능으로서의 역할을 하며 성장하고 있다. 앞서 예시한 알파고, 디프 블루, 시스템 왓슨, google duplex, 자율주행 인공지능 등이 실례이다. 넓은 의미에서 인간 실생활과 인공지능의 만남과 활용도 매우 중요한 바이오와 인공지능의 만남이라 할 수 있으며 향후 다가올 미래 50년에도 인간 삶의 질 향상과 행복추구를 위해 필수적인 부분이라 할 수 있다. 필자는 이같은 인공지능과 바이오의 만남을 거시적 만남이라 분류하고자 한다.

바이오의 팽창하는 기술과 정보 축적을 이용한 인공지능과의 미시적, 전문적 만남도 현재 바이오 기술 및 산업 분야에서 활발히 수행되고 있다. 이들 전문적 기술의 교류와 융합을 통해 쌍방의 기술과 산업의 진화 및 성장이 더욱 가속화하리라 생각한다. 전문적, 미시적 관점에서의 바이오와 AI의 연결은 실제로 바이오의 첨단 연구 분야에서 현재 다양하고 활기차게 접목되고 있으며 여러 가시적인 성과들이 국내외에서 소개되고 있다. 우선 생명과학 기초연구 분야에서 인공지능을 접목하며 그동안의 방법으로는 해결이 어려운 이슈를 혁신적으로 해결하는 몇 가지 사례를 들어보면 다음과 같다.

첫 번째로 생물학계의 가장 혁신적 도전 중 하나인 '아미노산에서 단백질의 3차 구조 예측하기'가 새로운 인공지능(AI)의 접근으로 활기를 띠고 있다. 실제로 최근 구글의 AI업체인 딥마인드(DeepMind)가 알파폴드(AlphaFold)라는 알고리즘을 소개하였다. 알파폴드는 기존의 두 가지 신생기법을 결합한 것으로, 단백질 구조 예측 경진대회에서 우수한 성과를 보였다. 그리고 2019년 4월 미국의 한 연구자가 완전히 색다른 접근방법을 사용했는데, 그는 "내 AI가 모든 상황에서 정확한 건 아니지만, 딥마인드보다 100만 배 빨리 단백질 구조를 예측할 수 있다"고 주장했다. 생물학자들은 두 가지 접근방법이 사용하는 AI 기법인 딥러닝(deep learning)에 주목하며, 그것이 '단백질의 배열 및 기능 예측'을 수행하는 데 놀라고 있다. 이 접근방법들은 기존의 방법(예: 엑스선 혹은 NMR결정법)보다 저렴하고 빠르며, 이로부터 도출된 결과는 바이오 연구자들이 질병과 신약설계에 대한 더 깊은 이해를 가능하게 할 것으로 기대된다. 이를 위해 세계의 연구팀들은 2년마다 개최되는 단백질구조 예측 경연대회인 CASP에 참가하여 '아미노산 서열에서 단백질 구조를 예측하는 컴퓨터 프로그램'을 설계하는 과제를 수행하며 시합을 벌인다.

  최근 가장 혁신적인 알고리즘을 개발한 연구자로 하버드대학교 의대의 생물학자 모하메드 알쿠라이시가 주목받고 있다. 그의 시스템 핵심은 '단일 신경망'을 이용하는 점이다. 신경망(neural network)이란 '여러 선험적 경험에 기반하여 학습하는 뇌'에서 영감을 얻어 개발된 알고리즘의 일종이다. '아미노산 서열로부터 단백질 구조가 형성되는 방법'에 대한 기존의 데이터를 입력받아 '새로이 제시된 아미노산 서열로'부터 '새로운 단백질 구조'를 만드는 방법을 학습한다. 다른 시스템의 경우, 우선 하나의 신경망을 이용하여 한 구조의 특정한 특징을 예측한 다음, 다른 유형의 알고리즘을 이용하여 타당한 구조를 탐색하는 2단계 공정을 주로 사용하여 왔다. 그러나 알쿠라이시의 네트워크에서 새로운 사항은 '일관된 공정'을 사용한다는 것이다. 따라서 그의 네트워크는 초기의 훈련에는 수개월이 걸리지만, 이를 완전히 학습한 후에는 '하나의 아미노산 서열'을 매우 짧은 시간 내에 '하나의 단백질 구조'로 전환한다. 스스로 '반복적 기하학적 네트워크(recurrent geometric network)'라고 이름붙인 알쿠라이시의 접근방법은, 전후맥락에 부분적으로 기반하여 단백질의 한 분절(segment)을 예측한다. 그것은 사람들이 문장 속에서 개별 단어의 의미를 받아들이는 과정과 비슷하다. 인간의 언어에서는 주변 단어와 핵심단어가 차례로 문장의 해석에 영향을 미친다. 그러나 공교롭게 알쿠라이시의 알고리즘은 CASP에서 좋은 성적을 거두지는 못하였으며, 이는 그의 방식이 아직 여러 가지 기술적 난점이 있음을 시사한다. 이같은 결함을 보완하기 위해 알쿠라이시는 자신의 AI 디테일을 학술지에 발표하고, 다른 연구자들에 의해서 본인의 연구가 확장되기 바라는 마음에서 코드를 오픈 소스에 공개했다. 이처럼 AI 개발자들은 자신의 알고리즘 개발에 혁신적인 역량을 발휘할 뿐만 아니라 자신들의 단점을 보완할 방법을 모색하는 데 있어 다양한 아이디어와 경험을 자유롭게 접목하며 적극적으로 문제점을 해결해나가는 모습을 보이고 있다. 이러한 창의적이고 도전적이나 동시에 개방적인 자세는 앞으로 다가올 50년의 변화 흐름을 잘 읽고 최대한 적응능력을 가져야 할 우리 모습의 일면을 선구자적으로 보여주고 있는 것이라 생각한다. 이는 AI의 성장속도를 가속화하는 데 큰 추진력이 될 것이며, 이를 통해 바이오의 기술적 제한성도 더욱 유연하게 해결될 것으로 본다.

한편 단백질 구조 예측 경연에서 현재까지 두각을 나타내는 알파폴드는 한 평가에 따르면 다른 알고리즘들 대비 약 15%의 점수 차이로 우세하며 어려운 과제를 수행함으로써 센세이션을 일으키고 있다. 알파폴드의 작동원리를 알아보면 다음과 같다. CASP에 참가한 다른 접근방법들과 마찬가지로, 알파폴드는 다중서열정렬(MSA: multiple sequence alignment)에서부터 시작한다. MSA는 한 단백질의 아미노산 서열을 데이터베이스 속의 유사한 다른 단백질들과 비교하여 '사슬 속에서 서로 이웃하지 않지만, 함께 존재하는 아미노산들'을 집중적으로 찾아낸다. 이는 '이같은 아미노산들이 접혀진(폴딩) 단백질 내에서 근접하여 위치한다'는 것을 시사한다. 딥마인드는 신경망을 훈련시켜, 그런 아미노산들을 찾아낸 후 '접혀진 단백질의 부분 구조 속에서 두 아미노산의 거리'를 예측하게 하는 두 단계 작동법을 사용하였다. 단백질 구조 예측의 방식을 '단백질 속에서 측정된 부분구조의 정확한 거리'와 비교함으로써, 딥마인드는 '단백질이 접힘구조를 형성하는 메커니즘'에 대한 예측능력을 향상시키는 방법을 학습했다. 그리고 또 하나의 신경망을 이용하여 접힘구조의 단백질 사슬 속에서 '연속된 아미노산들 간의 결합각도'를 예측했다. 그러나 이상과 같은 첫 번째 단계로만으로는 하나의 구조를 독자적으로 예측하는 것이 불가능하다. 그 이유는 예측된 거리와 각도의 정확한 세트 중에서 '물리적으로 불가능한 것'이 존재할 수도 있기 때문이다. 따라서 두 번째 단계에서, 알파폴드는 하나의 아미노산 서열에 대해 물리적으로 가능하지만 거의 무작위적인 접힘 서열을 만들었다. 이를 위해 또 하나의 신경망 대신 경사하강법(GD: gradient descent)이라는 최적화 방법(optimization method)을 이용해 1단계에서 예측된 구조를 반복적으로 수행하여 정제함으로써 '실제와 상당히 높은 가능성으로 형성 가능한 단백질 구조'와 근접한 버전을 만들 수 있었다.

향후 지속적으로 CASP에서 '딥러닝을 단백질 접힘구조 해석에 응용하는 방법'에 대해 많은 논의가 이루어질 것으로 보인다. 이를 통해 '단백질 구조 예측의 효율을 증가시키는 방법', '폴딩 예측 알고리즘의 신뢰성을 제고하는 방법', '단백질 간의 상호작용을 모델링하는 방법' 등 단백질의 1차 구조가 3차적인 입체구조로 접힘이 일어나며 생성되는 고유한 모습에 대한 예측 기술이 향상될 것으로 기대된다. 이처럼 컴퓨터를 이용한 단백질 구조 예측이 신약설계나 단백질의 기능 연구 등에 당장 사용될 만큼 정확한 건 아니지만, 날로 그 성능이 향상되고 있음을 감안할 때 최소한 실험실적인 단백질 구조 결정 연구를 수행하지 않고 시뮬레이션을 통한 이론적인 예측을 수행하며 관련되는 다른 어플리케이션에 활용되는 것은 가능할 것이다. 예를 들어 '변이된 단백질이 질병에 기여하는 메커니즘'이나 '단백질의 어떤 부분이 백신으로 전환되는지'를 예측하는 데 유용하게 활용될 것이다. 이처럼 새로운 모델들의 유용성이 향상되면서 단백질 구조 예측 분야에서 AI의 접목은 바이오와 AI의 분자화합물 수준에서 미시적이면서 전문적으로 매우 활발한 만남을 가능하게 할 것으로 보인다.

또한 바이오가 분자적 수준에서 AI와 접목한 예로서, 최근에 국내 연구진에 의해서 인공지능(AI) 딥러닝 기술을 이용해 생명화학 반응의 주체인 효소의 기능을 신속하고 정확하게 예측할 수 있는 새로운 컴퓨터 방법론으로 개발된 'DeepEC'를 들 수 있다. 효소는 생체 생화학반응들을 촉진하는 단백질 촉매로서 이들 기능을 정확히 이해하는 것은 세포 대사 과정을 이해하는 데에 중요하다. 효소의 기능을 표기하는 대표적인 시스템은 EC 번호(enzyme commission number)이다. EC 번호가 효소 및 생화학 반응에서 중요한 의미를 가지는 이유는 특정 효소에 주어진 EC 번호를 통해서 해당 효소가 어떠한 종류의 생화학반응을 매개하는지 기계적으로 쉽게 알 수 있다는 것이다. 이는 풍부한 자연계의 게놈 유전 정보로부터 확보된 새로운 효소 단백질 서열을 분석하여 빠르고 정확하게 효소의 기능을 예측하고 EC 일련 번호로 바코딩함으로써 효소 및 대사 관련 문제를 효율적으로 해결하는 데 중요한 tool로서 사용되리라 보고 있다. 'DeepEC'가 개발되기 전까지 현재까지 10개 이상의 EC 번호를 예측해주는 컴퓨터 방법론이 개발되었다. 이들 모두 예측 속도, 정확성 및 예측 가능 범위 측면에서 개선될 필요성이 있었다. 특히 급속히 발전하는 최근의 생명과학 및 생명공학에서 이뤄지는 연구의 속도와 규모를 고려했을 때 이러한 방법론의 보완이 절실하였다.

연구팀은 바이오 빅 데이터에 딥러닝 기술을 접목하여 EC 번호를 빠르고 정확하게 예측할 수 있는 'DeepEC'를 개발했다. DeepEC는 3개의 합성곱 신경망을 예측기술로 사용하며, 합성곱 신경망으로 EC 번호를 예측하지 못했을 경우는 2차적으로 서열정렬을 통해 EC 번호를 예측하는 2단계 방식을 적용하였다. 또한 단백질의 아미노산 서열 도메인과 기질 결합 부위 잔기(binding site residue)에 변이를 인위적으로 주었을 때, DeepEC가 가장 민감하게 해당 변이 영향을 감지하는 것도 확인하여 적용범위로 확장하였다. 이같은 DeepEC를 통해서 현재 지속해서 생산되는 게놈 및 메타 게놈에 존재하는 방대한 효소 단백질 아미노산 서열 기능을 보다 정확하게 분석하여 기계적으로 분류할 수 있으며, 이는 바이오 산업화의 실용적 기술로 유용이 활용될 수 있을 것으로 본다.

두 번째는 생명체 세포 관찰에서 AI의 적용이다. 생명과학자들은 생명체 관찰시 대부분의 경우 현미경을 통한 관찰 이미지에 의존하고 있으나 생물학 표본들은 대부분이 물로 이루어져 있어 세포 안에서 필요한 요소를 찾아내는 것은 쉽지 않다. 이같은 상황을 극복하기 위하여 생명과학자들은 인간의 눈으로는 정상적으로 볼 수 없는 세포의 특징을 파악하기 위해 세포에 형광 표지를 붙이는 방법을 개발했다. 그러나 이 기술도 연구하려는 세포를 죽이기 위해 시간이 걸리는 등 여러 단점들이 있었다. 이러한 한계점을 극복하기 위해 미국 글래드스톤 생의학연구소 스티븐 핑크바이너 박사는 구글 컴퓨터 과학자들과 심층 구조 학습(deep learning)을 접목하여 인간의 통상 능력을 능가하는 AI를 활용한 새로운 연구 방법을 제시하였다. '인 실리코 레이블링'(in silico labeling)이라는 새로운 심층 구조 학습방법개발이 바로 그것이다. 이 방법은 컴퓨터가 형광 레이블을 붙이지 않은 세포 이미지에서 특징을 찾고 예측할 수 있는 방법으로, 이를 통해 과학자들은 문제가 될 수 있거나 그동안 발견하기 어려웠던 중요한 세포 정보들을 확보할 수 있다. 실제로 이 심층 구조 학습 네트워크로 세포가 죽었는지 살았는지를 식별할 수 있게 되었으며, 98%의 정확도를 제시하였다. 이로써 살아있는 수많은 세포군에서 하나의 죽은 세포도 골라낼 수 있게 되었는데, 일반적으로 인간이 80%의 정확도로 죽은 세포를 식별할 수 있다는 점을 감안하면 매우 높은 정확도임은 분명하다. 실제로 매일 세포를 살펴보아야 하는 경험 많은 생물학자들에게 똑같은 세포 이미지를 두 번 제시할 경우 때때로 다른 대답을 할 수 있다. 반면, 인공 신경망은 일단 훈련을 받으면 스스로의 성능을 향상시키고 새로운 작업을 수행할 수 있는 능력과 속도를 지속적으로 증가시킬 수 있다. 따라서 이 인공 신경망을 사용하여 세포 핵이나 명령센터의 위치를 정확하게 예측하도록 훈련시켰다. 또한 이 모델은 서로 다른 세포 유형들을 구별할 수 있다. 예를 들면 여러 세포가 혼재된 배양조건에서 특정한 뉴런 한 개를 식별해낼 수 있는 것이다. 더 나아가 비슷하게 보이는 뉴런에서 어느 부분이 축색 돌기인지 수지상 돌기인지도 이미지의 비교 분석으로 예측할 수 있다. 이같은 인공지능의 정확성과 연구자들이 지속적으로 생산해내는 세포 정보와 기계가 정보 분석을 돕도록 훈련시키는 일은 신경과학자들에게 뇌세포들이 어떻게 결합돼 있는지 그리고 신약개발과 관련된 응용분야에서 어떤 반응을 나타내는지에 대해 매우 유용하게 사용될 수 있으리라 본다. 실제로 최근 신약개발 연구자들은 새로운 작용 기전의 신약을 탐색할 때 후보 약물을 배양된 세포에 처리한 후 나타나는 세포형태 변화를 이미지 결과군으로 데이터 베이스화하고 표적이 알려진 약물이 제시하는 세포이미지와 새로 발견한 약물이 처리한 이미지와의 유사도를 AI가 기계적으로 분석하는 세포이미지 평가 AI 시스템을 구축하여 새로운 신약후보약물 탐색 및 이들의 작용 기전 해석연구에 활용하고 있다. 기존의 숙련된 연구자의 주관적인 관찰에 의해서 수행되었던 세포 관찰과 같은 이미지를 데이터 콘텐츠로 지속적으로 구축하고 미세한 세포형태 변화를 분석하는 알고리즘을 적용함으로써 연구자를 단순 반복적인 실험업무로부터 분리하게 하고, AI 분석으로 나온 결과의 분석과 검증연구에 집중하게 함으로써 신약개발의 시간과 경비를 절약할 수 있어 전체적인 연구 업무의 효율성 증가에 기여할 수 있을 것이다.

이처럼 바이오 연구에서 AI의 접목은 세포 수준에서의 연구뿐만 아니라 단순한 생체 수준의 연구에도 활발히 진행되고 있다. 실제로 최근에 연구자들은 1~2센티미터 길이의 작고 납작한 편형동물인 플라나리아 재생실험 자료에 인공지능 분석기술을 적용하여 플라나리아 재생에 관한 정확한 모델을 구축하여 7개의 알려진 분자와 새로운 2개의 분자를 제시하는 유용한 결과를 도출하기도 하였다.

거시적, 미시적으로 바이오 기술과 AI는 이미 각 분야의 특성을 최대한 살리면서 바이오 분야에서 아직 해결하지 못한 여러 난제를 해결하는 객관적이고 효율적인 도구로 접목되고 있다. 따라서 AI는 새로 개발되는 시스템의 생물학적 지능으로서의 기능을 검증하는 대상으로 상호 보완적으로 활발히 활용되고 있다고 해도 과언이 아니다. 여기서 실례로 제시한 분자, 세포, 생체수준의 바이오와 AI의 연결은 향후 더욱 접목 분야가 증가하면서 인공세포, bacteria robot, AI 기반 신약개발, 디지털 organism, digital twin (레플리카) 등 미시적인 분야뿐만 아니라 simulation lab, smart farm, 가상 결과에 대한 wet실험 등 거시적인 적용에서 보다 다양하고 활발히 진행될 것으로 예상된다.

그리하여 궁긍적으로는 바이오 기술이 기반이 되는 새로운 platform 구축, 바이오 헬스(Red), 농림수축산(Green), 소재산업, 환경(White) 등 바이오의 다양한 분야에 적용되어 바이오 인더스트리 시대의 고도화에 기여할 것이다.

3. 바이오와 인공지능이 만나서 펼치는 다음 50년

미래학자 토머스 프레이는 저서 『미래와의 대화(Communicating

with the Future)』에서 "비전은 미래와 소통할 수 있는 강력한 도구가 될 수 있다." 라고 주장하였다. 또한 그는 "몇 년 후나 몇 십 년 후에 실현될 새로운 기술에 대한 비전이 많은 반면 그 중에 결코 실현되지 않을 기술도 존재한다. 그러나 대부분의 비전은 처음에는 작은 씨앗과 같다"라고 하였다.

필자를 포함한 많은 생명과학자들은 바이오와 인공지능이 만나 바이오 분야의 미래비전을 제시할 수 있는 작지만 알찬 씨앗이 되기를 바란다. 역사적으로 우리는 과학과 기술이 상호 보완적으로 결합하였을 때 소위 파워커플(Power couple)이 형성됨을 목격하여 왔다. 특히 다양한 형태의 생체물질과 조절 기전이 존재하는 생명체를 다루는 바이오 분야에서는 과학과 기술의 상호혁신 시너지가 절실히 필요하다. 역사적으로 볼 때 바이오 분야의 새로운 혁신기술들의 등장은 생명현상의 이해를 가속화하는 데 크게 기여하였으며 이들 과학과 기술의 상호혁신 시너지는 우리 사회와 인류의 변화와 성장에 크게 기여하였다. 실제로 앞서 기술한 1950년대 초반의 생명정보 구조 해석이 가능할 수 있었던 배경에는 생화학과 구조생물학의 접목이 있었기에 DNA구조를 규명할 수 있었으며 그 결과는 분자생물학이라는 바이오의 새로운 학문분야 탄생과 연결된다. 또한 그 후 분자생물학과 화학, 고효율 자동화 공정, 분자 이미징, 오믹스 및 생명정보학의 접목이 현재의 대용량 생체정보의 분석과 시뮬레이션의 기반을 제공함으로써 바이오의 오믹스 시대와 시스템 생물학이 시작되었다. 즉, 생체 구성 성분의 유기화학적, 생명화학적 반응의 결과를 유전자, 단백질, 대사산물의 정보로 정성, 정량화된 데이터로 생산함으로써 생명화학 반응의 결과를 관찰적이고 현상적인 형태가 아닌 기계어로 변환할 수 있는 정성, 정량화된 결과로 제시하게 되었다. 이를 통해 독립적으로 개발되어온 머신러닝을 가동할 수 있는 데이터를 제공하게 됨과 아울러 지속적으로 성장하는 인공지능의 혁신 기술과 접목할 수 있게 되었다. 비유하면 머신 러닝이라는 자동차를 가동할 수 있는 생명정보 데이터라는 가솔린 연료가 확보된 셈이다. 특히 AI기술의 출현과 진전은 앞으로 펼쳐질 향후 50년 동안 신비로운 생명원리의 발견 사이클을 단축시킬 수 있을 것으로 필자를 포함한 다수의 생명과학자들이 전망하고 있다. 이를 통해 진행되는 바이오 미래기술은 새로운 관련 과학 기술의 발전을 유도하고, 이는 새로운 과학적 발견을 견인하여 그간 인류가 알 수 없었고, 할 수 없었던 미지의 세계에 대한 새로운 연구가 가능할 것으로 기대된다.

일반적으로 AI의 성공 필수 요소로 Big Data, New Algorithms, Modern compute(GPU의 프로세싱 파워)이 중시되고 있다. 2000년 중반 클라우드가 시작되었음에도 2010년대에 AI가 구현될 수 있었던 이유는 이 세 가지 요소들이 2010년대에 들어와서야 어느 정도 갖추어졌기 때문이라고 볼 수 있다.

이를 바탕으로 가장 가까운 수년 간 AI가 진입할 유망한 세부 진입 산업 중 자율주행과 헬스케어가 주목받고 있다.

먼저, 자율주행이 현실적으로 적용되기 위해서는 수많은 데이터와 해당 데이터를 기계적으로 라벨링하여 분류하고, 훈련하는 학습시뮬레이션이 필요하다. 그런데 이 분야 선두 주자인 우버와 테슬라가 최근 개발 과정 중 예기치 않은 사고를 내기도 했는데, 이는 데이터가 부족한 문제 때문에 발생했다고 볼 수 있다. 이의 개선을 위해서는 실제 도로 환경에서 발생하는 여러 변칙에 대한 데이터와 시뮬레이션의 보완이 필수적이다. 일본의 도요타와 유럽 회사들은 이같은 후속 보완 분야에서 앞서고 있으며, 미국에서는 도로 상황이 단순한 미국 동-서부 간 도로에서 트럭의 자율주행이 이미 구현되고 있다.

두 번째로 헬스케어의 경우, 미국이 단연 독보적으로 리딩하고 있다. 일례로, 태아 검진 시 AI 기술을 접목하여 태아의 실제 상태에 가까운 이미지를 제공하고 있다. 이 밖에도 일정 시간이 지났을 때 사람의 장기에 어떤 문제가 생기는지를 예측할 수 있게 해주는 등 발전 가능성이 매우 풍부하기 때문에 현재 의료계의 많은 연구자들이 AI 연구에 열의를 보이고 있다. 최근 4차 산업을 주도하는 메가트렌드로 빅 데이터 기반 인공지능(AI) 기술이 대두되고 있으며, 딥마인드사의 알파고에서 입증된 심층신경망을 이용한 딥러닝 기술 등 기계학습이 헬스케어 및 바이오 연구와 산업 전반의 혁신과 사회경제적 생활양식에도 근본적인 변화를 불러올 전망이다.

실제로 보건의료 및 헬스케어 부분에서는 수백만 명 단위의 유전체 데이터, X-ray, NMR 등 각종 의료 영상 데이터, 전자의무기록/전자 건강기록 (EMR/EHR) 등 비정형 텍스트 정보, 건강보험 청구 내역 등을 기반으로 질병의 진단, 치료, 생활 습관 모니터링, 의료진의 의사결정 지원 등 다양한 영역으로 그 적용을 확대하고 있다.

따라서 멀지 않은 장래에 AI가 의료서비스를 제공하는 시대가 도래할 것으로 보고 있다. 이미 미국 메모리얼 슬론 케터링 암센터에서는 2012년 3월 AI의사 왓슨이 도입되었고, 우리나라도 왓슨을 2017년부터 의료기관에서 도입하기 시작하였다. 그러나 국내 의료계는 아직 부분적으로는 왓슨을 필두로 하는 AI 의료 서비스의 도입에 대해 신중한 편이다. 그 이유로 AI와 의사의 진단이 서로 상이한 경우가 종종 발생하고 있기 때문이다. 따라서 진단의 정확성이 보완될 필요성이 있으며 특히 한국인의 질병을 좀 더 학습한 한국인 지향적 AI 개발이 필요하고 이에 대한 적절한 가이드라인도 필요하다. 가까운 일본 도쿄대학교 의대에서는 이같은 상황을 빠르게 인지하고 왓슨의 오류를 절반으로 줄이는 알고리즘을 개발하여 일본 환자들의 진료에 적용하고 있다고 한다. 이처럼 진단의 정확도 개선 이슈는 환자 데이터 확충과 혁신적인 알고리즘의 개발로 점점 진화할 것으로 생각된다. 또한 최근 AI기술이 활발히 개발되고 있는 중국에서는 AI 내과의사가 등장하여 환자를 문진하고 있다. 실제로 현재 중국의 AI 의료서비스는 매우 빠르게 성장하고 있어 주목을 받고 있으며 구글이나 야후 등 미국 포털 사이트의 자국 내 접근을 방지하면서 폐쇄적이지만 자국의 IT와 AI산업을 최대한 보호하며 의료바이오 분야와 AI의 접목을 활발히 진행하고 있다. 한편 IT 강국으로 부상하고 있는 인도는 당뇨성 안과 질환의 진단과 처방을 위해 다수의 진단 사례확충과 이들 데이터 분석 효율성 확대를 통해 AI와 의료서비스를 접목하고 있다. 이처럼 세계 각국의 바이오 특히 의료계에서는 AI기술의 적극적인 접목을 통해 자국이 가지고 있는 개별적 문제점을 해결하기 위해 우선적으로 투자와 육성을 진행하면서 기존 바이오 분야의 발전도 함께 도모하고 있다.

의료 서비스 시장에서 AI의 활용이 확대되면서 변화의 바람이 크게 일고 있다. 정신건강 분야는 대표적인 사례 중 하나이다. 미국 서던 캘리포니아대학의 연구원들은 '엘리'라는 아바타에게 사람들이 타인에게 감추고 있는 이야기를 털어놓는지에 대해 실험했다. 그 결과 의사나 가족에게 상담하지 않고 '엘리'에게 자신의 비밀을 털어놓은 경향이 높은 것으로 나타났다. 사람들이 자신의 심리 증상을 기계에게 좀 더 솔직하게 털어놓는다는 연구결과를 응용해, 미국의 스타트업 워봇사는 AI 심리상담 프로그램을 선보였다. AI 심리상담 프로그램인 워봇이 전문적인 인간 상담사를 대신할 수는 없지만 심리상담 기회를 갖기 힘든 이들에게는 많은 도움이 될 것이라고 보고 있다. 실제로 현재 워봇은 130개국에서 수십만 명의 이용자가 사용하고 있을 정도로 활용도가 매우 높다. 또한 호주 뉴사우스웨일스대학 연구진은 음성신호처리 기술과 AI를 이용해 사람들의 대화 속에서 기분 장애를 탐지하는 기술을 개발 중이다. 화자의 목소리에서 파형을 분석하고 심리 상태를 대변해주는 특성을 추출해 머신러닝으로 우울증 및 자살 전조증상을 진단하고자 하는 것이다. AI의 도입이 정신 심리 분야에서 활성화되면 앞으로는 관련 상담도 병원이 아니라 집에서 쉽게 할 수 있게 되고, 이는 원격의료 치료와도 연계되어 새로운 진료형태의 생성 및 의료 시장의 변화를 초래할 것으로 예상된다.

한편 진단 분야에서도 AI가 활발히 도입되고 있다. 당뇨병성 망막증을 앓는 환자의 실명 여부를 예측할 수 있도록 구글이 개발한 AI가 대표적인 사례다. 당뇨병성 망막증은 전세계 성인들이 시력을 상실하는 제일 큰 이유인데, 약 4억 명 이상이 당뇨로 시력을 상실한다. 그런데 앞서 설명한 바처럼 인도의 경우 넓은 국토 면적에 비해 안과 의사가 절대적으로 부족해 전체 환자의 45%가 진단받기도 전에 실명하고 있다고 한다. 구글은 인도 병원과 미국 검진기관으로부터 안구 이미지 13만 개 및 진단 데이터 88만 건의 빅 데이터를 구축하여 AI를 반복 학습시킨 후 환자의 실명 가능성을 안과 전문의와 유사한 수준으로 예측하였다. 이처럼 구글이 개발한 당뇨병성 망막증 진단 AI는 최근에 일반 안과의 수준에 도달했으며 추가로 망막 전문의와도 비슷한 수준에 도달한 것으로 알려졌다. 또한 영국의 안과병원 의사들은 50개 이상의 여러 눈병에 대해 94%의 정확도로 치료법을 추천할 수 있는 AI를 개발하였다. 그리고 중국 의사들은 대장 내시경 검사에서 대장 용종을 진단하기 위해 AI를 이용하고 있다. 임상시험의 한 연구에서 AI와 위장 전문의가 함께 진단하고, 다른 임상시험에서는 전문의만이 진단을 내렸다. 그 결과 AI와 함께 진단한 경우가 용종 검출량이 향상된 것으로 나타났다. AI의 경우 의사들이 잘 찾아내지 못하는 작은 크기의 선종이나 5㎜ 미만의 작은 용종들도 정확히 발견했기 때문이다. 방사선과 의사는 AI로 인해 사라질 대표적인 직업 중 하나로 알려져 있다. 그 이유로 앞으로는 AI가 의사보다 더 정확히 진단 영상을 분석할 수 있게 될 것으로 보고 있기 때문이다. 최근 미국 국립암

연구소(NCI)는 AI를 이용한 유방암에 대한 영상의 검진 정확성이 방사선과 의사의 평균과 비슷하다고 보고하기도 하였다.

하지만 AI의 도입으로 방사선과 의사들의 역할이 위협을 받는다는 부정적인 측면보다는 환자들에게 좀 더 친절하고 구체적인 진단 서비스를 베풀 수 있다는 긍정적인 측면도 깊이 고려되어야 할 부분으로 필자는 생각한다. 방사선과 의사들의 경우 하루에 대략 50개에서 100개의 영상 화면을 분석하고 있다고 한다. 영상 분석에서 다수의 오류가 발생하여 안타깝게도 의료 과실의 고소를 당하기도 한다. 그런데 AI의 경우 전문의보다 10배에서 100배 가까이 많은 영상 화면을 큰 오류 없이 주어진 시간 내에 분석할 수 있다. 그렇게 되면 방사선과 의사들은 환자들에게 좀 더 자세하게 검사 결과를 설명할 수 있으니 결과적으로 환자와 의사 모두에게 도움이 되는 AI 활용이 될 수 있다고 본다.

다른 전문의들의 경우도 유사하여 AI가 본격적으로 의료에 활용될 경우 의사들의 평균 진료시간과 환자들의 진료 대기시간이 감소될 수 있을 것이다. 따라서 의사들은 여유 시간 동안 환자들에 대한 친밀감과 의학의 인술로서의 특성을 더욱 증대시킬 수 있을 것이다.

한편 최근 국내에서 세계 최초로 상용화된 5G 네트워크는 의료 서비스 시장에서 AI의 활용 기반을 더욱 확장시켜줄 것으로 예상된다. 특히 네트워크 속도가 느린 환경에서 용량이 매우 큰 MRI 등의 의료용 영상 결과 파일은 전문의에게 전송되기까지 오랜 시간이 소요되어 진료가 더디게 진행될 가능성이 높다. 하지만 5G 네트워크의 이용으로 거대 용량의 영상 자료를 보다 신속하게 전달할 수 있어 의료 서비스의 질을 향상시킬 수 있게 된다.

또한 5G는 실시간 고화질 비디오 전송시 네트워크가 필요한 원격진료도 활성화시킬 수 있다. 5G가 도입되면 랜선 연결 없이 네트워크 상에서도 원격진료가 가능해짐으로써 환자가 더욱 빠르게 진료 받고 전문의와 상담이 가능해지기 때문이다. 또한 예방적 치료와 환자 모니터링을 강화함으로써 적은 비용으로도 효과적인 건강 관리를 가능하게 할 수 있을 것이다. 글로벌 통신회사 에릭슨은 2026년 의료 서비스 관련 5G 시장규모가 약 760억 달러에 이를 것이라는 전망을 내놓았다. 특히 5G 도입으로 가장 큰 성장이 예상되는 분야는 정밀 의료, 모니터링을 통한 조기치료 등 전통적 치료법을 뛰어 넘는 혁신적인 방식이다. 이 밖에도 3D 프린팅, 구급용 드론 등 다양한 분야가 의료 서비스에 활용될 것으로 전망된다. 이 부분은 5G의 세계 최초 상용화와 보급을 진행하고 있는 우리나라의 경우 국제적 경제력을 리드할 수 있는 분야여서 향후 발전이 더욱 기대된다.

바이오의 큰 중심축 중 하나인 제약산업도 AI의 접목으로 새로운 혁신을 도출할 수 있는 분야이다. 제약산업은 신약개발 비용의 증가와 높은 실패율 및 부작용 발생, 검증된 타겟에 대한 경쟁의 심화와 이에 따른 새로운 타겟 및 약리 기전 기반의 first-in-class 신약개발의 요구 증대 등이 당면한 과제로 효율적인 해결방안이 지속적으로 연구되고 있다. 그 일환으로 최근 신규 타겟 발굴, 약물 가상 탐색, 신약 재창출(Drug Repositioning), 독성 및 부작용 예측, 약물 기전(drug mode-of-action), 정밀의료를 위한 환자 세분화(patient stratification) 등 신약개발의 전 과정에 걸쳐 바이오 빅 데이터 분석 및 AI 기술을 도입하려는 시도가 활발히 진행되고 있다. 이 결과 국내외적으로 AI 기술 기반 신약개발 회사(AI 신약 벤처)의 창업이 활발하다. 또한 최근 수년간 글로벌 빅 파마인 Pfizer-IBM Watson, GSK-Exscientia, Sanofi Genzyme-Recursion Pharmaceuticals 등 주요 제약사와 AI 신약벤처 간 다수의 공동연구 및 협력이 추진되었다. 빅 데이터-AI 기술을 기반으로 FDA 승인된 신약이 개발된 사례는 아직까지는 없으며, 다른 신기술과 마찬가지로 빅 데이터-AI에 대한 막연한 기대나 과장된 거품을 경계해야 할 것이다. 장기 간 소요되는 신약개발의 특성을 고려할 때, 실제 신약개발의 성과를 통한 검증까지는 상당 기간이 소요될 것이다. 그러나 앞으로 신약개발 프로세스가 전반적으로 보다 선험적 데이터를 기반으로 한 방식으로 진행될 것이다. 제약 산업의 R&D 패러다임이 대규모 유전체 및 오믹스 빅 데이터에 기반한 정밀의료로 빠르게 전환되고 있고, 잠재적인 약물 표적의 숫자도 기존 약물의 수백 개 유전자에서 최소 5000여개 이상으로 확대되고 있다. 그리고 신약개발에 직접적으로 활용이 가능한 대규모 유전체 데이터, 약물-타겟 정보, 화학유전체 데이터, 약물 스크리닝 데이터 등도 빠르게 축적되고 있어 신약개발 관련 빅 데이터라는 연료가 충분히 채워지고 있는 실정이다.

따라서 향후 AI-빅 데이터 기반으로 신약 후보 물질을 도출하는 시도가 더욱 활발히 진행될 것이다. 이를 데이터 기반 신약 가상탐색

(Data-Driven Virtual Screening, DDVS)이라 하며 이같은 혁신적인 시도가 신약개발과 같이 바이오의 주요 분야에 적용되는 사례가 현재 국내외적으로 활발하게 제시되고 있다.

실례로 AI Deep Learning을 이용한 신약개발 연구 사례를 소개해 보자. 학창시절에 배우는 함수처럼 X라는 인자를 넣었을 때 Y라는 값이 나오듯 약물의 구조를 대입하면 결합할 단백질을 예측하여 제시해주는 원리이다. 실제로 역함수처럼 약물의 표적 단백질, 용해성, 독성 등의 정보를 대입하면 최적의 화합물(약물)을 설계해주는 소프트웨어 등이 개발되고 있다. 이를 위해 통계분야에서 유명한 Bayesian 알고리즘을 이용하여 Training set의 Quality를 높이는 작업이 필요하다. 프로그램 개발의 성패 여부는 Deep Learning에 사용되는 Training set의 Quality가 중요함으로 실제 실험실에서 진행된 연구(wet 연구)로부터 생성된 양질의 결과 축적과 cloud 등으로 big data의 효율적 공유가 필요하다.

한편 국내의 한 연구 그룹은 약물의 활성을 On target effect 와 Off target effect로 구분하지 않으면서 이를 통합하여 약물의 활성을 평가하는 전략으로 약물 처리에 따른 세포에서의 전사체 프로파일 결과를 분석하는 연구를 수행하고 있다. 이같은 시도에서 FDA 승인 약물에 대한 전사체 분석을 진행하여, 빅 데이터(big data)를 생산하고 이미 분석된 질병의 전사체와 비교하여 새로운 약물을 찾는 약물 재창출(Drug repositioning) 연구를 수행하고 있다. 이처럼 바이오의 대량 데이터를 효율적으로 분석하여 공동 특성 집단을 도출하고 이를 활용한 약물 개발을 함으로써 새로운 약물 개발의 시간과 경비를 절약할 수 있을 것이다. 이를 통해 제약 관련 바이오 연구의 효율을 증대하는 데 AI가 중요한 역할을 할 수 있다.

또한 AI 분석은 다차원적인 결과를 제공하기 때문에 데이터의 시각화와 관련된 연구도 중요하다. 최근 국내 AI주도형 신약개발 벤처회사에서는 COMBINE이라는 효율적인 데이터 표현 플랫폼을 개발하였으며, 이를 통해 연구자는 자신의 실험 결과를 다른 관련 연구자가 이해하기 쉽게 시각적으로 표현하는 방법을 제시하는 데 활용하고 있다.

의료 및 제약 바이오 분야에서 AI의 접목에 대해 몇가지 최근의 국내외 사례를 소개하였다. 앞서 기술하였듯이 바이오는 의료, 제약 분야뿐만 아니라 우리의 먹거리와 자연 환경을 대상으로 하는 이른바 그린 바이오도 중요한 한 축으로 보고 있다. 최근 국내외적으로 그린 바이오의 다양한 농, 축, 수산 먹거리 생산과 관리에도 AI의 접목이 활발히 진행되고 있다. 실례로 스마트팜(smart farm)을 들 수 있다. 이는 정보통신기술(ICT)을 활용해 원격, 자동으로 '시간과 공간의 제약 없이' 재배하는 작물의 생육환경을 관측하고 최적의 상태로 관리하는 과학 기반의 새로운 혁신적 농업방식이다. 이를 통해 농산물의 생산량 증가는 물론, 농업 종사자의 노동시간 감소를 통해 농업 생산 환경을 획기적으로 개선한다. 특히 이미 기술한 바이오 과학이나 의료, 제약분야와 같이 농업 AI의 원료가 되는 빅 데이터 생산과 관리기술과 결합해 최적화된 작물 및 가축의 생산·관리 의사결정이 가능하다.

그 결과 최적화된 농작물 생육환경을 제공해 수확 시기와 수확량 예측뿐만 아니라 품질과 생산량을 더 늘릴 수 있다.

특히 우리나라 농업의 경우 고령화와 높은 노동 강도로 인해 청년 인구의 유입이 어려워 타 분야보다 생산인구 절벽화가 더욱 가시화되어 매우 현실적인 제한 요소로 지적되고 있다. 이에 대한 대안으로 제시되고 있는 스마트팜은 사물인터넷, 빅 데이터, 인공지능, 로봇 등을 활용하여 농산물의 생육환경을 최적상태로 관리하고 노동력 절감과 생산성 향상을 구현하는 효율적인 농업형태로서 우리나라 농업 발전의 새로운 대안으로 앞으로의 발전이 기대되는 분야이다.

관련 정부 기관과 관련 대기업의 참여로 한국형 스마트팜 기술개발 프로젝트가 진행 중이며 이를 통해 국내 농업 여건에 적합하게 스마트팜의 핵심 요소 및 원천 기반기술들이 확보되고 있다. 실제로 국내 농업여건에 적합하게 기술수준별로 3가지 단계로 구분하여 1세대(편리성 증진), 2세대(생산성 향상-선진국 추격형), 3세대(글로벌 산업화-플랜트 수출형)로 구분되고 기술의 단계적 개발과 실용화 계획을 통해 노동력과 농자재의 사용을 줄이고, 생산성과 품질을 제고함으로써 농가소득과 연계하며, 나아가 영농 현장의 애로와 연관 산업의 문제를 동시에 해결하는 프로젝트가 진행 중이다.

유럽, 미국 등도 적극적인 정부 지원과 함께, 자체 개발 시스템을 적용하여 생산성 향상과 경비 절감에 초점을 맞춰 세계의 스마트팜 시장을 선도하고 있다. EU는 정밀농업분야에 대한 연구역량과 회원국 간의 연구협력네트워크를 강화를 통해 농업과 ICT 융합 연구개발의 효율성을 높이고 있으며, 국제공동 연구 프로젝트(EU ICT-AGRI 프로젝트)를 최근 10여년 간 진행하였다. 그중 네덜란드는 원예 산업 클러스터 단지를 조성해 기업, 연구기관, 정부가 산·학·연 협업을 이루며 기술혁신을 추진하고 물류를 비롯한 기반시설을 제공하면서 세계 원예산업을 주도하고 있다. 특히, 네덜란드는 생육분석 플랫폼, 영상분석 등 데이터기반 생산기술과 자동화, 생산·품질관리, 수출까지 전 과정에 걸쳐 과학영농을 수행하고 있다. 최근 네덜란드 테르누젠시는 지속가능한 스마트팜 사업 중 하나로 남은 열을 활용하는 프로젝트(heating network)를 구축하여 원예 분야에서 주목받고 있다.

미국의 경우, 1990년대부터 지속가능한 농업 및 환경 촉진을 주요 전략으로 설정했다. 그 결과 미국 농업은 영농규모가 크고 첨단기계의 사용이 활발해졌고, 농산물 생산량과 교역량 측면에서 세계적으로 리더의 역할을 하고 있다. 농무부가 중심이 되어 농업 ICT융합 R&D 정책을 담당하면서 주로 장기적이고 고위험·고수익(Hish Risk, High Return) 과제를 추진하고 있다. 우리나라도 현재 정부 관련 기관이 주도적으로 단계별 스마트팜 기술을 개발하여 빅 데이터와 인공지능을 기반으로 작물의 생산을 최적화하는 시스템을 구축 중이다.

전통적으로 농업은 숙련된 농경인 또는 사육사의 경험과 지식에 의존해 생산관리에 대한 의사결정을 하는 방식이었다. 그러나 스마트팜은 재배 또는 사양관리 전문지식과 선도농가의 경험을 빅 데이터로 구축하고 이를 학습한 인공지능의 도움을 받아 개별 농장 환경에 최적화된 의사결정을 할 수 있게 된다. 따라서 재배 또는 사육하고 있는 작물과 가축에 대한 정확한 생육관리가 가능해지고 그에 따른 품질과 생산량을 크게 향상할 수 있다. 한국형 스마트팜 모델은 2018년까지 토마토재배와 돼지사육에 대한 스마트팜 모델 개발을 목표로 연구 개발이 진행되고 있으며, 향후 적용 품목을 다양화하여 현장 보급을 확대해 나갈 계획이라 한다.

그린 바이오에서 스마트팜과 AI의 접목은 국내 스마트팜 농가의 규모 확대와 자생력 강화를 통한 생산비 절감으로 경쟁력을 향상할 뿐만 아니라 지능형 생육관리 모델을 탑재한 비닐하우스 중심의 저비용 고성능 한국형 스마트팜 개발에도 기여할 것이다. 즉, 한국형 스마트팜은 외국의 선진 기술을 그대로 수입·적용하거나 단순 모방하지 않고 우리 농업 환경과 현장 상황에 적합한 기술을 개발하여 농업선진국과 경쟁할 수 있는 독자적인 농업생산기술을 확보하게 해줄 것이며, 이는 혁신적인 농업 생산 플랜트 플랫트 폼으로 구축되어 그린 바이오 산업에서 새로운 시장 개척에도 기여할 것으로 예상한다.

이상에서 살펴본 바처럼 바이오의 다양한 분야에서 AI와의 접목이 이미 진행되고 있으며 인류 미래의 희망인 바이오의 발전에 AI의 장점이 최대한 활용되고 있다고 볼 수 있다.

이런 의미에서 필자는 '바이오와 AI가 상호공생관계'에 있다고 생각한다. 바이오 분야도 AI처럼 새로운 혁신기술이라는 유사성이 있기 때문이다. 하지만 바이오 분야는 AI와 같은 혁신기술의 부정적 측면(단점)으로 제시되는 인간 고유 노동기회 상실, 성숙된 기존 시장과의 이해관계 충돌 등이 비교적 적은 편이다. 더구나 바이오분야는 이제

막 생명의 신비라는 판도라의 상자를 열 수 있는 열쇠 몇 개를 확보한 것으로 더욱 새로운 방식을 효율적으로 접목하여 아직도 풀지 못한 생명의 신비를 규명하여야 하는 분야로서 이미 소개된 바처럼 다양한 바이오 분야에서 AI와의 공존은 시너지 효과를 낼 수 있다고 본다.

특히 주목할 점은, 바이오는 AI 탄생과 성장의 모티브를 제공해주는 원천이라 할 수 있기에 바이오분야의 기술적 난제 해결 및 새로운 시도에서 상보적으로 구축된 AI의 접목과 활용은 바이오의 성장을 이끌 뿐만 아니라 AI의 검증 및 동반성장을 제공해준다는 것이다. 기초연구 성격이 강한 생명과학과 이의 응용 및 산업화와 연계되는 바이오텍의 상호혁신을 유도할 수 있는 AI의 혁신기술이 도출된다면 다가올 50년의 바이오와 AI 분야는 상호 공존관계를 형성하고 전체 과학 및 기술 분야 발전의 드라이버 역할을 맡을 것으로 본다.

4. 또 다른 지능시대의 바이오와 행복

최근 20여 년 간 바이오는 양질의 wet data(정보, 경험)를 인류 역사상 양적으로 가장 풍부히 도출하였다. 이를 바탕으로 다가올 30년 이

내에 보다 양질의 다양한 생명정보가 생산되고 클라우드 공간에 big data로 공유되면서 보다 많은 분야의 연구자들과 공유되며 활용될 것이다. 당연히 이들 생명정보를 활용하여 인공지능은 새로운 정보 학습과 추론으로 보다 객관적인 실행방안을 제시하는 방향으로 진화하여 갈 것이며 앞서 기술한 바처럼 향후 30년 이내에 인간의 지적 능력과 유사하거나 이를 초월하는 초인공지능으로 능력이 발전해 있을 것이라 예측된다.

이러한 발전의 긍정적 측면은 미래사회 변화에 대응할 효율적 생체 소재 도출, 친환경 저비용 고효율 생산체 도출, 정확, 맞춤형 의료 서비스 구축, 생명 반응 및 진화 예측 시스템 구축에 바이오와 인공지능이 함께하는 상호보완적 공생의 시대가 도래할 것이다. 반면에 진화된 인공지능이 인간의 지적능력 도태를 촉진하고 복잡한 정보 처리와 지적 사고 영역의 많은 부분을 인공지능에 의존하여 인간이 인공지능에 종속될 수 있다는 부정적 측면을 우려하는 시각도 있다.

필자는 그런 우려도 부분적으로 신중히 고려해야 한다는 주장에 동의하지만, 바이오와 인공지능이 접목되면서 인류 문명과 사회에 가져다줄 긍정적인 측면에 보다 비중을 두고자 한다. 영화 〈가티카〉를 한 예로 들면, 시험관 수정을 통해 우수한 유전자로 탄생된 인간보다 부모님의 사랑으로 태어난 신의 자식이 우주 비행사가 되기에 많은 장애와 결함이 있는 것으로 구성되어 있다. 그러나 신의 자식이라도 꿈을 가지고 노력하고 주변의 도움을 받으면 시험관 수정이나 AI에 의한 탄생된 완벽한 인간능력의 수준을 달성할 수 있음을 보여주고 있다. 이는 생명 탄생의 우연적 결합에서 인간이 도출한 유전자 조작 기술 및 유전 정보를 활용한 또 다른 인공지능이 신의 자식인 인간보다 기능적으로 우수한 새로운 인간을 탄생시켜도 인간은 이같은 변화에 적응할 뿐만 아니라 잠재적인 정신과 의지로 부족한 자신의 능력을 새로 창출할 수 있음을 시사하고 있다. 현재는 인간이 주체가 되어 창조한 AI가 다가올 미래에는 인간의 생물학적 지능보다 더욱 정교하고 완벽할 수도 있으며 이들 인공지능이 인공수정을 통해 완벽한 지능과 능력을 보유한 신인류를 탄생시킬 수도 있다는 새로운 미래사회의 모습을 제시하고 있는 것이다. '다음 50년' 내에 인간은 자신의 능력보다 뛰어난 인공지능을 창조할 수 있으나 아이러니컬하게도 자신이 창조한 인공지능에 지배될 수도 있음을 시사한다.

그러나 이런 상황이 전개되어도 인간 특유의 잠재적인 정신과 의지로 완벽한 기능인간으로 탄생한 시험관 수정 인간의 장단점으로부터 학습하고 실행함으로써 기존의 인간 능력을 초과하는 초인류로 진화하는 계기가 될 수 있는 가능성도 보여주고 있다. 여기서 우리가 신중히 고려해야 할 점은 또 다른 50년의 바이오는 AI를 잘 활용하여 새로운 바이오를 창출하도록 하되 이를 윤리적으로나 자연 순리적으로 허용할 수 있는 수준에서 균형 있게 조절하며 공동 진화하는 과정이 필요할 것이라는 점이다.

아직까지 인간과 기계의 소통은 완전하지 않다. 실제로 기계나 인간이나 서로와 소통하는 법을 제대로 알고 있지 못하다. 그런 소통의 어긋남 사이에서 비효율이 발생하고, 이는 일반적인 최종 사용자들에게는 불편한 감정으로 다가간다. 그리고 대화 상대인 기계가 그러한 감정을 전혀 이해하지 못하고 입력된 답만 똑같이 반복할 때, 인간은 더 이상의 대화를 진행할 필요를 못 느낀다. 공감 결여, 그것이 인간과 기계 사이의 대화에서 발생할 수 있는 불편한 결과이고 아직 현실은 이 수준에 머무르고 있다고 해도 과언이 아니다.

인간과 기계 사이의 상호작용을 원활히 하기 위해서는 현재보다 인공지능은 좀 더 인간스러워져야 한다고들 한다. 그러려면 인간의 상황에 따른 감정적인 상태와 변화를 이해하고, 그에 맞는 대응을 할 줄 알아야 한다. 이를 위해서는 현재의 인간과의 소통을 위해 단어 사전의 빅 데이터를 입력하여 활용하는 능력에 추가하여 인간의 인지 능력과 상황에 대응하는 다양한 감성의 빅 데이터가 추가되어 AI가 효율적으로 활용할 수 있어야 할 것이다. 반대의 옵션으로 인간이 아무런 감정 없는 기계처럼 변해야 하는 것도 고려해 볼 수 있으나 이는 바이오도 AI도 바라는 방향이 아닐 것이다.

"다른 사람의 과거나 현재의 생각, 경험, 감정을 노골적인 설명이나 명백한 소통 없이 대신해 경험하고 민감하게 반응하며, 알아채고 이해하는 행위 혹은 그렇게 할 수 있는 능력"을 공감이라 한다. 인공지능에 공감 능력을 부여하려면, 결국 기계가 감정을 경험할 수 있는 능력이 추가되어야 할 것이다. 또한 감정을 경험하려면 감정을 인지하고 이해할 수 있어야 할 것이다.

현재 은행 등 금융기관에서 스마트 ATM을 검토하고 있다고 한다. 이 기기는 ATM 방문자의 표정을 읽고, 감정을 인지할 줄 알며, 그들의 목소리 톤을 읽고, 몸짓을 해석하고, 사용하는 단어나 눈의 움직임 등도 포착해 감정 상태를 최대한 가깝게 파악하는 기존의 ATM보다 진화된 기능을 가질 것이다. 그런데 ATM이 사람 감정을 잘 읽어내야 하는 이유가 무엇일까? ATM은 방문자의 요구에 따라 정확히 입출금과 은행 창구에서 해야 하는 본연의 기능만 으로 충분하지 않은가?

결국 인공 감정이나 인공지능의 공감 기술에 대한 사용 사례를 먼저 고민하는 것이 중요하다고 본다. 기술은 필요에 의해 나타나는 건데, 기술이 먼저 생기고 필요를 거기에 끼워 맞추는 상황의 발생은 신중히 고려해야 할 것이다. 인공지능이 감정을 느낄 수 있느냐 없느냐, 그럴 필요가 있느냐 없느냐는 아직도 많은 논란의 대상이다. 하지만 인공지능에게 감정을 부여하는 방법을 지속적으로 연구함으로써 인간의 감정에 대해 보다 더 깊이 이해하려 하고, 감정적 대응과 기계적 대응에 대한 시장의 필요성을 고민하게 되었다는 것이 현재까지의 성과임은 분명하다.

바이오는 세계 인류의 꿈이자 미래 먹거리이다.

바이오와 AI가 접목하는 4차 산업혁명의 현실에서 다양한 기술들이 융합하여 생명 연장과 무병장수, 식품 창출과 에너지 개발 등 우리 삶의 본질적인 영역의 확장에 기여하고 있다. 전 세계적으로 바이오경제의 실현을 위한 정책적 노력이 펼쳐지고 바이오 헬스케어 산업의 빠른 확대가 전망되는 가운데 국내 바이오산업은 큰 성장 가능성을 보여주고 있다. 최근 관련 기관에서 진행한 국내 바이오산업 실태

조사 결과 2017년 국내 바이오산업 생산규모가 10조1,264억 원으로 사상 최초로 10조 원대를 돌파했다. 최근 5년간 연평균 7.8%로 빠르게 성장한 결과이다.

따라서 향후 50년의 다가올 미래에서 바이오는 명실상부 우리나라의 중요한 성장 동력중 하나라 할 수 있다. 바이오의 양적 질적 발전을 위해 정부와 관련 기관의 긴밀한 협력이 중요하다. 바이오와 관련된 여러 산업분야 발전을 저해하는 규제를 새로운 수요에 맞게 개편하고 우리나라 고유의 유전체 및 단백체 의료 빅 데이터 구축, 데이터 사이언티스트 양성, 바이오의 다양한 분야에서 AI 융합형 기술력 확장 및 글로벌 신시장 개척 기회 마련 등과 같은 미래지향적 정책과 산학연 노력들이 더욱 필요한 시점이다.

또한 현재 한국사회에서 4차 산업혁명이 주요한 아젠다로 논의되고 있기는 하지만 중국에 비해 데이터 보호 이슈로 인해 데이터 확보가 상대적으로 어렵고 인력 배양 측면에서도 많이 뒤처지고 있다고 지적되고 있다. 이에 앞서 언급한 세 가지 요소(Big Data, New Algorithms, Modern computer)가 갖춰지더라도 엔지니어인 '사람'이 없으면 무용하기 때문에, 앞으로는 한국 대학에서 경영학을 비롯한 다양한 전공을 배경으로 한 AI 전문가의 양성도 필수적으로 이루어져야 된다고 본다.

바이오와 유사하게 AI의 분야 또한 이제 개화기를 맞아하여 앞으로 다가올 50년에 매우 큰 성장을 할 것으로 예상된다. 최근 Google CEO인 Sundar Pichai 는 AI가 매우 심오하고 큰 목표가 있다고 주장하였다. AI가 도입된 현재의 4차 산업혁명 시대에서 지속적으로 새로운 변화와 성장이 발생하는 상황은 이제 일상이 되고 있다. 최근 Pichai는 새로운 Google 프로그램인 Google Duplex가 전화를 걸어 미용실 예약을 한 비디오를 공개했다. 이 프로그램은 상대방이 컴퓨터와 통화하고 있다는 것을 인식하지 못할 정도로 인간의 기능과 유사한 성능을 보여주었다.

이는 매우 고무적인 결과이다. 그러나 Google Duplex는 많은 사람들의 생각을 추구할 수 있는 의미 있는 AI에 근접하게 성장하였다고는 볼 수 없다. 그 이유는 이 프로젝트의 초기 범위가 단지 세 가지 작업에만 한정되어 있기 때문이다. 즉, 사용자가 "레스토랑 예약을 하고, 미용실 예약을 하고, 휴일을 얻을 수 있도록 돕는" 작업만 진행한다는 것이다.

Google Duplex의 범위가 너무 좁은 이유는 그러한 목표를 향한 작지만 중요한 첫 걸음을 제시하지 못하였기 때문이라 볼 수 있다. 이 배경에는 AI 분야가 아직 더 나은 단서를 가지지 못했기 때문이다. Google Duplex를 만드는 데 있어 제한점은 "폐쇄된 도메인" 또는 매우 제한된 유형의 데이터(미용실 예약에 관한 대화처럼)를 "광범위하게 탐색할 수 있을 만큼 좁은 영역" 으로 제한하는 것이었다. Google Duplex는 이런 제한된 영역에서 깊이 훈련 된 후에만 사람들과의 대화를 가질 수 있으나 광범위한 주제에 대한 열린 결말은 아직 도출하지 못했다.

이같은 상황이 시사하는 문제의 핵심은 AI 분야가 언어의 무한한 복잡성을 아직 충분히 파악하지 못했다는 점이라 할 수 있다. 몇 가지 수학 기호를 결합하고 작은 규칙의 집합을 따라 무한히 많은 수식을 만들 수 있는 것처럼, 적당한 단어 집합과 적당한 규칙 집합을 결합하여 무한한 많은 문장을 만들 수 있을 것이다. 그러나 진정한 인간 수준의 AI는 그 작은 문장뿐만 아니라 모든 가능한 문장에 대처할 수 있어야 할 것이다.

대화의 범위가 좁을수록 더 쉽게 인간과 유사한 성능을 보일 수 있을 것이다. 만약 대화 상대가 스크립에 따라 다소 차이가 난다면 간단한 문구 책과 같은 형판을 사용하여 주어진 주제에 대한 몇 가지 변형을 인식할 수 있는 컴퓨터 프로그램을 만드는 것은 어렵지 않다. 그러나 Berlitz의 관용서적을 습득했다고 해도 유창한 외국어를 표현하거나 다양한 상황에 적절한 대처를 수행하기는 원활치 않을 것이며 머지 않아 불합리한 추론이 나오기 시작할 것이다. 또한 레스토랑 예약과 같은 폐쇄적 도메인에서도 예외적인 상황이 발생할 수도 있다. 훌륭한 컴퓨터 프로그래머는 대화상대를 바꾸어 유도함으로써 중요 항목들을 바꿀 수 있을 것이다. 이는 짧게 양식화된 대화에서는 더욱 가능하다. 그러나 복잡한 이슈에 대한 열린 대화에서, 그런 대비는 당황스럽고 결국은 오류가 생성될 수 있을 것이다.

실제로 Google Duplex는 책과 같은 템플릿을 사용하지는 않았다. 그것은 "기계 학습" 기술을 사용하여 방대한 양의 사람들의 대화 녹음 데이터에서 추출한 가능한 범위의 문구를 추출하였다. 그러나 기본 문제는 동일하게 유지되었지만 많은 데이터를 보유하고 있고 많은 패턴을 파악해도 데이터는 인간의 창의성 또는 실제 세계의 가변성을 모두 대응할 수 없을 것이다. 실제로 인간이 구사하는 가능한 문장의 이론은 너무 복잡하고 삶의 다양성이나 그 다양성에 관해 이야기할 수 있는 방법은 무제한이라 할 수 있다.

그렇다면 현재 인간의 특정 기능을 모방하고 재현하는 인공지능 분야는 향후 50년을 어떻게 성장시켜야 인류 그리고 필자의 주요 관심사인 바이오 분야의 발전에 상호 보완적으로 발전하는 데 기여할 수 있을까?

기계적 학습의 유행 증가와 "빅 데이터" 이전의 AI 연구자들은 복잡한 지식을 컴퓨터에서 인코딩하고 처리할 수 있는 방법을 이해하려고 했다. 지식 공학으로 알려진 이 프로젝트는 거대한 데이터 세트에서 통계적 패턴을 탐지하는 프로그램 생성만을 목표로 하지 않고 규칙 체계에서 인간 이해의 기본 요소를 공식화하여 컴퓨터 프로그램에 적용할 수 있도록 하기 위한 것이었다. 즉, 단순히 사고의 결과를 모방하는 것이 아니라 기계가 실제로 우리의 핵심 능력을 지니는지의 여부에 관한 것이라 할 수 있다. AI 연구자들이 인간의 인지가 끝없이 유연해지는 방식을 연구하는 뇌인지 심리학자들의 도움을 이상적으로 받아들이는 것도 매우 바람직하다고 생각한다. 이런 측면에서 이 저술에서와 같이 AI, 바이오, 뇌인지 그리고 경제 제도의 각기 다른 전문성을 가진 전문가가 함께 연계하여 '또 다른 지능과 향후 50년'에 대해 논의하고 이를 통해 인류가 새로 펼쳐 가고자 하는 미래에 대한 청사진을 그려보는 것은 이같은 시각의 영감을 얻는 데 매우 의미

있는 조합이 될 수 있지 않을까?

오늘의 AI는 특히 인간이 수행하는 고도의 인지기능과 이를 활용한 다양한 특성을 충실히 구사할 수 있다고는 볼 수 없다. Google 번역 및 Google Duplex를 포함하여 일부 주목할 만한 애플리케이션이 구축되고 있으나 이는 필자의 시각으로는 Proof of Concept(POC) 수준이라 할 수 있다. 앞으로 다가올 50년의 미래에는 이러한 지능의 한 형태인 애플리케이션의 한계는 우선적으로 극복하여야 할 대상이고 이미 많은 진전이 이뤄지고 있다고 본다.

지난 1차, 2차, 3차 산업혁명의 역사를 볼 때 산업혁명에는 선도적인 핵심 기술이 존재하였고, 이들 핵심 기술은 다른 기술혁신과 연결되면서 포괄적인 연쇄효과를 유발하였다. 이것이 이전 시기와 구분되는 경제적 구조와 사회문화적 변화를 촉발하는 특성을 관찰할 수 있다.

그런데 우리 모두가 인정하는 현재의 4차 산업혁명 시대에 있어 기술적 문제를 보면 고유한 핵심 기술이 부재한다는 점이다. 소위 4차 산업혁명의 주요 요소로서 사물 인터넷(IoT), 클라우드(Cloud), 빅 데이터(Big Data), 모빌리티(Mobility) 등이 제시되고 있지만 새로운 기술은 아니다. 그러나 새로운 기술이 특별히 제시되고 있지는 않으나 미래를 지향하는 새로운 개념은 매우 역동적으로 제시되고 있는 특색이 있다.

필자의 소견으로는 4차 산업혁명의 가장 핵심적인 사항은 기계-기계, 사람-사람, 사람-기계의 연결시대가 진행되어 소위 '초 연결시대'

가 실현되고 있다는 점이다. 특히 '사람-기계'의 연결은 '바이오-인공지능(AI)'의 기술적 연결로 진행될 수 있을 것이다. 실례로 AI의 가전이 우리의 일상생활과 연결된 형태인 알렉사(Alexa)를 들 수 있다. 아마존에서 개발한 인공지능 플랫폼인 알렉사는 아마존 에코에 처음 사용되었다. 알렉사는 음악재생, 알람설정, 날씨정보 제공, 교통정보 제공 등 많은 기능들을 아마존 에코를 통해 사용자에게 제공해준다. 클라우드를 기반으로 작동되는 알렉사는 사용자가 말하는 패턴, 단어, 개인적인 기호 등을 학습하기 때문에 자주 사용하면 할수록 이를 더 잘 받아들일 수 있게 된다. 알렉사의 기능 보완과 저변확대를 위해 아마존은 현재 알렉사의 소프트웨어정보를 공개하였고, 이러한 정보들을 이용해 여러 기업에서 가전제품, 자동차 등에 도입하고 있으며 2018년 기준으로 38개국에서 사용되고 있다. 매우 의미 있고 효율적인 확장력이다. 이처럼 바이오-AI의 연결은 가전이나 자동차와 같은 우리 실생활에서 뿐만 아니라 이로부터 얻은 경험과 영감을 활용하여 새로운 혁신적 바이오기술 발전과 AI의 개발에 접목될 것이다. 각기 다른 성격과 특성을 가지고 있는 두 기술이 융합되어 새로운 결과물을 제시하기까지는 시간과 에너지가 필요하다. 그러나 우리는 이를 위한 지속적이며 장기적인 안목으로 알찬 결실을 이뤄내야 할 것이다.

흔히들 4차 산업혁명의 긍정적 효과로 미래에 대한 관심을 상기시켰다는 점을 제시한다. 이를 통해 기술 변화를 이룰 수 있다고 보지만 그렇다고 산업혁명이라 할 정도의 수준은 아직 이른 상황이라 본다. 핵심은 제도, 미래에 대한 논의가 있어야 하며, 우리가 생각하는 바람직한 사회는 무엇인가에서 출발할 필요가 있다. 우리나라는 지난 50년이라는 짧은 시간에 선진국 추격형의 제조 산업을 성공적으로 육성하여 목표 지향적인 결실을 이뤄냈다. 그러나 원자재 공급의 제한성, 노동임금 상승에 의한 제조 원가 상승, 환경오염 등의 문제점으로 생산구조의 혁신적인 변화가 필요한 상황이다. 다행히 IT제조 산업의 경쟁력, 세계 최초이며 효율적인 5G 통신 인프라 구축, 튼튼한 바이오 분야 연구인력 및 산업 인프라 구축, 그리고 AI와 같은 혁신적 기술을 수용할 높은 교육 수준 등은 우리나라가 앞으로 다가올 50년에도 혁신적이며 미래지향적인 바이오와 AI분야의 접목을 주도적으로 리드해 나갈 수 있는 기회를 담보해준다고 본다.

한편 AI와 바이오가 접목되면서 긍정적인 측면을 주로 제시하였으나 이를 진행함에 있어 우리가 신중히 고려해야할 부분으로 생명 윤리에 기반한 AI의 활용방안이다. 이론적으로는 이미 빅 데이터로 구축된 인간의 유전정보와 유전자 편집기술을 활용하여 새로운 생명체, 복제 생명체 탄생이 가능하다고 보는 전문가들이 많이 있다. 생명체 복제 혹은 새로운 생명체 탄생으로 인류가 새로운 혜택과 여태까지 없었던 세상을 펼칠 수도 있으나 동시에 새로운 생명체가 가져올 인류사회의 변화를 고려하면 보다 신중히 윤리적인 측면이 고려되어야 할 것으로 본다. 또한 지난 시대의 산업혁명은 경제 및 산업 발전 우선의 기술 접목과 육성의 목표였다면 새로운 4차 산업혁명은 인간의 행복에 기반한 바이오와 인공지능과 연결에 중점을 두어야 할 것이다. 이같은 관점에서 최근 국내 제조 산업에서 경쟁력을 확보한 삼성, SK, 포스코, 롯데와 같은 기업들이 추구할 미래가치로 기업이윤보다는 사회적가치 및 행복 추구를 우선하고자 한다는 점은 우리 사회의 보다 올바른 방향으로의 성장을 위해 고무적인 방향 설정이라본다.

바이오와 의료, 제약 기술의 발전으로 인간의 수명이 증가하여 100세 시대가 도래하고 있다. 따라서 정년 후에도 최소 30-40년의 활동을 하여야 되는 상황에서 제2의 인생이나 취업을 고려하는 고령층이 증가하고 있다. 20-40대의 젊은 세대에 비해 스마트폰이나 SNS의 도입 초기에는 이들 혁신 도구의 사용에 적응하기 힘들어 했던 중장년층 세대도 최근은 매우 활발히 이들 기술을 활용하고 있다. AI의 장점은 특히 기억과 정보의 활용에 있어 생물학적 기능이 저하되고 있는 고령층에게 더욱 유용하게 도움을 줄 것이다. 따라서 우리는 기하급수적으로 기술이 개발되고 AI의 기능이 접목되어 눈뜨면 바뀌는 지금과는 사뭇 다른 세상을 맞이하게 될 것이다. 현 시대를 살아가는 우리는 이러한 시대의 흐름에 주목하고 지속적으로 새로운 것을 배우면서 이를 두려워할 필요가 없다. 동시에 AI라는 기계 지능을 잘 활용하도록 하며 굳이 경쟁적으로 앞서나가려 하지 말고 공생하는 관계를 구축해야 한다고 본다.

우리는 문제를 정의하는 것이 약한 상태이지만, 잠재력에서는 폭발력이 있다. 따라서 가능성 측면에서 어떻게 대비할 것인가가 필요하다. 현재 데이터는 실제 활동을 반영 못하는 측면이 있어 정부나 관련 기관이 제대로 된 데이터 구축에 나설 필요가 있다. 이처럼 양질의 데이터가 공유되면 인공지능은 인간의 새로운 도구로서 여러 분야에서 효율적으로 활용될 수 있을 것이다.

5. '또 다른 지능과 바이오'를 쓰고 나서

　진화론적 관찰에 의한 생명의 원리 규명으로부터 생명 분자구조의 분석과 이해를 거쳐 생명분자 상호관계로부터 발생되는 대량의 데이터를 기계적 시스템으로 분석하고 바이오 산업에 연계시키는 현 단계에서 인공지능의 출현은 바이오시대의 또 다른 기폭제 역할을 할 것임을 필자는 이 글을 쓰고 나서 더욱 굳게 확신할 수 있었다.

　지난 50년간 인류역사상으로 가장 비약적인 성장을 이룬 분야 중 하나인 바이오 분야에서 필자는 너무나 운 좋게도 대학에서 바이오 분야의 연구와 교육을 진행함과 아울러 미국, 일본, 유럽의 선도기관들과 교류하며 바이오 성장의 최일선에서 직간접적으로 성장을 경험하고 체험할 수 있었다. 최근의 바이오 성장이 비약적이긴 하나 아직도 신비로운 생명의 모든 원리를 파악하고 이를 조절하여 인간의 불로장생과 우리가 공존하는 지구와의 공생관계, 환경 기후 변화의 조절과 지속적으로 발생하고 진화하는 새로운 감염성 질환에 대한 대응 등 지난 과거에 경험하거나 경험해보지 못한 상황을 해결할 수 있는 역량을 확보하기 위해서는 지속적인 투자와 함께 지식을 축척하고 운영, 조절할 수 있는 역량이 개발되어야 할 것이다. 이런 측면에서 바이오의 새로운 tool로서 인공지능의 접목은 바이오의 발전을 가속화할 뿐만 아니라 가역적으로 AI의 성장과 역할에 대해 많은 기여를 하여 바이오와 AI는 공생관계에 있다고 본다. 바이오와 접목을 통해 AI는 새로운 생명 정보를 바탕으로 학습하고 추론하여 실행하는 능력을 더욱 키워나갈 수 있을 것이다.

평균수명, 치안, 위생, 수질, 기후, 도시 인프라 등 모든 면에서 세계 최고 수준의 나라가 된 한국이지만 그럼에도 불구하고 우리의 체감 행복은 매우 낮고 삶이 어렵다는 생각이 한국사회의 저변에 깊이 깔려 있다.

왜 그럴까?

필자는 최근 학회로 인도를 방문한 적이 있다. 인도는 최근 활발히 사회경제적인 성장을 이뤄내는 가운데 급속히 여러 조건들을 변화시키고 있음을 실감할 기회가 되었다. 필자가 방문한 도시는 급속한 경제 발전으로 여러 가지 최신 기술이 아우러져 있었다. 그러나 아직은 복잡하고 정리되지 않은 도로와 교통 상황, 도시화로 훼손되는 환경 등은 향후 정비해야할 과제로 두드러져 보였다. 한편 필자가 흥미롭게 느낀 점은, 인도인들은 방문객이 보기에는 해결해야할 경제적 환경적 어려움들을 안고 있음에도 불구하고 이에 잘 순응하고 행복한 마음을 가져 우리보다 행복지수가 높다는 것이었다. 또한 뛰어난 지적 능력으로 IT기술과 정보처리 능력을 강력히 육성하면서 매우 실질적인 경쟁력을 구축하고 있다는 것이었다. 이를 바탕으로 AI 분야의 개발과 그 실생활 접목에 있어서 미국이나 중국과 유사한 수준에 도달해 있으며 그 분야에서 매우 적극적이었다.

이미 바이오와 AI 분야의 선도적 역할을 하는 미국과 중국 그리고 작지만 효율적인 시스템을 구축하고 있는 아일랜드, 스웨덴, 스위스 등은 기술의 단순 접목뿐 만아니라 기술 접목을 통해 구축할 수 있는 사회적 가치와 이를 통한 삶의 행복지수 향상에 궁극적인 목표를 설정하고 있다. 그것을 경제적 지표나 사회적 경쟁 등 전통적인 경쟁지표를 향상시키는 것보다 더 높은 가치로 설정하고 실질적 추진 방법 구축에 중점을 두고 있다. 이는 바이오와 AI의 콜라보에서도 물질적 경제적 삶의 지표 개선을 위한 역할도 중요하지만 동시에 인간을 평온하게 하며 균형 있는 삶을 사는 데 도움이 되는 가치로 설정하여 앞으로 다가올 50년의 지표로 삼아야 한다는 점을 시사해주는 것이다. 필자는 이처럼 인간과 기계 지능의 이질적 성질의 지성이 창의적인 콜라보를 통해 우리 사회의 새로운 행복가치를 추구하는 데 원동력이 되기를 기대해 본다.

최근 이 저술의 집필을 위해 필자들과 함께 포항을 방문했을 때 고(故) 청암 박태준 선생이 1969년부터 1992년까지 포항제철 현장을 지휘하며 고단한 심신을 쉬던 'A동' 집을 방문하는 소중한 시간을 가졌다. 청암 선생의 친필 휘호 '연심기묘(緣尋機妙)'는 아직도 필자의 마음에 선명히 남아 있다. '좋은 인연이 더욱 좋은 인연을 찾아 그 발전의 방식이 참으로 기묘하다'라는 뜻이다. 그 공간에 머물며 '사람-사람'의 인연뿐만 아니라 '사람-AI'의 좋은 인연이 미래 인류의 행복을 여는 기묘한 결과로 연결해주기를 소망해보는 필자의 마음에는 청암 선생의 미래를 바라보는 통찰력과 혜안에 대한 공감이 잔잔히 전해져 왔다.

바이오 학자로서 단편적인 지식과 거친 문장으로 인공지능이라는 새롭고 역동적인 분야를 바이오 분야에 연결하여 새로운 융합분야를 제시해 보고자 하였으나 아직 부족한 부분이 많음을 새삼 느낀다. 모쪼록 독자들이 너그러이 해량하여 부족한 부분을 촌철활인의 마음으로 채워주기를 기대하며, 앞으로 5년, 10년 뒤에는 이 글에서 제시된 행복지수 향상에 기여하는 '바이오와 AI의 접목'을 좀 더 많이 소개할 수 있게 되길 기원한다.

참고문헌

찰스 로버트 다윈. 장대익 역(2019). 종의 기원. 서울: 사이언스 북스.

문가용. 인공지능의 막다른 골목, '인공 공감 능력'. 보안뉴스. 2018년 4월 28일.

생명공학정책연구센터. (2017). 2017 BioINPro 모음집 No.22. 256권.

Ryu JR, Kim HU, and Lee SY. (2019). Deep learning enables high-quality and high-throughput prediction of enzyme commission numbers. PNAS July 9, 2019 116 (28).

김완규. (2017). 빅데이터 및 인공지능(AI)을 활용한 신약개발 연구 동향. BioINpro 2017년 Vol 1. 44호.

데이코인텔리전스(2019). 2020 ICT 융합기술로 구현하는 스마트팜, 식물공장 시장 실태와 전망. 데이코인텔리전스: 서울.

농촌진흥청. (2018.11.15). 차세대 한국형 스마트팜 개발.
http://www.rda.go.kr/middlePopOpenPopNongsaroDBView.do?no=1179

생명공학정책연구센터. (2019). 2019 바이오 미래유망기술 No.34. 271권.

송성수. (2017). 역사에서 배우는 산업혁명론: 제4차 산업혁명과 관련하여. 과학기술정책연구원 STEP Insight 제207호.

이인아 서울대학교 뇌인지과학과 교수

또 다른 뇌와 인지
─AI 시대를 살아가는 인간 뇌인지의 변화

우리나라 사람들은 이세돌이 알파고에게 바둑 게임에서 내리 지는 모습을 텔레비전으로 생생하게 지켜보면서 충격과 놀라움을 동시에 느꼈을 것이다. 또, 이로 인해 인공지능에 더욱 관심을 가지게 되었을 것이다. 대다수의 일반인들, 심지어 과학자들의 대다수도 이세돌이 완승할 것이라고 예측했던 통계 자료를 볼 때, 사람들이 현재 인공지능 기술의 발전 속도가 얼마나 빠른지에 대해 전혀 감이 없었다는 것을 알 수 있다. 마찬가지로 앞으로 50년 이내에 더욱더 발달한 인공지능은 우리의 삶에 어느새 소리없이 들어와 있을 것이며, 우리는 싫든 좋든 인공지능이 지탱해 주는 서비스와 기술을 매우 많이 이용하며 살게 될 것이다.

　이 글에서 필자는 우리 삶의 한 부분으로 자리매김할 인공지능과 더불어 살아가는 인간이 행복한 삶을 영위하기 위해 한 번쯤 짚고 넘어가야 할 것들을 뇌인지과학적 관점에서 챙겨본다. 인공지능에 대한 두려움은 인간이 가지고 있는 근원적 콤플렉스와 불안에서 기인하는 동시에, 뇌인지에 대해 아직 아는 지식이 많지 않아 그 신비로움을 그대로 간직하고 싶은 희망에서 기인하는 것이라고 진단한다. 이 상태로 인공지능 시대를 맞이하는 것은 현명하지 못하며 행복의 길로 가기도 어려워 보인다. 인간의 뇌와 인지에 대한 과학적 이해를 바탕으로 인공지능과 인간 뇌인지와의 차이를 정확히 이해하고 이를 바탕으로 보다 더 인간다운 삶을 살 수 있는, 역사적이라 부를 만한 이 절호의 기회를 잡아야 한다고 주장하고 싶다. 우리가 대처하지 못할 경우, 우리는 인공지능의 기계학습이 우리에게 던져주는 삶을 무의식적으로 살게 될 것이며, 이는 길게 볼 때 인간을 불행하게 만들 것이다.

1. 대단한 인공지능?

Artificial Intelligence(AI), 우리말로 인공지능이라는 말은 21세기 벽두까지만 해도 대학의 학자들이나 연구소의 연구자들에게 알려져 있었으나 이제는 정부, 기업, 그리고 일반인들 사이에도 널리 알려져 있다. 실제 생활 속에서도 인공지능이 탑재된 스피커에게 자신이 좋아하는 음악을 요청하거나 날씨를 물어보는 사람들을 만나는 것이 이제 그리 낯설지 않다. 인공지능이 탑재되어 스스로 운전을 할 수 있는 자율주행차가 나올 것이라고 모두가 예상하고 있는 등 미래에 어떤 서비스와 제품들이 인공지능의 힘을 빌어 우리의 일상 속으로 들어오게 될지 모두가 기대 반 우려 반으로 뉴스를 지켜보고 있다.

인공지능을 전문적으로 연구하는 학자나 인공지능을 활용하는 산업체의 전문가가 아닌 일반인이 '인공지능'이라는 말을 처음 들으면 어떤 생각을 제일 먼저 할까? 아마도 사람을 대신해서 뭔가 '대단한' 일을 똑똑하게 알아서 척척 해줄 수 있는 컴퓨터나 기계라는 생각을 할 것 같다. 아마도 그로 인해 편해질 것이고 생활이 더 나아질 것이라고 막연히 생각하는 사람들도 있을 것이고, 자신보다 똑똑한 기계가 자신의 일자리를 빼앗을 것이라고 걱정하는 사람들도 있을 것이다. 인간의 역사를 되돌아 볼 때, 인간의 막연한 기대감이나 불안감은 그 대상에 대해 잘 알지 못하기 때문에 생긴 경우가 대부분이다. 인공지능의 경우 그 알지 못하는 '대상'은 바로 우리 자신이라는데 아이러니가 있다. 이는 마치 갑자기 정전이 되어 아무것도 보이지 않게 되었을 때나 칠흑같이 어두운 산속을 헤맬 때 내 앞에 무엇이 있는지 전혀 모르는 데서 오는 불안감(공포영화에서 공포감을 조성할 때 많이 쓰는 기법 중의 하나이기도 하다)과 비슷할 것이다. 이 글에서는 바로 이러한 측면, 즉 인공지능 기술을 받아들여 사용해야 할 사람의 뇌와 인지에 대해 이야기해 보고자 한다.

인공지능과 뇌인지에 대해 본격적으로 이야기하기 전에 우리의 그리 멀지 않은 과거를 돌이켜보고 우리가 갖고 있는 인공지능에 대한 인상의 심리적 근거를 좀 찾아보려고 한다. 필자가 어렸을 때(초등학교 시절)는 학생들이 주산학원에 많이 다녔던 기억이 난다. 주산학원은 암산이나 속셈을 가르치는 학원으로 알려져 있기도 했다. 또, 책을 빨리 읽을 수 있는 능력을 길러주는 속독학원이라는 곳도 많이 있어서 필자의 친구들 중에도 속독학원에 다니던 친구들이 있었다. 필자는 그런 학원을 다녀본 적이 없어서 정확히 그곳에서 무엇을 배우는지 경험해본 적은 없으나, 주판을 가지고 셈을 하는 것은 초등학교 정규 수업시간에 배우기도 했다. 그리고 주산학원을 오래 다녔던 친구들이 실제 주판알을 튕기지는 않아도 허공이나 책상 표면에 손가락을 움직이며 마치 주판이 있는 것처럼(지금의 용어로는 '가상주판'이 될 듯하다) 더하기와 빼기를 신속하게 해내던 모습을 떠올릴 수 있다. 속독을 배운 친구들이 마치 자랑이라도 하듯 책장을 매우 빠른 속도로 넘기며 책을 읽고 내용을 정리해서 이야기하던 모습도 기억에 남아 있다. 주산학원과 속독학원을 다니던 이런 친구들이 장기를 뽐내는 것을 보고 그때의 친구들은 모두 무슨 생각을 했을까? 정확히 기억나지는 않지만 어렴풋하게 떠오르는 것은 속셈과 속독에 능한 뇌를 가진 친구들을 부러워했던 기억이다. 그리고, 그러한 능력을 소위 '지능'이라고 생각하며 한편 부러워하고 또 한편으로는 열등감도 느꼈으리라.

하지만 그 많던 속독학원과 주산학원(혹은 속셈학원)은 다 어디로 갔을까? 요즘 길거리에 간판을 보며 지나가 본 독자라면 이런 학원 간판을 찾는 것이 쉽지 않음을 느꼈을 것이다. 왜 그럴까? 필자의 추측이지만 언제부터인지 가방에 넣을 수 있는 크기의 개인용 계산기가 보급되고 자신의 집 책상 위에 놓고 쓸 수 있는 크기의 퍼스널 컴퓨터(PC)가 보급되면서 인간이 계산을 아무리 빨리 하더라도 컴퓨터의 속도와 정확성을 이길 수 없다는 생각이 은연중에 자리 잡았던 것 같다. 동시에 PC를 이용하기 시작하고 익숙해지면서 우리는 상당한 생활의 변화를 겪었다. 어쩌면 인간의 인지 능력 중 기계가 더 잘할 수 있는 능력이 발견되면 인간은, 아니 더 정확히 말하자면 인간의 '뇌'는 빠르게 이러한 상황에 적응했다는 생각이 든다. 즉, 계산은 컴퓨터의 일이지 더이상 인간의 일이 아니라는 생각이 우리 생활 속에 자리잡았다. 우리나라에서도 개봉되었던 영화 〈히든 피겨스hidden figures〉에 보면 NASA에 매우 복잡한 계산을 단시간에 해낼 수 있는 IBM 7090 컴퓨터가 등장하면서 이러한 계산을 오랜 시간에 걸쳐 수행하던 NASA 직원들이 직장을 잃을 것을 걱정하는 장면이 나온다. 영화의 반전은 슬기로운 팀장이 직원들에게 미리 컴퓨터 프로그래밍 교육을 하여 이제 사람은 계산을 직접 하기 보다는 계산을 수행하는 컴퓨터에게 명령을 하는 프로그래머의 역할을 수행하도록 함으로써 새로운 시대에 적응하는 데 성공한 장면일 것이다. 어떻게 보면 인간을 비롯한 동물은 진화를 거치면서 주변 환경에 적응하기 위해 생활 패턴을 바꾸며 생존했으므로 이는 그리 놀랍지 않을 수 있다. 이 당연할 수 있는 이야기가 AI 시대의 도래를 앞두고 있는 지금 이 시점에서 다시 중요해지고 있음을 이 글에서는 강조하고자 한다.

어린 시절 이야기를 또 하나 해보자. 요즘에도 〈어벤져스〉 영화 시리즈가 열광적인 팬들을 확보하고 있지만 인간의 슈퍼히어로에 대한 갈망은 늘 있어왔던 것같다. 필자가 어린 시절에 텔레비전에 방영했던 미국 드라마 중 〈6백만 달러의 사나이〉가 있다. 여기에 나오는 스티븐 오스틴이라는 대령이 훈련 도중 불의의 사고로 한쪽 눈과 한쪽 팔, 그리고 두 다리를 잃었으나 인공 눈과 팔, 그리고 다리를 이식받고 나서 정상인보다 훨씬 뛰어난 시각과 힘센 팔을 갖게 되고 일반인보다 훨씬 빨리 달릴 수 있는 초능력을 갖게 되어 악당들을 물리친다는 전형적인 슈퍼히어로물이다. 이런 주인공 캐릭터를 현대 용어로 정의하면 신체의 일부를 인공물로 대체한 '바이오닉맨'이지만 당시에는 다소 부정확한 표현인 '인조' 인간이라 불렀다. 엄밀히 말하면 인간을 인공적으로 만들어낸 것이 아니므로 인조인간이라는 표현은 부정확하지만, 부정확한 표현에는 대개 인간의 심리상태가 투영되어 있다. 아마도 인간보다 뛰어난 능력을 가진, 인간이 아닌 인간을 '자연'이 아닌 '인조' 혹은 '인공'으로 수식하며 인간과 구별하고자 하는 심리가 인조인간이란 말 자체에 담겨져 있지 않았을까 생각해 본다. '인조인간'이라는 단어에는 인간의 선망과 두려움이라는 복합적인 감정이 동시에 실려 있었을 것이다. 그리고 이러한 단어에 내재되어 있는 불안감은 대체로 관련된 실체를 정확히 알지 못하는 데서 출발한다.

따라서 현재 인공지능의 기술적 특성과 한계, 그리고 인간의 뇌와 인지에 대한 이해를 바탕으로 인공지능과 인간의 뇌인지 간의 간극을 정확히 아는 것은 매우 중요하다. 이 글에서는 이 점을 순차적으로 풀어 설명하고자 한다.

2. AI 시대, 우리는 행복한가?

현재의 기계학습(machine learning)에 바탕을 둔 인공지능은 소위 빅 데이터라고 불리는 매우 많은 자료를 주면 이를 학습의 재료로 삼아 스스로 학습을 하고 이 학습의 결과로 해당되는 특수한 과제(task)를 매우 효율적이고 정확하고 빠르게 수행한다. 현재 서비스되고 있는 거의 모든 인공지능이 이런 유형에 해당한다.

예를 들어 보자. 미국의 최대 온라인 쇼핑몰인 아마존(amazon)을 비롯하여 한국의 네이버 등 많은 온라인 쇼핑몰들은 방대한 소비자의 구매 패턴을 기계학습에 의해 학습한 인공지능을 이용하여 소비자가 구매하고 싶어할 만한 제품을 추천하는 서비스를 탑재하고 있다. 영화를 스트리밍하는 넷플릭스(netflix) 같은 회사나 음원 스트리밍을 제공하는 스포티파이(spotify) 등도 모두 엄청난 수의 소비자들이 특정 종류의 음악을 하나의 범주화하여 좋아하거나 특정한 상황과 결부된 음악 스타일을 좋아하는 것을 기계적으로 학습한 인공지능이 개인별 맞춤 음악을 추천한다. 비오는 날 왠지 음악이 듣고 싶다고 하자. 유튜브(youtube)의 음악 서비스에 들어가서 '비오는 날 듣고 싶은 음악'이라는 재생목록을 추천하고 이를 클릭하면 왠지 모르게 비오는 날 즐겨 들었던 것만 같은 음악들이 하나의 리스트로 들어 있어 소비자가 굳이 일일이 비오는 날 어울리는 음악을 한 곡 한 곡 찾아서 듣지 않아도 된다. 이러한 서비스가 가능한 이유는 비오는 날 수백만 명, 아니 수천만 명이 들었던 음악들의 공통점을 찾으려고 노력하는 기계학습 알고리즘의 '학습'을 통해 대개 비오는 날은 템포가 느린 발라드 곡이나 서정적인 멜로디를 갖고 있는 곡, 혹은 가사에 비오는 날에 대한 내용이 들어있는 곡 등이 주로 재생되었다는 것을 인공지능이 학습하고 이를 하나의 범주화하여 리스트로 만들어 추천하기 때문이다. 아마도 이 재생리스트를 많은 사람들이 클릭하면 할수록 인공지능은 자신의 결과에 대해 보상을 받게 될 것이고 이를 더 많이 자신 있게 추천하게 될 것이다. 그렇지 않은 경우는 아마도 슬그머니 리스트가 사라지게 될 것이다. 이 밖에도 이런 유형의 학습 알고리즘을 탑재한 인공지능은 은행 업무나 증권 투자 서비스, 구글의 이메일 필터링, 인터넷 서치 엔진의 추천어 서비스, 교통 상황에 따른 길안내, 비행기의 오토파일럿(autopilot) 기능 등에 전방위적으로 활용된다. 이미 우리 생활에도 깊숙이 들어와 있다. SNS 등의 소셜미디어에서는 오래전에 시작되었지만 이 트렌드는 앞으로 더욱 급속도로 퍼질 것이며 그야말로 우리는 'AI 라이프'를 살게 될 것이다.

위에서 언급한 인공지능의 기계학습이라는 것을 자세히 들여다보면 두 가지 큰 특징이 있다. 첫째, 인공지능을 수험생에 비유하자면 인공지능은 학습을 하는 동안은 문제를 스스로 풀지 못한다. 대신에 인공지능은 스스로 푸는 것처럼 보이기 위해 학습을 한다. 다시 말하면, 인공지능은 수많은 문제들의 정답들을 보면서 "이런 문제는 정답이 이렇게 나오는구나" 하는 '문제-정답'의 패턴을 학습하고 그 학습이 끝나면 새로운 문제가 자신이 봤던 패턴 중 어디에 속하는지를 높은 확률로 찍을(?) 수 있는 정도이다. 그 속도가 워낙 빠르고 확률이 높아 감탄을 자아내지만 사실 그 많은 문제들과 정답들을 모두 본 수험생이 그 정도의 정답률을 보이는 것은 어찌 보면 그렇게 놀랄 일은 아닐지도 모른다. 위의 인공지능 활용 사례들을 다시 한 번 유심히 살펴보면 알겠지만, 현재의 기계학습에 의존하는 인공지능은 비오는 날 음악을 들었던 사람들의 음악 선곡에 대한 방대한 '정답' 데이터가 없으면 절대로 비오는 날 어떤 음악을 들어야 하는지 추천해줄 수 없다. 둘째, 어쩌면 더욱더 아이러니컬한 것은 인공지능은 사람들에게 비오는 날 음악을 추천해 주면서도 왜 비오는 날 사람들이 이런 음악을 듣는지 '이해'하지 못한다고 보는 것이 맞고, 추천을 받는 사람들도 인공지능이 어떤 이유로 이 음악들을 자신에게 추천했는지 알 길이 없다는 것이다.

그럼에도 불구하고 역으로 생각하면, 이미 특정 주제에 대해 방대한 사용 데이터가 있는 경우는 적어도 앞으로 인간이 AI를 이길 수 있는 가능성은 점점 희박해지고 있는 것은 분명하다. 즉, 2016년 이세돌을 이긴 퍼포먼스를 보인 지 3년이 지난 현재 버전의 알파고를 현존 프로바둑 기사가 이기는 것은 거의 불가능하다고 보면 된다. 이는 비단 바둑뿐만 아니라 체스나 포커 게임, 그리고 비디오 게임 분야 등에서 이미 일어났거나 앞으로 반드시 일어날 일이다. 정해진 일련의 룰에 따라 승패가 분명히 갈리고 승패의 수많은 학습 재료들이 존재하는 한 현재의 인공지능은 사람보다 훨씬 뛰어난 자료기반 추론 능력을 탑재하고 사람들 앞에 속속 등장하게 될 것이다.

그렇다면 이제 우리는 인공지능을 두려워하고 배척할 것이 아니라 어떻게 공생할 것인가를 고민해야 할 시점이다. 발상의 전환이 필요한 때이다. AI는 우리의 경쟁상대도 아니고 우리가 이겨야 할 대상도 아니다. 서로가 서로에게 배우고 부족한 점을 보완하며 공생해야 할 '파트너'라는 것이다. AI는 자연발생적으로 생겨난 존재가 아니라 우리 인간이 만들어낸 존재다. 서두에서 말한 바와 같이 인간은 늘 어떤 능력의 완벽함을 부러워했으며 이는 영화와 소설의 단골 소재가 되어 왔다. 영화 속의 수퍼히어로들이 인간의 상상력을 자극하며 전 세계적으로 전례없는 인기를 누리고 있는 것도 비슷한 이유일 것이다. 인간이 기계처럼 무언가를 잘한다고 대단하다고 말할 수 있는 분야가 점점 줄어들고 있는데, 이는 앞으로 더욱 가속화 될 것이다.

심지어 미래 인공지능의 기술 수준은 마치 영화에서나 본 것처럼 내가 상대하고 있는 것이 기계인지 인간인지 구별하기 어려운 수준을 향해 나갈 것이다. 그렇다면 인간이 잘하던 영역에서 AI가 인간보다 더 뛰어나다고 슬퍼할 것이 아니라 그런 영역들의 속성이 어떤지를 살펴보고 AI와 공생하는 뇌는 어떤 인지적 변화를 겪을 것인지를 이해하고 이에 대비해야 한다. 그러기 위해서는 AI의 전방위적 활용이 우리의 삶에 어떤 변화를 가져올 것이며, 이를 통해 우리 뇌의 인지적 과정은 어떻게 달라질 것인지를 살펴볼 필요가 있다. AI의 활용에 따라 변화할 수 있는 우리의 삶을 몇 가지로 범주화해 보고 이들 각각의 범주에서 뇌인지의 변화와 행동의 변화에 대해 이야기해 보자.

패턴 매칭 라이프

이제 단순반복을 해야 하는 작업이나 현상의 이면에 존재하는 패턴을 읽어내서 법칙이나 룰을 발견하는 경험이 필요한 과제는 인간이 AI의 능력을 넘어서기 어려울 것이다. AI는 사람이 학습할 수 있는 한계 이상의 방대한 데이터를 짧은 시간에 걸쳐 학습할 수 있으며, 그로부터 패턴과 룰을 나름대로 찾아 매우 높은 확률로 새로운 상황에 대처할 수 있다. 예를 들어, 인공지능 DJ는 매우 방대한 음악 청취 패턴을 분석하여 그럴듯한 음악을 선곡하거나 추천할 수 있으며, 인공지능 의사는 방대한 의료 진료 기록을 학습한 뒤에 매우 정확한 진단을 내리고 약을 처방할 수 있을 것이며, 인공지능 예술가는 방대한 예술 작품들을 학습한 뒤에 사람들이 향유하고 싶어하는 스타일의 그림이나 음악, 소설 등을 제공할 수 있을 것이다. 그야말로 역사 속, 그리고 일상 속 인류의 생활 패턴 혹은 소비 패턴과 같은 행동 패턴을 학습하여 스마트하게 '행동'하는 인공지능이 우리 곁에 매우 가까이 다가와 있다.

이런 인공지능과 지금보다도 더 밀접히 같이 살게 될 미래의 삶을 생각해 볼 때, 가장 걱정스러운 것 중 하나는 인간의 창의성이라는 인지적 특성이 점차 퇴화될 수 있다는 것이다. 우리는 너무도 자연스럽게 인공지능이 추천해 주는 음악을 주로 듣게될 것이고 인공지능이 추천해 주는 물건을 사게 될 것이다. 추천이라는 것이 듣기 좋은 단어일지 몰라도 인공지능 알고리즘의 추천이란 다시 말하면 대다수의 사람들, 즉 '대중'의 취향을 나에게 얘기해 주는 것에 불과하다. 비슷한 상황에서 사람들이 구입할 확률이 가장 높으면서 서비스를 제공하는 기업에는 손실을 가장 적게 줄 수 있는 확률을 가진 제품을 추천하는 것이다. 이러한 알고리즘은 의료 현장이나 경제적 투자 혹은 법률 서비스에서는 큰 장점을 발휘할 것이다. 왜냐하면 인공지능이 추천해 주는 길이 곧 가장 높은 확률로 환자가 치료되었던 길이었을 것이며, 가장 높은 확률로 사람들이 돈을 버는 길이었을 것이고, 또 가장 높은 확률로 소송에서 이길 수 있는 길이었을 것이기 때문이다. 인간과 달리 감정이나 편향적인 사고가 전혀 개입되지 않은, 오직 방대한 데이터에 기반을 둔 확률적 계산에 의해서만 조언을 하기 때문에 이런 분야에서 인간은 인공지능과의 신뢰를 쌓는 것을 그리 어렵지 않게 생각할 것이다(물론 이미 그 직종에 종사하고 있는 사람들에게는 당연히 위협이 될 수 밖에 없다). 하지만 인공지능의 그러한 확률 기반 알고리즘이 사람들의 소비패턴을 좌지우지하고 예술적인 창작물의 소비로까지 확대될 때, 인공지능식 패턴 매칭 라이프를 사는 것이 가져올 장기적인 인간 뇌인지의 변화에 대해 우리는 언젠가는 우려하기 시작할 것이다.

당장은 기계가 그런 추천들을 인간처럼 할 수 있다는 것이 놀랍고 신기할 테지만, 우리의 뇌는 진화의 산물이며 진화는 환경에 적응하는 방향으로 움직인다. 인공지능의 기계학습 알고리즘이 우리를 둘러싼 환경이 되면 우리의 뇌는 그 방향에 최적화되는 방향으로 적응하기 시작할 것이다. AI 기술 발달의 추이를 지켜봐야 하므로 단언하기는 어려우나 아마도 대다수의 사람들은 더 이상 비오는 날 어떤 음악이 좋은지 혹은 심지어 왜 어떤 음악이 좋은지 등 골치아픈 생각은 하지 않으려 할 것이고 너무도 자연스럽게 스마트폰에게 "비오는 날 듣기 좋은 음악 좀 틀어줘"라고 요청할 것이다. 진화의 관점에서 본다면 그편이 생물체가 노력과 에너지를 훨씬 적게 쓰면서 자신의 욕구를 충족시킬 수 있는 방식이다. 비오는 날 매우 신난 댄스 음악이나 락 음악을 듣는 것을 인공지능이 추천할 확률은 높지 않다. 인간의 뇌인지적 정보처리는 모두 행동으로 드러나는데 이 행동이 일정한 패턴으로 획일화될 가능성이 대단히 높은 것이다. 쉽게 말하면 개성과 개인차가 점점 없어질 것이라는 것이다. 이런 인생을 사는 인간은 과연 행복할까?

감정 매칭 라이프

영화 〈그녀(Her)〉에 보면 주인공이 인공지능 알고리즘이 탑재된 컴퓨터의 운영체제(OS)와 사랑에 빠지면서 겪는 일들이 나온다. 주인공은 이혼을 앞두고 있는 불안정한 감정 상태로 살아가는 중년의 남성이며 자신의 감정을 무조건적으로 이해해 주는 매력적인 여성 목소리의 OS에게 깊은 인간적인(?) 매력을 느끼게 된다. 실제로 이 영화의 후반부에 나오지만 이 OS는 몇백 명의 사람들과 동시에 이러한 관계를 맺고 있었으며 방대한 사람들의 상호작용 패턴에 근거하여 어떻게 해야 자신의 주인님이 행복해 하는지를 잘 알고 이를 활용했을 뿐이다.

이 영화에 나온 것처럼 인간은 감정과 공감의 동물이기도 하다. 우리 뇌의 정보처리는 마치 컴퓨터의 계산 알고리즘과 같은 면도 있지만 다른 한편으로는 계산으로는 설명할 수 없는 액체와도 같이 유동적이고 축축한 감정에 의해 크게 좌지우지되는 일이 빈번하다. 순간적인 분노나 충동에 의해 크게 다투거나 심지어 살인을 저지르는 사람도 있는가 하면, 식욕이나 성욕 등의 욕구를 참지못해 인공지능이 이해하기 어려운 돌발적인 소비 패턴과 행동을 보일 수 있는 것이 바로 인간이다. 아무 이유없이 갑자기 크리스마스 음악을 한여름에 듣고 싶기도 하고, 아무 이유없이 햇살 눈부신 날 파란 하늘을 보며 눈물을 흘리는 사람도 있다. 생존을 위해 기본적으로 타고난 공포나 공격성 등의 감정뿐 아니라 생존을 위해 어떤 의미가 있는지 아직까지 이해하기 어려운 인간의 이런 감정들은 뇌인지과학의 미스테리로 남아 있지만 그럼에도 불구하고 인간의 행동에 알게 모르게 지대한 영향을 끼친다.

 분명한 것은 앞으로 개발되는 인공지능은 영화 〈그녀〉에 등장하는 OS처럼 인간의 감정적 수요를 충족시켜 주려고 부단히 노력할 것이라는 것이다. 상업적으로 보면 바로 거기에 어마어마하게 큰 시장이 있기 때문이다. 특히, 고령화가 가속되고 혼자 사는 인구가 늘어나면서 자신의 감정을 받아주고 이해해주며 서로 같이 이야기할 대상이 점점 필요해지는 세상이다. 사람은 '공감'을 원한다. 자신의 처지를 누군가 이해해 주기를 원하고 다른 사람의 처지에서 그 사람이 느끼는 감정을 같이 느낄 수 있는 능력을 갖고 있다. 아마도 진화적으로 감정은 생존의 절박함과 연결되어 뇌에서 처리되었을 가능성이 높다. 따라서 감정적 상호작용은 기본적으로 에너지를 많이 소모하며 피곤하게 만든다. 뇌는 진화의 산물 혹은 부산물로서 감정을 중요한 정보로 다뤄야 하지만, 현대사회에서처럼 이렇게 오랫동안 지속적이고 잦은 빈도로 감정을 경험하고 처리하도록 인간의 뇌가 설계된 것은 아닌 듯하다.

 '감정노동'이라는 말이 있듯이 콜센터에서 사람들과 전화로 하루종일 감정적 대화를 경험해야 하는 사람들의 스트레스가 어마어마하다는 것 역시 이런 이유와 무관하지 않을 것이다. 하루에 한 번 경험할까 말까 한 공포스러운 상황에서 공포를 느끼고 이와 관련된 모든 기억을 저장했다가 다음번에는 그런 실수를 하지 않게 만드는 것이 아마 감정의 진화적 기원이 아닐까 생각한다. 어쩌다 경쟁상대와의 싸움에서 부상을 당하면 움직이지 못하게 되니 우울해지고, 인체의 모든 시스템이 회복을 위해 어느 정도 침체되어 있어야 하는 상황을 만들어야 하니 우울함이 뇌에서 지배적으로 작용할지도 모른다. 순전히 필자의 추측이지만, 현대사회에서는 인간의 삶이 복잡해지고 행동 반경이 넓어지면서 이러한 극단적 경쟁상황이 매우 많이 발생하고 공포스러운 상황도 많이 발생하지만 뇌는 이를 효율적으로 대처하기 위한 방어기제를 아직 만들지 못했을 가능성이 높다. 이로 인해 아마도 정신질환도 증가하는 것이 아닐까? 이유야 어찌되었든 인간의 뇌인지는 이러한 상황에 어떻게든 적응하며 조금씩 변화하고 있을 가능성이 있으며 이 과정을 덜 고통스럽게 만드는, 즉 자신의 감정을 잘 맞춰주는 인공지능에 대한 수요는 가히 폭발적인 것이라고 감히 예견해 본다. 그렇다면 과연 이처럼 자신의 감정을 매우 세밀하게 맞춰주고 공감해 주는 누군가와 24시간 함께 있다는 것은 인간에게 행복을 갖다줄 것인가?

영화 〈그녀〉에 보면 수많은 사람들이 거리에서 마치 혼잣말을 하는 것처럼 누군가와 이야기를 하며 걸어가는 장면이 나온다. 모두가 자신을 아주 잘 알아주는 자신만의(혹은 자신만의 것이라고 착각하는) OS와 대화를 하고 있는 것이다. 이 영화는 정확히 지금으로부터 얼마 후의 미래를 묘사하고 있는지 알 수 없다. 그러나 현재도 사람들은 SNS에서 누군가와 대화를 하거나 친구들과의 커뮤니케이션을 위해 스마트폰만을 보고 걸어가거나 식당에서도 같이 온 일행이 저마다 스마트폰을 보며 누군가와 이야기하고 있다. 〈그녀〉의 그 장면은 머지않은 장래에 닥칠 미래를 묘사하고 있다고 생각한다. 우리가 지금까지 알고 있던 사회적 상호작용이라는 것은 대부분 사람과 사람 사이의 직접 소통을 포함하는 개념이었지만 이제 사람과 사람 사이에 인공지능이 중재자로 항상 끼어 있거나 인공지능과 직접 상호작용을 하는 세상이 오고 있는 것이다.

위에서 언급했듯이 우리 뇌는 상황에 대한 적응력이 탁월하므로 그러한 상황에서 뇌인지가 어떤 방식으로 바뀔지는 정확히 예언하기 어렵다. 그러나 주변에서 스마트폰에 탑재된 인공지능 비서와 언어로 의사소통을 하기 위해 또박또박 어린아이처럼 말을 하거나 어려운 단어를 일부러 쓰지 않고 마치 국어책을 읽듯 쉬운 단어로 스마트폰에 말을 하는 사람들을 목격한 독자라면 이러한 언어생활이 가져올 미래의 뇌인지적 정보처리가 지금과 달라져 있을 것이라는 점을 쉽게 이해할 수 있을 것이다. 감정과 공감이라는 인간 뇌인지의 핵심적 영역도 이와 비슷해지지 않을까? 그래서 인간은 인공지능과 감정적 교감을 하느라 정작 자기 주변 인간과의 감정적 상호작용이나 공감 능력을 잃어버리지 않을까 하는 걱정을 가벼운 걱정으로 치부하기 어려운 것이다. 이런 삶을 살게 된다면 우리는 행복할 것인가?

기억 매칭 라이프

굳이 인공지능을 이야기하지 않더라도 인터넷과 스마트폰의 등장과 부흥은 인간으로 하여금 기억력에 대한 불안감을 없애주고 자신감을 심어주었다. 이제 대다수의 사람들은 일부러 전화번호를 기억하지 않는다. 스마트폰에게 해당 지인의 이름만 부르면 알아서 전화를 걸어준다. 또, 왠만한 지식은 모두 인터넷에서 검색이 가능하기 때문에 굳이 무언가를 기억하고 있을 필요가 없다. 아마 필자를 비롯해서 주변에서 막상 지인의 전화번호를 불러달라고 하면 기억을 못해서 스마트폰을 뒤져 보거나 컴퓨터나 스마트폰에 접속하지 못하면 무언가를 기억해 내지 못하는 사람들을 매우 흔하게 볼 수 있을 것이다.

이러한 편리함으로 인해 인간의 기억 능력이 점차 퇴화하는 것 아니냐는 우려가 있고 실제로 아주 오랜 시간동안 인간의 뇌가 그런 환경에서 생활을 한다면 환경에 적응하기 위해 뇌인지 역시 적응적 변화를 할 가능성이 있다. 단순 정보를 기억하는 능력 대신 컴퓨터나 스마트폰을 통해 정보를 서치하는 능력이 매우 발달할 것이고, 이는 이미 요즘 젊은 세대에게 나타나고 있는 인지적 트렌드이다. 어느 순간 우리 주변에 컴퓨터, 인터넷, 스마트폰 등이 순식간에 없어지고 다시 아날로그 시대로 돌아간다면 아마도 뇌는 언제 그랬냐는 듯이 전화번호와 온갖 정보를 잘 기억해 낼 수 있을 것이지만 그런 일은 일어나기 어려울 것이고 뇌인지는 적응적 변화를 겪게 될 것이라고 예측한다.

AI 라이프를 사는 인간을 생각할 때 필자가 걱정하는 것은 오히려 뇌의 기억 능력의 감퇴가 아니라 인간이 점점 완벽한 기억을 갖고 싶어하는 욕구를 더 노골적으로 드러내면서 생길 수 있는 문제들이다. 이미 우리는 여행지로 떠나기 전에 그곳의 모든 정보를 거의 완벽에 가깝게 수집하고 대비할 수 있다. 심지어는 해당 여행지의 특정 골목의 모습까지도 인터넷을 통해 볼 수 있으며 그곳에서의 모든 행위에 대해 가장 경제적인 방식을 추천해 주는 인공지능 프로그램의 도움을 받아가며 여행을 계획하고 실제로 여행지에서 이런 프로그램들의 도움을 받는다. 스마트폰은 그런 면에서 가히 혁명적인 변화를 가져왔다고 할 수 있다. 이제 더이상 여행객들은 현지인에게 길을 물어보지 않으며 구글 지도를 보면서 혼자서 돌아다닐 수 있다. 해외여행의 경우 통역도 왠만큼 간단한 의사소통은 스마트폰에 있는 번역기가 알아서 해주므로 언어의 장벽도 매우 낮아졌다. 여행 과정에서 있었던 모든 일들은 정말 간편하게 스마트폰에 있는 카메라가 기록해 준다. 언제 다시 볼지 모르는 수백 장, 수천 장의 사진을 찍어서 클라우드 서버에 저장하고 이중 몇몇 사진들은 SNS에 기록하고 남들과 공유한다. 훗날 해당 여행에 대해 회상할 때 아마도 그날의 사진들을 바로 찾아 하나씩 보면서 좋았던 기억을 떠올리게 될 것이다. 즉, 이제 우리의 기억을 클라우드 서버가 돌봐주는 세상이 오고 있다.

이처럼 완벽하게 정보를 저장하고 이를 기억해내는 것이 정상적인가, 그리고 그런 삶을 사는 인간은 행복할 것인가에 대해서 뇌인지과학, 그중 특히 학습과 기억이라는 주제를 연구하는 필자는 다소 회의적이다. 기억 중에서도 일상적 소소한 사건에 대한 기억인 '사건기억(episodic memory)'은 절대 사진과 같은 사실적인 기억이 아니다. 우리 뇌는 보고 듣고 느낀 것을 하나의 스토리, 즉 사건으로 만들어 마치 소설책처럼 기억이라는 책장에 넣어두는데, 세월이 지나면서 이 소설책의 여러 페이지들은 희미해지기 시작한다. 하지만 우리 뇌는 전체적인 줄거리에 맞게 기억을 다시 해내야 하는 시점에 이들 희미해진 부분을 다시 또렷하게 만들어야 한다. 뇌가 이 과정을 너무도 자연스럽게 하기 때문에 마치 우리가 모든 것을 기억하는 것 같은 착각을 하게 만든다. 오래된 사건에 대해 친구들끼리 이야기할 때 서로 기억의 자세한 부분을 맞춰보다 보면 기억이 서로 다른 것을 경험하게 되는데 이는 어찌 보면 창조적인 뇌의 '빈 부분 채워넣기' 작업 때문이다. 글을 쓰는 작가에 뇌를 비유하자면 뇌는 계속해서 소설을 완성하기 위해 희미해진 부분을 쓰고 또 쓰는 작업을 평생 수행한다고도 볼 수 있다. 우리의 인지 과정 중 이 과정은 창의성과도 관련된 부분이며 뇌가 바깥세상의 모든 것을 다 보고 다 들을 수 없고 다 기억할 수 없는 제한된 상황에서 '행동'을 취해야만 하는 세상을 살다 보니 만들어낸 적응의 인지적 능력이기도 하다. 인공지능과 같이 나의 소소한 일상의 모든 기록에 대해 계속해서 100% 사실적인 정보를 알려주는 시스템이 만들어진다면 과연 매순간 기억 속에서 창작활동을 하고 싶어 하는 우리의 뇌는 어떻게 진화할 것이며 바뀌어 갈 것인가는 매우 흥미로운 주제이다.

3. 뇌에서 배우는 또 다른 지능

인공지능이 우리의 취향과 감정, 기억을 모두 만족시켜 주며 뇌인지의 핵심적인 기능들을 완벽히 돌봐주는 삶이 얼마나 '인간다운' 삶인지는 개개인의 가치판단 문제일 수 있다. 인간다움에 대한 정의는 고대부터 시대정신에 따라 바뀌어 왔고 진화의 시기에 따라 다를 것이며 앞으로도 계속해서 변할 것이다. 하지만 지금까지 우리가 알고 있는 인간다움의 중요한 측면을 차지한 뇌의 인지기능인 취향, 감정, 기억은 대개 사람과 사람 혹은 사물 사이의 물리적 상호작용을 통해 형성되고 발휘되었다. 다른 사람이 나에게 음악을 추천해 주고, 나의 감정에 공감해 주며, 나와 기억을 공유한 시대만을 살던 세대가 인공지능이 사람의 역할을 대신하는 시대를 상상한다면 무슨 생각이 들까? 사람과 사람 사이의 관계를 인공지능이 사람과 기계 사이의 관계로 바꾸는 세상이 도래하고 있다고 생각하지 않을까?

그렇다면 이 대목에서 우리는 사람을 똑같이 흉내내며 사람처럼 기능하는 인공지능이 무엇인지에 대해 생각해볼 필요가 있다. AI가 인간 뇌의 인지기능을 똑같이 흉내 내거나 더 나은 기능을 보이는 날이 올 것인지에 대해 필자에게 묻는 사람들이 꽤 있다. 이 질문에 답하기 위해서는 인간 뇌인지의 정수가 무엇인지 생각할 필요가 있다. 앞에서 초등학교 시절 주산학원에 다니던 친구들처럼 계산을 빨리하거나 속독학원에 다니던 친구들처럼 책을 빨리 읽는 능력은 틀림없이 인간의 뇌를 훈련시켜 할 수 있는 인지기능이다. 그러나 그러한 능력들을 사람의 뇌인지 기능의 핵심이라고 꼽는 뇌인지과학자는 그리 많지 않을 것이다. 컴퓨터나 기계와 같은 인공물이 흉내 낼 수 없는 인간 뇌인지를 말하기 위해서는 인지를 담당하는 생물학적 기관으로서 뇌의 구조와 기능에 대한 이해가 필요하다.

뇌의 인지는 컴퓨터 프로그램처럼 한 줄 한 줄 차례로 수행되는 단계식 정보처리에 비유하기 어려운 점이 있지만 일반인들이 이해하기에는 그러한 설명 방식이 쉬울 수 있어 일단 뇌의 인지적 정보처리를 단계별로 나누어 설명하려고 시도해 보자. 뇌의 인지적 정보처리의 첫 단계는 감각(sensation)이라고 볼 수 있다. 뇌는 주변에서 벌어지는 일을 모니터링하기 위해 여러 감각기관과 연결되어 있다. 즉, 눈을 통해 세상을 보고 귀를 통해 세상의 소리를 듣고 피부를 통해 세상을 만지고 느끼며 코를 통해 세상의 냄새를 맡는다. 인간의 감각기관이 갖는 특수성은 인간을 인간답게 만드는데 큰 역할을 할 것이다. 왜냐하면 동물에 따라 듣고 보고 냄새 맡을 수 있는 정보의 종류와 민감도에 큰 차이가 있어서 인간의 경험과 사고 및 판단은 인간이 감각할 수 있는 정보의 종류에 크게 의존할 것임에 틀림없기 때문이다.

뇌의 감각기관들을 통해 접수된 외부 세계에 대한 정보는 지각(perception)이라는 과정을 거쳐 비로소 '이해'된다. 감각기관이 뇌로 전달한 정보는 마치 1000 피스의 흩어진 퍼즐 조각들과 같아서 이를 짜 맞추는 과정이 없으면 의미없는 정보의 조각들에 불과한 것이다. 지각이란 뇌가 무수한 퍼즐조각들을 맞춰서 비로소 바깥세상에서 우리의 머리 속으로 들어온 정보가 무엇을 의미하는 것인지 '의미'를 부여하는 과정이다. 지각을 통해 우리는 우리 앞에 놓인 것이 컵이라는 물체임을 알 수 있고 할머니의 얼굴을 알아볼 수 있다. 지각된 세계를 바탕으로 인간을 비롯한 동물은 주변에 대한 이해가 가능하다. 즉,

지각과정이 완료되면 내앞에 놓인 물체가 무엇이고 나는 무엇들에 둘러싸여 있으며 이 장소에서는 어떤 동물의 냄새가 나고 있는지 등등 비로소 보다 고차적인 사고를 펼칠 수 있는 준비를 마치게 되는 것이다.

감각과 지각의 두 인지 단계를 설명했지만 사실 이 두 단계의 정보처리 과정의 밑에 흐르고 있는 큰 물줄기와 같은, 뇌의 공통된 큰 특징이 바로 '기억'이다. 학습과 기억은 정보처리의 단계라고 부르기에는 너무 근본적인 뇌의 작동원리라서 인지의 특정 단계로 기술하는 것은 적절하지 않을 수 있다. 예를 들면, 우리의 눈 코 귀 같은 감각기관에 있는 감각세포들은 똑같은 자극이 들어올 경우 새로운 자극이 들어올 때와는 다른 반응을 보이는데, 이는 감각세포 수준의 '기억'이 존재함을 의미한다. 또, 위에서 퍼즐을 맞추는 것에 비유해서 설명한 지각도 할머니의 얼굴을 '기억'하지 못한다면 감각정보의 퍼즐들을 모두 맞춰 얼굴이라는 그림을 완성한 뒤에도 그것이 할머니의 얼굴임을 알아보지 못할 것이다.

앞에서 뇌 인지를 순차적 실행을 전제로 쓰여진 컴퓨터 프로그램에 비유하기는 어렵다고 말했다. 가장 큰 이유는 지각 이후 뇌의 인지 기능은 그야말로 정해진 프로그램이 없기 때문이다. 이것은 어찌보면 인간과 현재의 인공지능의 가장 큰 차이점이기도 하다. 즉, 특정 과제 수행의 효율성을 위해 설계되어 컴퓨터 서버에 고정되어 있는 인공지능과 달리 인간은 그때 그때 상황과 필요에 따라 많은 종류의 과제를 다양하게 수행한다. 이는 세상을 돌아다니며 예측 불가능한 상황들과 마주하여 경험하지 못한 문제를 해결해야 하는 인간을 비롯한 동물들에게는 필수적인 능력이다. 이때 과제는 기존에 없던 과제일 수도 있고 기존에 무한히 반복했던 단순 과제일 수도 있다. 인간은 무수히 많은 종류의 과제를 수행하기도 하는 한편 또 아무것도 하지 않는 것처럼 보이는 상태를 유지할 수도 있다. 이에 반해 인공지능이라고 불리는 기계 지능은 특정 과제의 효율적 수행을 전제로 설계된다. 바둑을 잘 두도록 만들어진 인공지능, 물체를 잘 알아보도록 특화된 인공지능, 소비자의 음악 취향을 파악하도록 설계된 인공지능, 언어를 다른 나라 말로 통역하도록 특화된 인공지능 등 특정한 일과 결부된 지능이라는 점이 현재, 그리고 아마도 가까운 미래까지 계속될 인공지능의 모습일 것으로 예측된다.

인간의 뇌가 구현하는 인지기능은 특정 과제를 콕 짚어서 결부시키기 어렵다. 뇌를 사용하여 우리가 하는 과제를 나열하라면 누구나 할 수는 있다. 식당을 찾는 과제, 밥을 먹는 과제, 시험 준비를 하는 과제, 야구 경기에서 공을 배트로 치는 과제, 여행 중 공항에 성공적으로 도착하여 비행기를 타는 과제, 아픈 부모님을 모시고 병원에 가야 하는 과제 등등 수도 없이 많은 다양한 종류의 과제가 우리의 일생 동안 개개인에게 찾아오며 인간의 뇌는 이를 수행한다. 처음 태어난 인간의 뇌는 앞으로 살아갈 몇십 년의 일생동안 어떤 과제가 자기 앞에 나타날지 알 수 없다. 따라서 특정과제를 효율적으로 수행하는 알고리즘을 모두 예상하여 뇌에 탑재하고 태어난다는 것은 불가능하다. 그럼에도 불구하고 뇌가 수행하는 무수히 많은 인지적 과제를 관통하는 몇 가지 일반적 원리는 뇌인지과학의 발달로 인해 알려져 있다.

　현재의 인공지능 기술을 뛰어넘는 다음 세대의 '또 다른 인공지능'은 아마도 몇 가지 기본적 원리만을 탑재한 상태로 만들어진 뒤 경험을 통해 여러가지 과제를 유연하게 수행할 수 있는 인간의 뇌의 작동 원리를 모방하고자 할 것이다. 뇌인지과학 분야에서 지금까지 오랜 세월 동안 연구된 뇌인지적 작동 원리 중 이 글의 취지에 부합하여 몇 가지 중요한 것들만 살펴보기로 하자. 생물학적 뇌에게는 너무나 자연스러운 일반적 기능들이 거꾸로 현재의 인공지능이 가장 흉내 내기 어려워할 부분일 수도 있다. 따라서 뇌를 모방하는 인공지능이 되기 위해서는 아래에 소개하는 인간의 뇌 기능들을 어떻게 구현하는 것인지에 대해 배울 필요가 있을 것이다.

목표를 향한 집념 – 작업기억

　인간을 비롯한 동물들은 특정 목표를 성취하기 위해 여러 가지 과제 혹은 작업을 수행한다. 일상생활에서 대개는 여러 단계의 작은 과제들을 연속적이고 성공적으로 수행해야만 비로소 최종 목표에 도달할 수 있다. 매일 아침 집을 나와 회사로 가야하는 과제를 수행하는 예를 보자. 아침에 잠자리에서 나와 샤워를 하고 옷을 입고 아침식사를 하고 여러 가지 조그마한 과제들을 연속적으로 마친 후에 비로소 우리는 집을 나와 자신이 전날 세워둔 자가용의 주차 위치로 가거나 버스정류장 혹은 지하철 역으로 몸을 옮긴다. 형태는 다를 수 있으나 이는 모두 회사에 도착하기 위한 이동 과정이라는 점에서는 동일하다. 이렇게 수많은 사슬로 연결된 작은 과제들을 모두 성공적으로 마치면 비로소 회사에 도착해 있는 자신을 발견할 수 있다. 결국 출근이라는 작다면 작고 크다면 큰 목표를 아침에 잠자리에서 일어나는 순간부터, 아니 어쩌면 그 전날 잠들기 전부터, 우리는 뇌의 특정 신경망을 활용하여 계속해서 유지해야만 최종 목표 달성이 가능하다.

보다 전문적으로 이야기하면, 작업 중인 무언가를 계속 기억하거나 염두에 두고 있어야만 할 경우 이 정보를 유지하는 뇌의 인지적 기능을 '작업기억(working memory)'이라고 부른다. 작업기억은 위에서 예로 든 것처럼 복잡하고 거창한 것이 아니어도 매우 사소한 예도 얼마든지 있다. 누군가 자신의 전화번호를 알려주려고 하는데 이를 적을 수 있는 필기도구나 메모지가 없을 때가 있다. 이럴 경우, 잠깐만 기다리라고 하고 필기도구나 메모지를 찾는 동안 그 친구의 전화번호를 머릿속으로 계속 되뇌이면서, 자신이 필기도구를 찾고 있는 이유가 전화번호를 적어 놓기 위한 것이라는 점을 계속해서 기억속에 유지할 수 있다면 뇌의 작업기억이 정상적으로 작동하고 있는 것이다. 또, 잠깐 물건을 사기 위해 상가 건물 앞에 차를 세워놓고 들어갔다가 5분 후 자기 차의 위치로 돌아갈 수 있는 것도 뇌가 자신의 차의 위치, 혹은 자신이 차로 돌아가야 한다는 사실 자체를 해당 시간 동안 작업기억에 잘 간직하고 있었기 때문이다. 이러한 일상적 예로만 미루어 짐작하더라도 작업기억이 제대로 작동하지 않는다면 어떻게 될지는 자명하다.

작업기억은 뇌인지과학 및 심리학적으로 오랫동안 연구되어 왔다. 대학에서 강의를 하면 작업기억을 단기기억(short-term memory)과 같은 것으로 생각하는 학생들이 제법 있다. 일반인들도 위의 예들을 통해 작업기억이라는 것이 무언가를 잠깐 동안 기억하는 단기기억이라고 생각할 수 있다. 작업기억과 단기기억은 비슷한 용어이긴 하다. 하지만 뇌인지과학에서는 엄연히 다른 의미로 쓰인다. 작업기억은 단기기억과 마찬가지로 대체로 단기간 동안 무언가를 기억해야 하는 인지과정을 내포하고 있지만 그것보다 더 큰 인지적 의미를 지니고 있다. 그중 하나는 작업기억에 담아두었던 정보는 그때 그 상황이 끝나면 별로 필요가 없어지며 잊어버리는 것이 오히려 좋다는 역설적 면이 있다는 것이다. 방금 전 예로 들었던 대로 5분 동안 상가 건물 앞에 자신의 차를 세워두고 물건을 사러 갔다온 이후 차를 타고 다시 그 상가를 떠났다고 생각해 보자. 이후에 또 다시 그 상가를 들리게 될 경우 아마도 다른 곳에 차를 세울 가능성이 높고 예전에 주차했던 위치를 알고 있는 것은 오히려 방해만 될 뿐이다. 또한, 친구의 전화번호를 필기도구를 찾아서 적거나 핸드폰에 입력한 이후에는 사실 그 정보를 계속해서 기억하고 있을 필요는 없다. 이처럼 작업기억에 의해 다루어지는 정보는 목표하는 바를 이루면 대부분 기억으로부터 사라진다(물론 예외도 존재하지만 이는 여기서 다루지 않기로 함). 작업기억은 단순히 전화번호를 받아적거나 주차장에 있는 차의 위치를 기억하는 등의 목적보다 더 큰 목적을 지향하고 있는 경우도 많으며 이는 대부분 '작업'의 기간과 그 작업의 목적을 달성하기 위해 수행해야 하는 하위 과제들의 복잡도와 수에 따라 달라질 것이다.

뇌인지과학이 발달하였지만 뇌에서 작업기억이 어떤 식으로 작동하는지를 정확히 아는 사람은 현재도 없다. 이런 경우 과학자들은 여러 가지 이론적 모델을 만들고 그 모델이 맞는지 틀리는지 실험을 통해 테스트하는 방식으로 진리에 다가가고자 한다. 1974년에 영국의 심리학자 배들리(Baddeley)가 제안했던 다중요소 모델(multicomponent model)을 비롯하여 지금까지 많은 인지과학적 모델들이 제안되었다. 이들 모델들을 자세히 설명하는 것은 이 글의 의도와 맞지 않아서 생략하지만, 이들 모델들은 제한된 에너지를 효율적으로 사용하여 임시로 정보를 저장하고 활용하는 데 필요한 인지적 요소들을 이론적으로 제안하였다.

인지과학자나 심리학자들은 뇌의 어떤 구조에서 이러한 정보처리가 특정 생물학적 원리에 의해 일어나는지를 직접적으로 밝히는 과학의 방법론을 사용하지는 않았으므로 비교적 자유롭게 여러 가지 모델들을 제안할 수 있었다. 그러나 실제로 수많은 신경세포들로 구성된 우주와도 같은 복잡한 뇌신경망에서 이러한 작업기억이 어떤 방식으로 구현되는지 그 생물학적, 정보처리적 기전(mechanism)을 실험적으로 밝히는 것은 여전히 어려운 과제이며 미지의 영역으로 남아 있다. 그래도 몇 가지 사실들은 뇌인지과학적 실험의 결과로 알려져 있다. 이들을 여기에 간략히 소개한다.

작업기억은 뇌의 전전두엽(prefrontal cortex)이라고 불리우는 영역에 상당히 의존하고 있다는 것은 어느 정도 알려져 있다. 이는 1973

년 푸스터(Fuster)라는 신경과학자가 원숭이의 전전두엽에 있는 신경세포가 잠깐 동안만 정보를 작업기억에 유지하는 듯한 활동을 보인다는 것을 처음 보고하면서 학계에서 널리 연구되기 시작하였다. 그보다 35년 전인 1938년에 제이콥슨(Jacobsen)이라는 학자에 의해 전전두엽에 손상을 입은 원숭이가 작업기억이 요구되는 과제 수행을 잘못한다는 것은 알려져 있었지만, 세포의 활동에서 그 증거를 발견한 것은 더욱 직접적인 과학적 증거로 여겨진다. 푸스터의 실험에서 원숭이는 자신의 앞에 나란히 놓인 두 개의 똑같이 생긴 컵을 응시했다. 이 두 개의 컵 밑에는 원숭이가 좋아하는 사과 조각을 숨길 수 있는 움푹하게 들어간 구멍이 각각 마련되어 있었다. 실험이 시작되면 실험자는 원숭이가 보는 앞에서 두 개의 컵 중 하나를 골라 그 밑에 사과 조각을 숨기는 행동을 보여주고 난 뒤 원숭이가 컵들을 몇십 초 동안 보지 못하도록 판으로 가리는 조작을 하였다. 이 기간을 전문용어로는 '지연기간(delay period)'이라고 한다. 이렇게 자신이 기억해야할 대상이 눈앞에서 사라지는 경우에 이 정보를 뇌의 회로에서 사라지지 않도록 유지하는 것이 작업기억의 핵심이다. 푸스터의 실험에서 지연기간이 끝나고 원숭이가 다시 두 개의 컵을 보게 되었을 때, 아까 자신이 보았던 사과가 숨겨져 있는 쪽의 컵을 들어올리는 것이 옳은 선택인데 이런 행동을 위해서는 지연기간 동안 뇌의 어딘가에서 이 정보를 기억 속에 유지하고 있어야 할 것이다. 푸스터의 실험에 따르면 전전두엽에 있는 신경세포들이 이 지연기간 동안 활동을 지속함으로써 마치 컵과 사과에 대한 기억을 유지하려는 듯한 활동 패턴을 보였다. 푸스터가 전전두엽에서만 세포활동을 측정하였으나 사실 이러한 활동을 보이는 곳은 뇌의 다른 영역에서도 관찰된 바가 있다. 특정 과제를 수행하기 위해서는 거미줄처럼 연결된 신경망들이 서로 협업을 해야만 하므로 이는 별로 놀라운 일이 아니다.

작업기억의 특성이 해당 작업의 수행을 위해 중요한 정보를 기억 속에 유지하는 것이라고도 말할 수 있지만, 작업기억의 또 다른 특성은 작업이 끝나면 해당 정보가 손쉽게 '망각'된다는 것이다. 기억의 '유지'와 '망각'이라는 두 가지 완전 반대되는 기능을 자신의 일의 목적과 기간에 따라 인공지능이 인간의 뇌처럼 자유자재로 구현할 수 있게 된다면 가히 인공지능 기술이 인간 뇌의 거의 완전한 모방을 했다고도 볼 수 있을 것 같다. 하지만 현재의 인공지능을 볼 때 이는 그리 가까운 미래에 일어날 일은 아닐 듯하다.

세상에 대한 나만의 해석 – 감각과 지각

뇌가 받아들이는 감각 및 지각 정보는 현재 뇌가 달성하고자 하는 목표에 비추어 더 중요한 의미를 부여받기도 하고 무시되기도 한다. 즉, 외부 정보가 뇌에 들어오면 뇌의 욕구에 따라 그 의미가 달라질 수 있다. 감각과 지각 둘 간의 차이는, 우리 주변에서 많이 볼 수 있는 센서들과 이 센서들로부터 감지되는 신호의 의미라는 비유를 들어 설명할 수 있을 듯하다. 예를 들어, 우리 주변에는 빛을 이용한 센서나 진동을 감지하는 센서, 냄새를 감지하는 센서나 미세먼지를 감지하는 센서 등 수많은 센서들이 가전제품이나 건물의 벽에 부착되어 있으며, 이들 센서들과 연결된 전자회로들은 이 센서들로부터 감지된 신호의 종류에 따라 서로 다른 기능을 하는 회로와 연결되어 있다. 현관문을 들어서면 움직임을 감지하는 센서는 전등을 켜는 회로와 연결되어 어둡지 않게 실내등을 켜주며, 공기청정기에 달려있는 미세입자 센서는 미세먼지가 감지되면 공기청정기의 팬을 돌게 하여 공기 정화를 시작한다.

우리의 뇌도 많은 센서들을 몸에 붙이고 있다. 눈, 코, 입, 귀, 피부 등은 모두 바깥세상에서 일어난 일을 감지하려는 생물학적 센서들이다. 눈은 빛에 의해 감지될 수 있는 정보를 수집하고, 코는 화학적으로 감지되는 정보를 수집하며, 귀는 흔히 소리라고 불리는 공기의 진동을 감지하며, 피부로는 압력이나 질감을 감지한다. 뇌 밖의 세상에서 무슨 일이 벌어지는지 우리는 이들 센서 역할을 하는 기관들이 없으면 전혀 알 수 없다. 그렇다면, '감각(sensation)'이란 눈, 코, 입, 귀, 피부 등 감각기관이 빛과 같은 외부 자극의 물리적 에너지를 신경세포가 이해할 수 있는 신경신호로 바꾸는 과정을 말한다고 할 수 있다. 눈의 망막에 있는 수많은 신경세포들인 광수용세포(photoreceptor)들은 망막 위에 떨어지는 광자(photon)들을 신경신호로 변환하여 뇌로 전달하며, 귓속에 있는 유모세포(hair cell)들은 공기 중의 다른 주파수의 진동을 신경신호로 변화하여 뇌로 전달하는 등 감각기관들은 각각 다뤄야 하는 물리적 신호의 특성에 맞게 놀랍도록 정교하게 발달하였다. 또한, 동물마다 자신이 처한 환경과 그 환경에서의 생존을 위한 여러 가지 요인을 반영하여 적절히 진화되었다.

감각기관들로부터 전달되는 신호는 뇌의 영역들 중 해당 감각영역에 특화되어 있는 영역, 즉 1차 감각피질에 각각 독립적으로 전달되고 이후 인지적 정보처리를 위해 더 상위 영역에서 연합되며 처리된다.

그렇다면 뇌의 '감각'과 '지각(perception)'은 어떻게 다른가? 감각이라는 단어에 비해 지각이라는 단어는 우리 일상적인 대화 중에 자주 등장하지 않아서 다소 낯설은 용어이다. 우리말의 특성상 우리는 영어에서처럼 무언가를 지각했다(perceive)거나 재인했다(recognize)고 표현하지 않고 '알아보았다' 혹은 '(대상의 정체를) 알겠다'는 말로 표현하기 때문이다. 사과를 사과로 알아보거나 까치가 우는 소리를 듣고 까치라는 대상을 머릿속에 떠올리는 인지기능 등이 모두 지각의 예이다. 즉, 감각기관에 의해 감지되어 1차 감각피질에 전달될 정보를 토대로 대상을 '알아보는' 작업을 뇌가 수행하게 되는데 이 정보처리 과정을 '지각'이라고 부른다. 감각에서 지각에 이르는 뇌의 정보처리 과정은 무의식적으로 이루어지기 때문에 우리는 이 복잡하고도 여전히 과학적으로 잘 이해되지 않은 과정을 느끼지 못하고 산다. 하지만 뇌의 해당 영역에 손상을 입을 경우, 감각기관에는 전혀 이상이 없으나 물체를 알아보지 못하는 행동을 보이거나 소리를 듣고도 무슨 소리인지 알아듣지 못하는 행동을 보이는 환자들을 보면 이러한 지각적 정보처리가 우리의 생존에 얼마나 중요한지 간접적으로나마 느낄 수 있다.

재미있는 것은, 지각에는 무의식적인 지각이 있고 의식적인 지각이 있을 수 있다는 것이다. 의식(consciousness)이라는 것을 뇌인지과학적으로 정의하는 것은 현대 뇌인지과학의 수준으로는 매우 어려운 일이므로 이 글에서는 편의상 언어로 표현할 수 있는 사고과정을 의식적이라고 정의하기로 하자. 이 글을 쓰는 필자는 오전에 커피가 담긴 머그컵을 옆에 놓고 커피를 마시며 글을 쓰고 있다. 필자가 매번 머그컵을 잡을 때마다 머그컵의 정체를 언어로 떠올리며 "여기 머그컵이 있네" 하며 머그컵을 들어 올리지는 않는다. 거의 무의식적으로 컵을 알아보고 들어올려 커피를 마시고 다시 내려놓는다. 이처럼 무의식적으로 행동하는 와중에 우리는 수많은 물체들의 정체들을 구별하여 인식하고 그 물체들을 특정한 방식으로 조작한다. 이러한 인지과정들은 우리가 웬만해서는 의식적으로 접근할 수 없는 정신작용들이며 뇌에 이상이 생겨 이 과정들에 문제가 생기는 경우가 아니라면 보통 사람들은 대부분 이를 느끼지도 못하고 살 것이다.

의식적인 지각의 대표적인 예는 사람의 얼굴을 지각하는 것이다. 사람과 같은 사회적 동물에게는 상대방을 알아보는 것이 매우 중요하다. 얼굴은 상대방의 정체를 알려주는 가장 중요한 정보일 것이다. 엄마의 얼굴을 알아보는 것이 얼마나 중요한지 더 이상 강조할 필요는 없을 것이며, 이런 지각 능력이 손상을 입었을 경우 어떤 생활의 불편이 초래되는지 역시 긴 설명은 필요없을 것이다. 얼굴은 상대방의 정체를 알려주기도 하지만 얼굴을 통해 영장류의 경우 매우 다양한 의사 및 감정 표현을 하므로 상대방의 얼굴 표정을 읽는 것은 사회생활에 매우 중요하다고 할 수 있다. 얼굴이라는 정보가 너무 중요하기 때문에 사람을 비롯한 영장류(primate)는 얼굴 정보를 처리하는 특별한 뇌인지적 시스템이 발달해 있는 것으로 알려져 있다. 즉, 사람 뇌의 일부 영역을 방추형 얼굴영역(fusiform face area, 줄여서 FFA)이라 부르는데, 이 FFA가 그 중요한 역할을 하는 것으로 알려져 있다. 인간과 비슷한 원숭이에서도 '얼굴 패치(face patch) 영역'이라고 불리는 부위가 실험적으로 발견되었으며 인간의 FFA와 같은 기능을 하는 것으로 여겨지고 있다. 실제로 안면인식장애(Prosopagnosia)라고 불리는 병명을 가진 환자의 경우 사람의 얼굴을 알아보지 못하는 특이한 증세를 나타내며 이는 미국의 신경과 의사인 올리버 색스의 저서 『아내를 모자로 착각한 남자』라는 책을 통해 비교적 널리 알려졌다.

의식이 뇌의 어느 정보처리 단계부터 생겨나는지는 매우 난해하고 어려운 주제이지만 필자의 주관적인 생각으로는 감각 및 초기 지각 과정의 무의식적 정보처리가 이미 경험을 통해 기억되어 있는 정보와 대조되어 맞추어지는 과정이 이루어질 때, 즉 이것이 뇌가 이미 본 적이 있는 대상인지 판단이 이루어질 때 비로소 사람은 이 정보처리 과정을 의식적으로 느낄 수 있는 것 같다. 앞에서 예로 든 커피 머그컵을 수없이 들었다 놨다 하기 위해 머그컵을 알아보는 지각과정은 초기 지각과정으로 굳이 이 머그컵이 예전에 어디에서 봤는지, 심지어 내 것인지 아닌지조차 생각할 필요가 없는 단순한 정보처리이지만 엄마의 얼굴을 알아보는 것은 차원이 다르다. 꼭 엄마의 얼굴이 아니더라도 사회적 동물로서의 인간이 상대방을 잘못 알아본다는 것은 매우 중대한 결과를 야기할 것임에 틀림없고 상대방의 얼굴을 제대로 알아보는 것은 나의 기억과 바깥 세계로부터 감각기관을 통해 입력되는 정보의 정교한 매칭을 통해서만 가능하다. 머그컵 예의 경우도 만약 비슷한 머그컵이 내 머그컵의 주변에 늘 있는 애매한 상황이라면 의식적 지각과정이 일어날 것이다. 이 과정에서 비로소 뇌인지적 정보처리 과정은 우리의 의식에 접근을 허용하는 것이 아닐까. 과연 인공지능이 자신의 정보처리 과정을 '의식'할 수 있을 것인가는 SF영화나 만화의 단골 소재이다. 자신의 정보처리 과정을 객관적인 제3자의 입장에서 바라볼 수 있는 능력이 의식의 특성 중 하나라면 이는 아직까지는 사람의 뇌만이 가지고 있는, 인공지능과 차별되는 특성이다.

잠시 의식이라는 주제로 빠졌지만, 다시 감각과 지각으로 돌아오자. 감각과 지각에 의해 뇌가 바깥 세상의 정보를 받아들이고 해석하는 과정에 대해 독자들은 마치 센서가 달린 컴퓨터가 센서로부터 정보를 읽어들이고 이를 프로그램의 알고리즘에 맞춰 해석하는 것처럼 받아들일 수도 있다. 그러나 감각-지각의 과정에서 인간과 소위 인공지능과의 결정적인 차이가 존재하는데, 이것은 바로 인간 뇌의 '주관적 해석력'이다. 주관적 해석력이란 필자가 이해를 돕기 위해 지어낸 표현이며 좀 더 과격한 표현은 세상에 대한 편향된, 혹은 왜곡된 해석 혹은 자신만의 해석이라고도 할 수 있을 것이다. 이해를 돕기 위해 예를 드는 것이 편할 수 있다. 아마도 독자들은 시각적 착시(visual illusion)를 일으키는 재미난 예들을 많이 접해 보았을 것이다. 대표적인 예로는 회색과 흰색 무늬가 바둑판처럼 번갈아 나오는 체크 무늬의 판 위에 물체가 놓여지고 물체의 그림자가 체크 무늬 위로 드리워진 그림에서 물체의 그림자가 드리워진 쪽의 회색 무늬가 그림자가 없는 밝은 곳의 회색보다 어둡게 보이는 착시 현상이 있다. 이 착시가 유명한 이유는 그림자를 보이지 않게 만든 상태에서 두 회색을 물리적으로 비교하면 전혀 밝기에 차이가 없어 보인다는 것을 누구나 즉각적으로 느낄 수 있기 때문이다. 그 상태에서 다시 그림자를 한쪽 회색 무늬에 드리우게 만들면 그 밑의 회색은 다시 그림자 밖의 회색보다 어둡게 보이는 현상이 나타난다.

우리 뇌가 물리적인 속성을 무시하고 이처럼 대상을 주관적으로 지각하는 이유는 매우 간단하다. 결론부터 말하자면, 세상에 널려있는 지각의 대상들은 너무나도 다양하고 시시각각 물리적 속성을 바꾸기 때문에 뇌는 이들 대상을 어느 정도 항상적으로 인식하기 위해 자신만의 해석의 틀을 미리 꺼내서 지각을 위한 정보처리를 돕는다는 것이다. 즉, 그림자 밑은 대체로 밝은 곳보다 더 어둡다는 것을 뇌가 경험적으로 알고 있기 때문에 이를 소위 탑다운(top-down) 방식으로 하위 정보처리 과정에 강제적으로 적용하는 것이다. 이처럼 경험적 지식의 강제 적용이 없다면 뇌는 같은 대상일지라도 아침부터 저녁까지, 혹은 형광등 불빛과 백열등 불빛 등 조명의 종류에 따라 시시각각 달라지는 물체로부터 반사되어 우리의 눈에 투영되는 물체가 자신이 알고 있는 물체인지 아닌지를 알아보는데 오랜 시간과 에너지를 소모해야 할 것이다. 실제로 이것이 지금의 머신러닝(machine learning)을 탑재한 인공지능이 사물을 지각하는 법을 학습하는 방식이다. 꽃병이 있다고 하면 그 꽃병이 여러 가지 배경과 다른 조명 아래서 찍힌 사진들 수백만 장을 봐야만 지금의 인공지능은 그 꽃병을 다양한 조건에서도 같은 꽃병으로 알아보는 것이 가능하다. 아마도 꽃병을 거꾸로 엎어놓은 것을 본 적이 없는 인공지능은 꽃병을 누군가 거꾸로 세워놓으면 알아보지 못할지도 모른다. 그러나, 인간의 뇌는 이처럼 엄청나게 많은 자료를 학습해야만 대상을 잘 인식할 수 있는 것이 아니다. 이 점이 바로 현재의 인공지능이 사람의 뇌를 부러워하는 이유이기도 하다. 아마도 인간은 꽃병 혹은 비슷한 물건을 만져보고 이를 조작하는 행동을 해보았기 때문에 이 과정에서 생긴 '운동지능'이 애매한 대상의 지각을 도와 어렵지 않게 사물을 알아볼 수 있는지도 모른다. 현재의 인공지능은 자신의 지능을 세상에 '행사'할 수 있는 몸이 없기 때문에 어찌보면 대상을 매우 수동적으로 파악해야 하는 위치에 있으며 능동적으로 사물을 만져보고 사물과 상호작용하는 인간의 뇌와 매우 다른 처지에 있다고 볼 수 있다.

필자의 주관적 견해지만, 복잡하고 시시각각 변화무쌍하게 달라지는 바깥 세상을 빠르고 효율적으로 해석하기 위해 만들어진 뇌인지적 감각-지각의 원리가 어쩌면 사람들이 저마다 가지고 있는 주관 혹은 자신만의 소신의 인지적 출발점일지도 모르겠다. 몇 년 전 인터넷상에 '흰금파검 드레스' 논란을 일으켰던 에피소드 역시 사람마다 빛자극으로 우리 눈의 망막에 입력되는 물체를 감각하고 지각하는 과정에서 발생하는 세포활동 등의 미묘한 개인간 차이를 각자의 주관이 개입해서 인지적으로 메우는 현상에 기인한 것이었다. 아마도 독자들은 주변에서 자신에게 흰색 드레스에 금색 줄무늬가 있는 것으로 보이는 드레스를 파란색 드레스에 검은색 줄무늬가 있는 드레스라고 우기는(?) 사람들 때문에 어이가 없다고 생각한 경험이 있었을지도 모른다. 하지만 관점을 조금만 돌려보면 이러한 해프닝은 세상이 우리에게 정답을 매번 던져주기보다는 우리의 경험과 주관이 개입할 수 있는 창의적 측면 혹은 여백의 미를 항상 남겨두고 있다는 뇌인지과학적 진리를 깨닫게 해주는 기회이기도 하다. 미래 인공지능이 꿈꾸는 '또 다른 지능' 역시 이처럼 여백의 미를 구현할 수 있을지가 매우 궁금하다.

권선징악, 강화와 약화 - 학습

과제를 수행하는 방법을 알아내려고 노력하는 과정에서 특정 행동을 했을 때 좋은 결과가 뒤따르는 경우 방금 전에 했던 그 행동 및 이와 연관된 모든 정보 처리에 관여했던 신경세포망의 활동패턴은 중요한 정보로 간직된다. 또, 뇌에서 이러한 패턴들은 지속될 수 있도록 특별한 보상을 받게 된다. 반대로 나쁜 결과를 초래한 행동의 경우 다음에 그런 행동이 비슷한 상황에서 다시 나오지 않도록 해당 신경세포망의 활동패턴이 억제되는 조치를 당하게 된다. 뇌인지과학에서는 전자의 경우를 이로운 행동이 '강화(reinforcement)'된다고 표현하며 후자의 경우 해로운 행동이 '억제(inhibition)'된다고 표현한다. 억제는 심리학의 용어를 빌리자면 행동의 '처벌(punishment)'과 밀접한 관계가 있으며, 강화는 '보상(reward)'과 연관되어 있다. 이는 마치 우리의 사회나 국가와 같이 뇌가 '권선징악'의 기준을 가지고 자신의 내부에서 일어나는 신경망의 활성패턴을 조절하는 질서를 부여하고 있는 것처럼 보이기도 한다. 강화와 억제는 몇백 개의 신경세포들로 이루어진 단순한 신경망을 가진 하등한 생물체로부터 이보다 훨씬 복잡한 신경망들로 이루어진 인간의 뇌에 이르기까지 학습을 통한 행동의 변화가 일어나기 위해 필요한 중요한 두 가지 원리이다. 당연히 이러한 원리가 작동하는 이유는, 생명체는 자신의 생존에 이로운 것과 해가 되는 것을 구별하여 기억하고 이로운 것은 어떻게든 더 하려 하고 해로운 것을 어떻게든 피하려 하는 자연의 섭리를 따르도록 설계되어 있기 때문인지 모른다.

이처럼 강화와 억제의 원리에 의해 뇌가 무엇을 기억하고 기억하지 않을 것인가를 결정하는 이유는 뇌를 이루고 있는 신경세포들 간의 정보전달 방식 때문이다. 신경세포들을 우리 사회의 구성원들이라고 비유한다면, 신경세포들 간에 끊임없는 의사소통이 이루어져야만 뇌의 정상적인 작동이 가능하다고 생각하면 이해가 쉬울 것이다. 우리가 다른 사람에게 언어를 통해 이야기할 때 내가 말한 내용이 공기로 가득찬 빈 공간을 통해 상대방의 귀로 전달되어야 하듯이, 하나의 신경세포가 자신이 다른 신경세포로부터 받아 처리한 정보를 다른 신경세포에게 넘겨주려면 뇌수(cerebrospinal fluid)로 차 있는 빈 공간을 뛰어 넘는 신호 전달 능력이 필요하다. 신경세포 사이의 빈 공간을 시냅스(synapse)라고 부른다. 마치 캡슐약 속의 약 알갱이들이 우리 몸 속의 장에 가서 퍼지듯이 신경세포는 다른 신경세포에게 정보를 전달하고 싶을 때 전달할 내용을 신경전달물질(neurotransmitter)이라고 불리는 화학물질의 형태로 시냅스에 퍼뜨려 전달한다. 즉, A라는 신경세포가 B라는 신경세포에게 이야기를 하고자 한다면 A신경세포는 자신이 전달할 내용에 부합하는 신경전달물질을 시냅스의 맞은편에 있는 B신경세포에게 뿌린다. B신경세포는 A신경세포에서 뿌려진 서로 다른 신경전달물질을 시냅스로부터 회수하여 자신의 세포 내에 A신경세포가 하고자 하는 이야기의 내용을 파악하는 과정이 시작되도록 한다. 이를 야구에 비유하자면, A신경세포는 투수라고 볼 수 있으며, 한 투수가 여러 개의 야구공을 던지면 여러 개의 포수 글러브를 B신경세포라는 포수가 그 야구공들을 최대한 받아내는 게임이라고 볼 수 있다.

컴퓨터와 같은 복잡한 기계를 구성하는 전기소자들이 신호전달을 위해 매우 세련되어 보이는 케이블과 신호전달 방식을 사용하는데 비해 신경세포들이 이처럼 신경전달물질 뿌리기라는 다소 원시적으로 보이는 신호전달 방식을 고집하는 이유는 무엇일까? 여러 가지 이유에 의해 설명될 수 있을 것이다. 예를 들어, 신경세포들은 생존을 위해 물속에 있으면서 영양분을 공급받아야 하는 등 여러가지 진화적 환경의 제약이 있었을 것이다. 그러나 기능적으로 설명한다면 위와 같이 화학물질을 통해 신호전달을 하는 방식이 전선으로 연결된 반도체소자들 간의 신호전달에 비해 신호전달의 강도를 조절하기 훨씬 적합한 방식이라는 점이 진화의 세월 동안 크게 작용하지 않았을까 생각한다. 즉, 뇌에서 신경세포와 신경세포 간의 신호전달의 세기는 늘 유동적이고 이는 위에서 말한 A신경세포가 B신경세포로 정보를 전달할 때 여러가지 방식으로 그 정보전달의 효율성을 조절할 장치가 마련되어 있다는 것을 의미한다. A신경세포에서 분비시키는 신경전달물질의 양이 어떤 경우에는 매우 많고 어떤 경우에는 매우 적을 수 있다. 전자의 경우는 당연히 B신경세포가 시냅스에 떠다니는 신경전달물질을 포획하기 쉬울 것이고 후자의 경우는 효율성이 떨어질 것이다. 마찬가지로 B신경세포는 A신경세포로부터 신경전달물질을 더 효과적으로 받아내기 위해 해당 신경전달물질에 특화되어 있는 수용체(receptor)의 수를 더 늘려서 정보전달을 도울 수 있다. 마치 포수의 야구 글러브 수가 늘어나면 공을 더 많이 잡아낼 수 있는 원리와 비슷하다. 당연히 B신경세포가 수용체의 수를 줄이면 A신경세포에서 분비된 신경전달물질의 효과는 줄어들 수밖에 없다.

갓난아기의 뇌가 세상이라는 혼란스러운 공간으로부터 정보를 받아들이기 시작하면서부터 노인이 되어 늙어서 세상과 이별을 하기까지 뇌를 구성하는 신경세포들은 끊임없이 서로와의 대화가 이루어지는 시냅스라는 공간의 중요성을 강화와 억제의 비율을 조절해가며 변화시킨다. 이것이 바로 뇌인지과학에서 말하는 학습(learning)의 근본적 원리이다. 이는 마치 우리가 태어나면서부터 죽을 때까지 우리 주변의 다른 사람들과 끊임없이 의사소통을 하며 그 사람들과 친해지기도 하고 멀어지기도 하는 등 인간관계가 역동적으로 바뀌는 현상에 비유할 수 있다. 뇌에는 복측피개부(ventral tegmental area), 중견핵(nucleus accumbens), 편도체(amygdala) 등 내가 좋은 상태인지 나쁜 상태인지에 따라 활동패턴에 현저한 차이가 난다고 알려진 영역들이 있고, 이들 영역들이 아마도 시냅스에서 일어나는 신경세포들 간의 의사소통이 강화되어야 할 것인지 아니면 약화되어야 할 것인지를 가르쳐준다고 여겨지고 있다. 행동의 결과로 보상이 따르는 경험을 하게 되면 그 행동에 이르기까지 서로 이야기를 하던 신경세포들 간의 시냅스들은 강화될 것이고, 반대로 행동의 결과 좋지 않은 경험을 하게 되거나 자신이 원하던 보상이 따르지 않는 경우 해당 정보처리에 관여했던 시냅스들 간의 소통능력은 약화될 것이다.

이와 같은 강화와 약화의 효율적 조정을 통해 뇌에서 좋은 것에 대한 학습이 이루어진다는 이론이 바로 오늘날 AI에서 기계학습의 근간을 이루고 있는 강화학습(reinforcement learning) 이론이다. 강화학습 이론은 리처드 서튼(Richard Sutton)이라는 컴퓨터 공학자가 큰 공헌을 하여 만든 것으로 그는 『강화학습 개론(Reinforcement Learning: An Introduction)』라는 저서에서 이를 "시간차 학습(temporal difference learning)"이라 소개하기도 하였다. 학습의 주체(인공지능에서 이를 에이전트라고 부름)가 특정 환경에서 행동을 선택해야 할 때 보상을 최대화시키는 방향으로 선택이 이루어질 수 있도록 학습 알고리즘을 프로그래밍하면 이것이 강화학습을 탑재한 인공지능이다. 강화학습 알고리즘이 탑재된 AI는 일단 학습을 위해 매우 많은 사례들이 학습의 재료로 필요하고, 이 사례들에서 특정 행동이 보상을 야기했는지 처벌을 야기했는지에 대한 자료도 필요하다. 그러면 AI는 이들 사례들을 살펴보며 특정 상황에서의 행동이 좋은 결과와 나쁜 결과로 이를 수 있는 확률들을 학습하면서 후에 비슷한 사례가 자신에게 던져졌을 때 이 학습의 결과를 토대로 행동선택을 하게 되는 것이다. 우리가 잘 알고 있는 알파고와 같은 AI도 이러한 학습의 원리를 탑재하고 있고 이를 통해 바둑을 익혀 바둑의 고수가 된 것이다. 현재의 AI는 대부분 이처럼 방대한 자료에 의해 강화와 억제의 사이에서 줄타기를 하는 방법을 학습한다고 볼 수 있는데, 이는 뇌의 작동원리 중 중요한 원리를 기계적으로 구현함으로써 가능해졌다. 이전까지의 기계학습이 프로그래머라는 감독관(supervisor)이 강화를 할지 처벌을 할지를 일일이 프로그램으로 지시해야 했다면, 지금의 AI는 학습 재료만 잘 마련해주면 자신이 알아서 스스로 학습할 수 있는 장점을 갖추고 있다.

이 글은 뇌인지과학을 전문적으로 연구하지 않는 일반인을 위한 글이므로 이보다 더 자세히 설명하는 것을 자제하려고 필자가 노력 중이지만, 사실 뇌에서 보상과 처벌이 일어나는 원리는 이보다 더 복잡하다. 예를 들면, 시냅스에서 A신경세포와 B신경세포의 의사소통을 약화시키는 방법으로 신경전달물질의 효율적 작용을 A, B 두 신경세포가 조절하는 방식을 위에서 설명했지만, 이 밖에도 억제성 세포(inhibitory neuron)라는 종류의 신경세포가 뇌 안에 존재하여 억제성 세포가 흥분을 전달하는 흥분성 신경세포(excitatory neuron)인 A신경세포나 B신경세포를 직접적으로 억제시키는 경우 두 흥분성 신경세포들 간의 의사소통은 종료될 수 있다. 비유하자면 누군가 A라는 사람의 입을 틀어막거나 B라는 사람의 귀를 막으면 두 사람 간의 의사소통이 중단되는 상황과 비슷하다. 이처럼 자세한 생물학적 기전은 복잡할 수 있으나 결론적으로는 보상을 야기시킨 행동과 관련된 시냅스들은 강화되고 반대의 결과를 야기시킨 행동에 관여했던 시냅스들은 약화된다는 결과는 같다고 볼 수 있다. 이러한 음양의 조화가 무너져서 지나치게 강화만을 위한 모든 자원의 총동원이 내려지면 이것도 '중독(addiction)'이라는 큰 문제를 일으키고, 지나치게 억제만을 강조하게 되면 외상후스트레스장애(PTSD)처럼 바람직하지 못한 정신상태를 초래하기도 한다. 마치 크로스로드(crossroad)라고 불리는 교차로에서 신적인 연주능력을 얻기 위해 악마에게 영혼을 팔았다는 로버트 존슨(Robert Johnson)이라는 블루스 뮤지션의 전설처럼 어찌보면 인간을 비롯한 동물은 유연한 학습을 통해 생존하기 위해 정신질환의 위험을 감수해야만 하는 악마와의 거래를 이미 오래전에 했는지도 모른다.

생활 속 경험의 기록, '내'가 되다 – 사건기억

마지막으로 뇌가 바깥 세상에 대한 감각과 지각을 거쳐 학습을 하면서 겪는 사건 혹은 이벤트들은 모두 사건기억(episodic memory)의 형태로 일생을 거쳐서 저장된다. 영어로 episodic memory라고 하고 우리말로 사전적으로는 일화기억이라고 번역이 되지만 일화기억이라는 용어가 일상생활에서 일반인들 사이에서 거의 쓰이지 않는 어색한 용어라서 보다 더 자연스럽게 사건기억이라고 번역하는 것이 맞을 듯하다. 사건기억은 뇌가 단편적일 수 있는 수많은 정보를 마치 스토리텔링을 하듯 이야기 구조를 부여함으로써 다량의 정보를 시간과 공간의 흐름에 따라 조직화 하는 것이라고도 볼 수 있으며, 특히 이전에 비슷한 일을 겪었던 경험을 바탕으로 훗날 특정 행동을 선택할 때 중요한 역할을 하게 된다. 예를 들어, 필자가 현재 이 책을 읽고 있는 독자에게 갑자기 다음과 같은 질문을 한다고 하자. "오늘 아침에 일어나서 현재까지 있었던 일을 순서대로 말해보실 수 있나요?" 대다수의 사람들은 그리 어렵지 않게 자신의 머릿속 시계를 아침으로 되돌려서 잠자리에서 일어나는 그 순간으로 돌아갈 수 있을 것이다. 그리고 차근차근 잠자리에서 일어나서부터 있었던 일들을 하나씩 떠올리며 시간의 흐름에 따라 자신이 했던 일들과 경험을 언어로 기술할 수 있을 것이다. 사람들이 점심시간이나 모임에서 주고받는 대화들은 이처럼 신변잡기적인 경험적 사건기억들의 교환인 경우가 많다. 자신이 본 것, 들은 것 등을 모두 사건기억의 형태로 저장하고 이를 마치 영화의 줄거리를 이야기하듯 스토리를 부여하여 기억으로부터 언어의 형태로 인출해낼 수 있는 것이 바로 뇌인지과학에서 말하는 사건기억의 정수이다.

뇌에서 사건기억을 형성하고 후에 이를 인출하는 역할을 담당하는 영역 중 가장 중요하다고 널리 알려진 영역은 해마(hippocampus)라고 불리는 영역이다. 해마라는 영역은 일반인들과 학생들이 그 구조와 기능에 대해 비교적 잘 알고 있는 뇌 영역이 아닐까 한다. 그러나 해마를 널리 알려진 송강호와 같은 유명 영화배우에 비유한다면, 이 영화배우가 영화를 찍을 때 뒤에서 숨어서 영화의 탄생을 가능케 하는 수많은 스태프와 작가, 감독, 조연배우 등이 있듯이, 뇌에도 해마에 정보를 공급하고 해마로부터 처리된 정보를 받아 다음 과정을 진행하는, 일반인들에게는 잘 알려지지 않은 많은 영역들이 존재한다. 사건기억과 관련된 이들 영역들은 대부분 중앙측두엽(medial temporal lobe)이라고 명명된 거대한 영역 내에 위치하고 있다. 해마를 비롯한 영역들이 행정단위의 '구'에 해당한다면 중앙측두엽은 '시'나 '도' 정도에 해당할 듯하다. 해마 외에도 해마에 지각된 바깥세상에 대한 정보를 전달해 주는 주된 영역인 내후각피질(entorhinal cortex), 해마곁피질(parahippocampal cortex), 비주위피질(perirhinal cortex) 등 아마 독자들은 들어보지 못한 이름들을 가진 영역들이 뇌에서 해마와 함께 서로 이야기를 해가며 사건기억의 처리 등 자신들의 일을 쉼없이 하고 있다. 송강호 주연의 영화를 송강호 혼자서 찍을 수 없듯이, 사건기억의 형성과 인출 역시 해마 혼자서 하는 일은 아니며 중앙측두엽과 다른 뇌영역들과의 협업을 통해서만 가능하다. 해마와 기능적으로 관련된 이들 영역들을 모두 해마신경망(hippocampal network)이라고 부른다. 이는 어찌보면 특정 회사의 본사가 서울에 있더라도 이 회사의 지사들이 각 지방에 존재하며 영업망을 구축하여 유기적으로 업무를 수행하는 것에 비유할 수 있을 것이다. 이러한 신경망(neural network)의 개념은 뇌에서 대단히 중요한 것으로 오랜 뇌인지과학의 연구결과에 의해 밝혀졌으며, 현대 뇌인지과학에서는 특정 뇌 영역이 독립적으로 특정한 기능을 수행한다고 믿는 과학자는 없을 것이다.

해마신경망의 사건기억에 대한 연구는 필자의 주된 연구분야이기도 하여 보다 자세히 기술하고 싶은 마음이 굴뚝같지만 일반 독자들을 상대로 꼭 필요한 내용만을 담고자 노력해 보겠다. 해마 연구가 폭발적으로 시작된 것은 역사적으로는 그다지 오래되지 않았다. 그 시작을 대개는 1953년 미국의 스코빌(Scoville)이라는 외과의사가 HM이라는 이름의 이니셜로만 알려진 환자의 수술 사례를 논문으로 출판하면서 이루어졌다고 보고 있다. HM이라는 환자는 2008년 12월에 생을 마감하였고, 학문적 중요성과는 본인 및 가족들의 동의가 있었기에 헨리 몰레이슨(Henry Molaison)이라는 실명이 공개되어 지금은 몰레이슨 환자라고 불러도 문제가 되지 않지만, 여전히 HM이라는 환자명으로 수많은 논문에 인용된 덕분에 HM으로 세상에 더 널리 알려진 인물이다. 스코빌 의사는 몰레이슨이 27세 청년이었을 때 그의 심한 뇌전증(이전에 간질이라고 불리던 병)을 치료하기 위해 처음 몰레이슨을 만났다. 대체로 뇌전증은 약물로 너무 흥분하는 신경세포들을 억제시키려는 치료를 많이 하지만 중증 뇌전증 환자였던 몰레이슨에게는 이러한 약물치료가 별 소용이 없어 정상적인 생활이 안되는 심각한 상황이었다고 한다. 스코빌은 당시 의학계에서는 다소 파격적인 수술법을 사용하여 몰레이슨의 뇌전증 신경발작의 진원지라고 생각되었던 해마를 적출해내기로 하고 이를 실행에 옮겼다. 당시의 수술기법으로 주변 영역을 다치지 않고 해마만을 외과적 수술로 제거한다는 것은 거의 불가능했기 때문에 이 수술로 몰레이슨의 해마와 중앙 측두엽 내의 해마 주변 영역들은 상당 부분 제거되었다. 수술 후 몰레이슨의 뇌전증으로 인한 발작은 많이 완화되었다고 보고되었으며 어느 정도 정상적 생활이 가능해졌다고 하니 어떻게 보면 몰레이슨은 스코빌 의사의 다소 과감한 수술법의 큰 은혜를 입었다고 생각할 수도 있다. 그러나 몰레이슨에게는 스코빌 의사가 전혀 예상하지 못했던 문제가 수술 후에 발생하기 시작한 것을 스코빌 의사를 비롯하여 몰레이슨의 가족과 주변 사람들은 눈치를 채기 시작했다. 그것은 바로 새로운 사건기억의 형성이 일어나지 않는 부작용이었다.

새로운 사건기억이 형성되지 않는다는 것이 얼마나 심각한지를 아마도 독자들은 짐작하기 어려울 것이다. 왜냐하면 우리의 해마신경망은 너무도 자연스럽게 사건기억을 형성하고 우리가 이를 필요로 할 때마다 마치 옛날 영화필름을 꺼내서 볼 수 있듯이 우리에게 지난 사건들을 잘 보여주기 때문이다. 이럴 때 필자는 영화를 강의 재료로 자주 활용한다. 아마도 사건기억이 형성되지 않는 인간의 일상이 어떤지를 가장 잘 보여주는 영화는 머니머니해도 크리스토퍼 놀런(Christopher Nolan) 감독의 〈메멘토(Memento)〉가 아닐까? 〈토탈리콜(Total recall)〉이나 〈이터널선샤인(원제는 Eternal sunshine of the spotless mind)〉과 같이 기억과 관련된 영화들도 있지만 필자가 사건기억 연구자의 관점에서 봤을 때는 메멘토만큼 해마신경망 이상 환자의 생활을 잘 엿볼 수 있게 만든 영화는 아직까지 보지 못했다. 이 영화에서 레너드라는 주인공은 해마신경망의 손상으로 추정되는(영화에 정확히 나오지는 않음) 기억상실증을 겪는 사람이다. 자신의 아내가 살해되었고 그 살해범을 찾아 복수하는 것이 자신의 미션이라는 신념을 가지고 있는 레너드는 눈앞에 벌어진 사건을 불과 몇 분밖에 기억하지 못하며 일정 시간이 지나고 나면 마치 그 일을 겪지 않은 사람처럼 아무것도 기억을 하지 못한다. 자신이 이러한 기억장애를 겪고 있다는 것을 아는 레너드는 기억해야만 할 것 같은 무언가를 보면 그 기억이 없어지기 전에 자신의 폴라로이드 카메라를 꺼내서 사진을 찍고 그 사진의 뒤에 메모를 해놓는다. 뇌가 하지 못하는 기능을 보완하기 위해 카메라와 사진에 의존하는 것이다. 자신의 몸에도 반드시 기억해야 하는 것들을 문신으로 새겨 넣는 등 레너드의 기억에 대한 불안과 집착은 대단하다. 이는 곧 살아남기 위해서였음을 영화를 보면 아주 잘 알 수 있다. 영화의 한 장면 중 레너드가 묵는 싸구려 모텔의 주인이 레너드가 자신의 방을 기억하지 못한다는 것을 알고 두 개의 방을 레너드 이름 앞으로 해놓고 돈을 두 배로 청구하는 속임수를 쓰다가 레너드에게 발각되는 장면이 나온다. 이런 에피소드를 비롯해서 영화에 나오는 대부분의 일화들은 레너드의 주변 사람들이 레너드가 사건기억을 형성하지 못한다는 것을 알고 이를 이용하려는 계획들과 이에 나름대로 대항하는 레너드의 처절한 사투에 관한 것이다. 일반인들에게 이런 일들은 거의 일어나지 않지만 영화를 보면 사건기억이 저렇게 중요한 것이라는 깨달음을 얻게 되고 해마와 해마신경망의 여러 영역들의 수고에 저절로 감사하게 된다.

레너드 같은 인간뿐 아니라 실제로 해마는 자연계의 포유동물에게는 생존을 위해 필수적인 영역이다. 해마의 기능을 연구하기 위해 뇌인지과학자들은 쥐에게 '맥락적 공포조건화(contextual fear conditioning)'라는 행동실험을 자주하는데 이 실험 패러다임 역시 자연 상황에서 쥐가 천적에게 먹히지 않기 위해 갖추고 있어야 할 사건기억의 중요성을 잘 말해준다. 이 실험에서 쥐는 밖이 훤히 보이는 투명 아크릴 벽으로 된 사각형 박스 안에 처음 몇 분 동안 돌아다니며 주변을 탐색한다. 이때 해마신명망은 박스가 놓여진 방의 여러 물체들과 장면(scene)들에 대한 신경세포 수준의 부호화(encoding)를 하고 이를 기억될 정보로 간직하게 된다. 이를 인지과학에서 뇌신경망의 '표상(representation)'이라고 부른다. 예를 들어, 사과를 보고 이에 대응되는 뇌 속의 신경세포들의 활성패턴을 사과에 대한 신경세포망의 표상이라고 부를 수 있으며 서울역에 도착해서 주변을 보고 활성화되는 신경세포망의 활성패턴을 서울역 주변에 대한 뇌신경망의 표상이라고 부를 수 있다. 서울역 주변이라고 하면 서울역에 가본 독자라면 대충 기억 속에 어렴풋이 떠오르는 주변 풍경이 있을 것이다. 딱 꼬집어 무엇이라고 말하기 곤란하지만 대략 떠오르는 장면들, 그것이 바로 뇌인지과학에서 말하는 '맥락(context)'이라고 말할 수 있다.

다시 박스 안에서 주변을 탐색하는 쥐의 예로 돌아가자. 이 쥐는 몇 분 동안 밖을 보면 박스 주변의 맥락에 대한 표상을 해마신경망에 형성한다고 이론적으로 생각되고 있다. 이러한 외부 맥락적 자극에 대한 표상이 형성된 후에 전기 충격을 발바닥을 통해 그 박스 안에서 경험하는 '사건'을 겪게 되면 쥐는 주변의 맥락 표상(contextual representation)과 전기충격이라는 해로운 자극을 머리 속에서 서로 연합(association)시켜 같이 하나의 사건으로 기억하게 된다. 그런 뒤, 이 쥐를 다음날 다시 그 박스 안에 넣으면 전기충격이 없음에도 불구하고 쥐는 공포심을 느낄 때 설치류가 나타내는 반응 중 하나인 프리징(freezing) 행동을 보인다. 말 그대로 마치 얼어붙은 것처럼 몸을 전혀 움직이지 않는 것을 말하며 이는 포식자의 눈에 띄지 않기 위해 전혀 몸을 움직이지 않는 전략에서 나왔다고 추측한다. 이 행동은 진화적으로 체득되었다고 보는 연구자들도 있으나 왜 쥐가 이런 행동을 보이는지 아직 과학적으로 입증된 바는 없으며 자연계에 사는 설치류에게서는 잘 나타나지 않는 인위적인 행동이라는 비판도 있다. 어쨌든 중요한 것은 해마신경망을 수술적으로 제거한 쥐의 경우 이러한 프리징 행동을 현저히 덜 나타낸다는 것이다. 이는 아마도 해마가 없이는 자신이 해로운 경험을 한 맥락을 알아보는 것이 불가능하기 때문일 것이다. 이런 쥐가 자연계에 살아남을 수 있을까? 어제 고양이에게 잡혀 먹힐 뻔했다가 구사일생으로 살아나 도망친 쥐의 뇌에서 그 주변 맥락은 아마도 평생 동안 기억해야할 표상임에도 불구하고 해마가 없는 쥐는 새로운 사건기억을 형성할 수 없으므로 어제 그 일을 다 잊고 다시 그 장소를 오늘 또 방문할 가능성이 높으며 그 결말은 뻔할 것이다. 마치 〈메멘토〉 영화 속의 레너드처럼 해마가 없는 쥐는 하루하루를 넘기는 것 자체가 어려울지 모른다.

마지막으로 해마에 관해 언급하고자 하는 것은 공간기억과 사건기억의 관계이다. 해마를 연구하는 뇌인지과학자는 물론이고 다른 연구주제를 연구하는 과학자들, 그리고 뇌인지과학에 관심이 많은 일반인까지도 아마 '장소세포(place cell)'라는 말을 들어본 적이 있을 것이다. 2014년에 노벨생리의학상을 수상한 오키프(O'Keefe)에 의해 1971년에 해마에서 발견된 장소세포는 특별한 모양의 세포라기보는 해마에 존재하는 흥분성 세포인 피라미달 세포의 기능적 특성으로 공간에서 특정 장소에 대한 정보를 담고 있다고 해서 붙여진 기능적 이름이다. 쥐에서 처음 발견된 이 장소세포는 쥐가 특정 공간을 돌아다닐 때 그 공간의 특정 위치에 갔을 때만 활동을 하고 다른 곳으로 이동하면 그야말로 죽은 듯이 조용히 있는 매우 흥미로운 세포유형이다. 오키프는 이 장소세포들이 해당 공간에 대한 쥐의 '인지적 지도(cognitive map)'를 구성하고 있는 최소단위라고 여겼고 해마신경망에 공간에 대한 지도가 표상되어 있다고 믿었다. 이는 40년 이상이 흐른 지금까지도 여전히 과학자들이 믿고 있는 바이다. 자연히 해마신경망에 손상을 입은 사람이나 동물은 길찾기는 어렵다고 봐야할 것이다.

그렇다면 해마는 공간이나 위치에 대한 기억도 하고 사건에 대한 기억도 하는 만능 뇌영역인가? 필자의 주관적 견해는 그렇지 않다는 것이다. 우리는 태어나서 죽을 때까지 특정 공간에서 모든 일을 겪고 사건을 경험한다. 공간과 상관없이 무언가를 경험하는 일은 자연적으로 일어나기는 어렵다. 해마는 내가 지금 있는 위치와 그 주변의 맥락 및 공간을 표상하며 그 공간 내에서 이뤄지는 각종 사건들을 기록하는 역할을 한다고 보는 것이 맞을 것이다. 어떻게 특정 신경망이 이처럼 다양한 정보처리 기능을 할 수 있는지는 여전히 뇌인지과학의 미스테리이지만 수많은 실험가들이 이 미스테리를 풀기 위해 실험실에서 연구에 매진하고 있다.

해마의 장소세포와 관련된 공간기억과 공간을 이동하며 형성하는 사건기억은 인간을 비롯한 동물의 뇌인지적 지능과 현재의 인공지능과의 차이를 잘 설명할 수 있는 좋은 예이다. 간단히 말하면 사람을 비롯한 동물은 돌아다닌다. 인공지능이 작동하고 있는 컴퓨터처럼 한곳에 머물러 있는 것이 아니고 끊임없이 공간과 공간을 이동하며 특정 공간에서 사건을 경험하고 이동해야 하는 물리적인 특성 때문에 시간 순서에 의해 공간과 사건을 경험하는 정보처리 패턴을 다루도록 뇌가 작동할 수밖에 없는 환경이다. 이는 아마도 인지적 정보처리에 매우 중요한 제약 조건으로 작용할 것이다. 우리가 과거의 어떤 일을 기억할 때 시간과 장소를 먼저 떠올리려고 하는 것 역시 우리의 모든 사건 관련 지식 정보 및 기억 체계가 공간과 시간을 핵심적인 두 개의 인지적 축으로 하여 조직되기 때문일 것이다. 우리 뇌의 이러한 특성은 분명 현재의 인공지능이 정보를 처리하는 방식과는 다른 방식인데, 그 큰 차이가 발생하는 이유는 현재의 인공지능이 돌아다니며 '행동'하지 않기 때문이다. 훗날 로봇이라는 몸체에 인공지능이 탑재되어 동물처럼 세상을 돌아다니며 세상과 상호작용하여야 하는 경우 현재의 매우 똑똑해 보이는 인공지능은 상당히 실망스러운 모습을 보일 수도 있다.

인공지능이 돌아다닐 수 없으므로 사건기억을 형성하지 못한다고 볼 수도 있지만, 그렇다면 사건기억은 인간의 뇌만이 처리할까? 아니면 인간 이외의 동물들에게도 사건기억이 존재할까? 툴빙(Tulving)이라는 심리학자는 일화기억 혹은 사건기억이 인간에게만 있는 특수한 인지능력이며 동물은 이를 누릴 수 없다고 강하게 주장하였다. 툴빙에 따르면 사건기억을 떠올리는 순간 인간은 과거의 사건들에 대한 단순한 정보를 인출해내는 것이 아니라 마치 타임머신을 타고 내 머릿속에 있는 과거의 그 특정 순간과 장소로 날아가서 다시 그 사건들을 경험하는 독특한 의식적 체험을 한다는 것이다. 사건기억을 '자서전적 기억(autobiographical memory)'이라고 부르는 이유도 이와 같은 사건을 다시 인지적으로 겪는 일이 가능하기 때문일 것이다. 툴빙에 따르면 인간 이외의 동물들은 인간과 같이 과거에 겪었던 사건으로부터 형성된 정보를 동원하여 행동에 반영하는 것은 가능하지만 인간처럼 이 사건을 마치 다시 겪는 것과 같은 의식 체험을 할 수 없다는 것이다. 은연중에 툴빙은 의식(consciousness)이라는 보다 상위의 정신 작용이 보다 하위의 인지적 정보처리 흐름 위를 떠다니며 전체 과정을 모니터링하고 있는 것처럼 묘사하고 있는 것을 알 수 있다.

툴빙의 이러한 이론은 그럴듯하다. 다만, 이 이론이 과학적으로 증명될 수 있느냐에 대해서는 뇌인지과학자마다 의견이 갈릴 것이다. 영국의 인지과학자인 클레이튼(Clayton)은 아마도 이런 툴빙의 이론이 탐탁치 않았는지 스크럽제이(Scrub Jay)라고 불리는 미국 어치라는 종류의 새를 실험동물로 사용하여 이 새들이 사건기억을 사용해야만 할 수 있는 행동 과제를 훌륭히 해낼 수 있음을 1998년 학술논문을 통해 보여줌으로써 툴빙을 정면으로 반박하였다. 그녀의 실험에서는 미국 어치가 마치 다람쥐처럼 먹이를 여기저기 서로 다른 장소에 숨긴다는 것과 먹이를 숨길 때 그 먹이가 조금만 시간이 지나면 곰팡이가 피어서 먹지 못하게 되는 살아있는 벌레냐 아니면 땅콩처럼 시간이 조금 지나더라도 충분히 먹이가 될 수 있는 종류인가와 같이 먹이라는 특정 물체와 연관된 '시간' 개념까지도 같이 기억한다는 특성을 이용하였다. 즉, 미국 어치에게 살아있는 벌레와 땅콩을 번갈아 가면서 주고 서로 다른 장소에 이 먹이들을 모래에 파묻어 숨길 수 있게 만들어 주었다. 그런 다음, 시간이 얼마 지나지 않아 다시 어치를 그곳에 데려다 주면 어치는 우선적으로 살아있는 벌레를 묻었던 곳의 모래를 파기 시작하였고 한참 시간이 지난 뒤에 다시 그곳으로 돌아오게 될 경우에는 벌레가 있는 곳보다는 땅콩이 있는 곳을 먼저 파기 시작했다고 한다. 전자의 경우는 아직 땅콩보다는 맛있는 벌레가 죽지 않았다는 것을 알기 때문일 것이고, 후자의 경우는 이미 자신이 먹이를 묻었던 시간을 고려할 때 너무 시간이 많이 흘러 벌레는 썩었을 것이고 땅콩을 먹을 수 있다는 것을 생각하기 때문이라고 짐작된다. 클레이튼 박사는 이처럼 동물도 사건기억의 핵심 인지 요소 3가지인 '언제 (when)-어디서(where)-무엇(what)'을 했는가에 대한 정보를 한꺼번에 하나의 사건과 연관시켜 기억할 수 있다는 것을 보여줌으로써 툴빙이 인간의 사건기억을 인간만의 고귀한 인지 능력이라고 주장하는 것을 반박하였다. 툴빙은 이 실험 결과에 대해 여전히 어치가 먹이를 다시 찾아 먹는 그 순간 의식적인 깨달음이 일어나고 있는지를 증명하지 못했으니 클레이튼의 실험결과를 자신의 이론의 반박증거로 받아들일 수 없다고 생각할 테지만 사실 의식의 작용을 현재 과학적으로 측정하고 증명할 방법은 없다. 어떻게 보면 툴빙의 이론은 포퍼(Popper)가 이야기한, 과학과 비과학을 구분짓는 중요한 요소 중 하나인 반박 가능성(falsifiability)이 결여된 이론인 것이다. 사건기억 혹은 일화기억이 사람에게서만 가능한지는 여전히 뇌인지과학의 미스테리로 남아 있고 독자들 중 애완동물을 키우는 독자들은 아마 매일 다음과 같은 질문을 혼자서 하며 궁금해 할 것이다: "우리 벤지는 어렸을 때 눈밭에서 나와 같이 뛰어 놀던 것을 기억할까? 기억한다면 즐거워할까?"

일생을 살면서 저장되는 무수히 많은 사건기억들이 어떻게 뇌에 저장되어 사용되는가는 아직 현대 뇌인지과학이 답할 수 없는 너무도 큰 주제이다. 해마에서 사건기억이 형성되어 오래되면 해마를 떠나 신피질(neocortex) 영역으로 이동하고 해마에서 지워진다고 대부분의 일반인 대상 기사나 대중서적에 나오고 있지만 이는 학문적으로는 정확히 결론이 난 것이 아니다. 해마 이외의 영역에 저장이 되어 있더라도 기억을 꺼낼 때 다시 해마를 통해야 한다는 이론이 있는가 하면 해마는 계속해서 관여한다는 이론도 있는 등 학문적으로 아직 논쟁이 진행 중이다. 분명한 것은 사건기억을 담당하는 뇌신경망이 사람을 비롯한 동물의 일생에 엄청난 영향을 미친다는 것이다. 예를 들면, 사람이 내리는 행동의 선택 및 결정이 경험적으로 축적된 사건기억들로부터 학습한 자신만의 인지적 법칙에 따라 이루어지는 경우가 많다. 특정한 상황에서 내린 결정으로 인해 많은 손해를 입은 사업가의 경우 그 특정 사건기억으로부터 평생 헤어나지 못하고 이후 내리는 모든 결정들이 매우 보수적으로 내려질 가능성이 높다. 즉, 인간은 AI처럼 무미건조하게 이전의 무수히 많은 케이스들로부터 강화학습의 결과로 나온 확률표만을 근거로 결정을 내리는 존재가 아니라 특정 사건기억에 의해 편향된 방식으로 의사결정을 내릴 가능성이 높은 존재이다. 그런 면에서 현재의 인공지능이 보는 인간은 논리적이지 않을 수 있다. 사건기억의 축적은 또한 개인의 정체성과 관련되어 있다. 자기 일생 동안의 사건기억의 합이 곧 '자아(self)'라고 볼 수 있으며 남과 다른 나만의 무엇이 되는 철학적 속성이 있다. 이런 점들을 고려할 때 사건기억을 담당하는 해마신경망을 이해하면 할수록 우리는 인간의 본성을 이해하게 될 가능성이 매우 높아질 것이다.

4. 뇌인지도 변한다

그렇다면 현재까지 알려진 뇌인지적 사고의 원리로 앞서 열거한 4가지, 즉 목표지향적 집념, 세상에 대한 주관적 해석, 학습, 사건기억의 원리 등이 AI 시대를 살아가는 인간의 뇌에서는 어떤 변화를 겪을 것인가? 그리고 우리는 어떻게 AI와 공생해야 할 것인가?

우선, 목표를 향한 집념이라는 소제목하에 설명했던 작업기억과 관련해서는, 인공지능이 생활 곳곳에 들어와 우리의 뇌가 정보를 일정기간 동안 기억해야 할 때 사용하는 작업기억을 대신 수행해줄 것이 예상된다. 지금도 스마트폰이나 인공지능 스피커를 향해 "누구 누구야 1시간 뒤에 누구랑 만나야 하는 것 내게 리마인드해줘"라고 명령하는 사람들이 주변에 꽤 있다. 그렇게 명령하고 난 뒤, 이를 기억하는 과제는 모두 이제 인간의 책임이 아니라 인공지능이 탑재된 기계에 돌아가게 된다. 필자도 마찬가지지만 지하주차장이나 지상주차장의 구조가 매우 복잡한 경우에는 주차장에 차를 세우고 그 주변의 기둥 번호나 특정 랜드마크를 사진으로 찍어 놓고 나중에 차로 갈 때는 그 사진을 다시 꺼내서 보면서 차의 위치를 기억한다. 이러한 방식의 스마트폰 의존적인 작업기억은 점차 생활 속으로 더욱 깊숙히 들어올 것이며 인간이 이제 작업기억을 쓰며 시간과 시간을 이어가기 위해 노력하는 일은 점차 줄어들 것이다. 쓰지 않는 것은 퇴화한다는 진화의 법칙이 작동한다면 아마도 뇌는 작업기억을 기계에 명령하는 방법만을 기억할 뿐 작업기억 자체를 효율적으로 운용하는 능력은 점차 잃어버릴지도 모른다.

다음으로 세상의 의미에 대한 감각과 지각 단계에서의 주관적 해석에 관해서 이야기해 보자. 주관적 해석이 벌어지는 가장 중요한 이유는 애매한 자극이 세상에는 너무나 많기 때문이다. 착시 등의 예도 이를 이용한 것이라고 이미 앞에서 설명했듯이 우리의 뇌는 언제나 불완전한 자극을 상대하며 이를 완전하게 알아본 것처럼 보이게 하기 위해 최선을 다한다. 이 과정은 매우 창의적인 과정이라고도 볼 수 있으며 같은 드레스를 놓고 다른 색깔의 드레스라고 서로 논쟁하는 예를 통해서 개인 간의 차이가 분명 존재한다고 볼 수 있다. 인공지능 시각이 매우 발달하여 요즘에는 엄청난 분량의 자료를 학습한 인공지능이 특정 물체를 꽤 잘 알아본다. 그러나 여전히 인공지능이 학습한 자료에서 전혀 보지 않았던 배경을 뒤로 하고 물체가 나타난다든지 물체가 거꾸로 서 있다든지 등의 경우에는 엉뚱한 물체라고 오답을 내는 일도 많다. 스마트폰에서 제공하는 물체 인식 프로그램이 대부분 물체가 아주 깨끗한 배경을 뒤로 하고 있는 경우는 잘 인식되지만 아주 복잡한 배경 앞에 있는 경우는 잘 인식하지 못하는 것이 좋은 예이다. 스마트폰이나 컴퓨터에 달려 있는 카메라를 통해 얼굴 인식을 하고 이를 통해 보안을 유지하는 인공지능 역시 예전보다 잘 작동하는 편이지만 조명이 어두운 곳에서나 침대에서 막 일어나 까치머리를 하고 있는 주인은 잘 알아보지 못하고 액세스를 거부하는 에러를 여전히 범한다. 이럴 때면 사람들은 짜증을 내며 인공지능을 폄하하고 인간의 뇌의 애매함을 다루는 예술적 경지에 비로소 경의를 표하곤 한다. 분명 인공지능의 기계학습 기술이 발달하면서 이러한 애매한 상황에서의 오작동은 줄어들 것이지만 사람이 볼 때 매우 쉽게 할 수 있는 그 단순한 일을 하기 위해 동원해야 하는 컴퓨팅 파워와 기술력을 생각한다면 그다지 경이로워할 사람들은 많지 않을 듯하다. 어쨌건 인공지능이 앞으로 사람 수준으로 물체를 지각하고 경치를 알아보는 세상이 올 것은 자명하지만 인공지능에게 그 역할을 너무도 오래 내주고 있다 보면 하나의 선만으로 구성된 피카소의 매우 단순한 그림을 보면서 상상의 날개를 펼치는 인간의 주관적이고 개성 넘치는 인지는 점점 만나기 어려워질지도 모른다.

그리고 좋은 것에 대한 경험을 오래 기억하기 위해 이때 관여했던 신경세포 간 연락망은 중요하다는 꼬리표를 붙이고 안 좋은 기억과 관련된 신경세포 간 연락망의 가치를 폄하하는 가소성(plasticity)을 탑재한 뇌의 작동방식이 인지적 학습의 기본 원리라고 이미 위에서 설명했다. 이 원리는 너무도 근본적인 뇌 세포의 학습원리이기 때문에 진화라는 거대한 세월과 흐름을 생각할 때 아무리 인공지능이 우리의 생활 속에 깊이 들어온다고 하더라도 단기간에 변하지는 않을 것이다. 실제로 인공지능의 기계학습의 원리 역시 이러한 강화학습의 원리를 차용하고 있는 경우가 많아서 인공지능의 학습법이 인간의 뇌세포의 학습법과 그다지 다르지 않기도 하다. 다만 좋은 것과 나쁜 것에 대한 경험이 너무도 자주 일어나고 그 정도가 매우 중독성 있는 수준으로 경험될 세상이 다가오고 있기 때문에 우려스럽긴 하다. 게임산업이나 가상현실 산업 등은 이러한 뇌의 작동원리를 경험적으로 매우 잘 알고 있으므로 뇌인지적으로 무언가를 매우 좋아하는 상태와 중독이라는 비정상적인 상태 사이의 위험한 줄타기로 개개인을 내몰 가능성이 높다. 인간 외의 어떤 동물 실험으로도 이처럼 장기적으로 뇌가 강화(reinforcement)를 받기 위해 특정 활동을 하루 종일 컴퓨터 앞에 앉아서 하는 것을 실험하기는 어려울 것이다. 쥐가 레버를 누르면 뇌의 변연계의 특정부위에 미세한 전기 자극이 가해져서 그 부위의 신경세포들을 자극할 수 있게 한 1954년의 심리학 실험에서 해당 쥐는 거의 식음을 전폐하고 레버를 누르는 행동을 보여 연구자들을 놀라게 한 적이 있다. 이 실험이 아마 24시간 이상 컴퓨터 게임에 쉬지 않고 몰입하는 사람이나 도박장에서 며칠씩 쉬지 않고 도박을 하는 사람들의 뇌인지적 상태에 대해 가장 비슷한 동물모델로 알려져 있다. 앞으로 열릴 인공지능 시대에는 제도적 정비가 더딘 상태에서 상업적인 맞춤형 개인 쾌락 만족 서비스들이 물밀 듯이 소비자를 유혹할 것임에 분명하다. 사람과 대화를 하는지 구분이 가지 않는 인공지능 탑재 로봇과 상호작용을 하며 자신이 원하는 것을 무한정 요구하고 영화 〈그녀〉에서처럼 자신의 비서와 마찬가지인 OS로부터 자신의 욕구 충족을 위해 가상현실을 비롯한 무한정의 서비스를 받을 수 있게 될 것이다. 이런 사회를 살게 될 뇌의 가소성 발휘 능력이 어쩌다 드물게 정말 좋은 것을 발견하거나 안 좋은 일을 겪게 되었던 원시인의 뇌의 가소성 발휘 능력에 비해 좋아질 것인지 나빠질 것인지 필자도 진화의 흐름의 마지막에 서서 결과를 지켜보고 싶다. 결과는 알 수 없지만 우리의 뇌는 지금까지 자연스럽다고 여겨졌던 생활환경에서 점점 큰 변화의 시대를 맞이하게 될 것만은 틀림없다.

마지막으로 뇌에는 내가 겪는 자잘한 생활 속 사건들을 기억하는 해마를 위주로 한 사건기억 시스템이 존재한다고 앞서 이야기했다. 위에서 말한 강화학습의 원리와 약간 다른 것은 해마의 학습은 특별한 보상이 없더라도 자동적으로 일어난다는 특성이 있다. 아침에 일어나서 늘 하는 일상적 루틴을 거치며 양치질을 하고 옷을 입고 집을 나서고 버스를 타거나 지하철을 타는 일들은 순차적으로 기억되며 사건기억으로 저장되고 지하철에서 친구를 만날 경우 친구가 오늘 아침 있었던 일을 물어보는 순간 마치 바로 지금 겪은 일처럼 생생히 묘사하는 정보 인출이 가능하다. 사건기억의 뇌인지 영역 역시 인공지능 시대의 도래와 함께 변화를 겪을 것임은 틀림없다. 앞서 말했듯이 해마가 다루는 사건기억의 내용을 뒤지는 과정은 의식의 시간 여행을 요구한다. 어린 시절 있었던 일을 회상하며 추억에 잠기는 동안 모든 인지과정은 시간여행을 하고 있는 나의 의식에 자리를 양보하고 거의 멍하게 보일 정도로 정지된다. 영화 〈그녀〉에 나오는 OS처럼 24시간 자신과 함께 다니면서 있었던 일을 너무나도 사실적으로 다시 알려주는 그 누군가가 있다면 과연 인간의 해마를 비롯한 사건기억 시스템은 무슨 일을 해야할까? 그런 인공지능 비서는 아마도 내가 특정 사건을 기억해서 말하면 그때마다 잘못 기억하고 있는 부분을 지적하며 바로 잡아줄 것이다. 인공지능 비서는 언제나 100% 기억을 완벽하게 갖고 있으므로 사실 내가 무언가를 기억하려고 한다는 게 의미가 있을까 하는 생각이 들 수도 있는 대목이다. 역시 쓰지 않는 기능은 퇴화된다는 것이 기본적인 생물의 진화 원리이므로 오랫동안 인공지능에 의존하여 사건기억을 인출하며 산다면 해마의 기능이 어떻게 될지는 아무도 장담할 수 없을 듯하다. 런던의 복잡한 거리에 대한 지도를 완벽히 머리속에 기억하고 있음을 보여야만 택시 운전면허를 딸 수가 있는 제도 때문인지 런던의 택시 기사들의 해마는 일반인의 해마보다 더 크다는 연구결과가 있다. 해마는 길찾기에만 쓰이지 않으며 사건기억과 공간기억 등 여러 가지 기능이 있으므로 단언할 수는 없지만, 현대 도시인의 해마는 GPS 혹은 네비게이션의 영향으로 길을 찾는 일을 할 일이 거의 없는데 아마도 평균적으로 이런 문명의 이기가 없을 때 자동차로 길을 찾으며 다녔던 시절에 비해 해마의 크기가 작아지지 않았을까 생각한다.

한 가지 덧붙이자면, 인공지능이 사람과 물체의 인식을 더욱 빠르고 정확하게 도와주고 기억을 도와주게 되는 세상을 사는 사람들은 인공지능에게 어떻게 일을 시켜야 하며 어떤 정보를 어떤 형식으로 요구해야 하는지를 중점적으로 배우게 될 것이다. 지금의 인공지능은 영화 〈그녀〉에 나온 미래의 인공지능 OS처럼 사람과의 언어를 이용한 소통이 자연스럽지 못해서 복잡한 일을 오랜 시간 같이하는 게 불가능하지만, 이런 인터페이스의 장벽은 아마도 곧 허물어지게 될 것이다. 이럴 경우 우리 인간의 뇌는 특정한 일의 콘텐츠를 알아보고 기억하려고 하기보다는 일 자체를 어떻게 계획하고 진행해야 하는지에 관한 전략적인 사고를 훨씬 많이 하게 될 것이다. 뇌에서 이는 주로 전전두엽을 비롯한 이마쪽의 전두엽에서 담당하는 것으로 알려져 있어 인공지능이 발달할수록 인류는 이마쪽의 전두엽만 기형적으로 커지는 마치 외계인과 같은 두상을 갖게 되지 않을까 하는 농담을 이 책의 공동 저자들과 나누며 웃었던 기억이 난다.

5. 또 다른 지능 시대의 뇌인지와 행복

이 모든 예측들이 대부분 맞는다면 인간은 AI의 도움을 받아 무언가를 기억하거나 알아보는데 매우 큰 도움을 받을 것이며 방대한 케이스에 대한 확률적 분석을 바탕으로 제공되는 정보를 활용하여 의사결정에 큰 도움을 받을 것이다. AI가 로봇 산업의 발전과 결합되면 사람에게 도움을 주는 차원을 넘어서 로봇이 일정부분 사람의 일을 대신하게 될 것이며 자율주행 자동차는 그 대표적인 예가 될 것이다. 필자가 이 글에서 말한, 현재의 인공지능과 차별화되는 인간 뇌인지의 원리까지도 인공지능 기술이 비슷하게 구현하는 날이 온다면 그야말로 사람과 더불어 이 '또 다른 지능'은 세상과 세상 속에서 살아가는 인간의 삶 자체, 아니 뇌와 뇌의 인지기능에 큰 변화를 초래할 것으로 예측된다. 그렇다면 이런 시대를 살아가는 인간은 어디서 행복을 찾아야 할 것인가를 걱정하지 않을 수 없다.

앞서 기회가 있을 때마다 강조했듯이 이처럼 인간의 라이프 스타일 자체가 변화를 겪게 되면서 가장 위험에 처하는 것은 인간의 창의성(creativity)일 것이다. 인간이 행복을 느끼는 이유는 다양하지만 창의적인 일을 할 때 인간은 행복하다. 이는 인간 외의 동물과 차별되는 인간만의 능력이기도 하다. 창의성의 원천은 늘 보던 것을 새롭게 볼 수 있는 능력이며 애매한 것을 보고 나름대로 남과 다르게 해석할 수 있는 능력이다. 또한 서로 관련이 없어 보이는 것들을 관련지을 수 있는 능력도 창의력의 원천이다. 어찌 보면 창의성을 극대화시키기 위해서는 남들이 무슨 생각을 하고 사는지 모르는 것이 더 나을 수 있다는 얘기다. 항상 내 주변 사람들이 무슨 생각을 하는지 SNS를 통해서 정보를 입력받고 특정 물체나 장면, 그리고 영화 등에 대해 매우 많은 사람들이 어떤 생각을 하고 있는지를 아는 것이 어렵지 않은 요즘 세상에서 자라나는 어린 학생들은 창의성을 발휘할 수 있는 훈련의 기회 자체가 거의 없지 않을까 걱정이다.

한국의 교육열은 특히나 남다르다고 세계적으로 널리 알려져 있다. 초등학교 때부터 이미 대학 입학시험 준비를 하는 우리나라의 교육열은 여러 가지 문제가 복합적으로 얽혀 나타나는 사회적 현상이지만 그 근본에는 내 자식에게는 최고의 교육을 시켜 잘 살게 만들고자 하는 자식 사랑이 깔려 있을 것이다. 필자가 중고등학생을 상대로 대중적인 뇌인지 강연을 할 때 컴퓨터 코딩 교육이 꼭 필요한지 그리고 미래에는 대학의 어떤 학과를 들어가야 전도가 유망한지 등 매우 현실적인 질문을 하는 학부모나 학생들을 심심치 않게 접한다. 특히나 AI가 화두로 등장하면서 자식의 교육 문제를 걱정하는 학부모들은 AI 시대가 어떤 시대인지 또 자신과 자신의 아이들은 어떻게 적응해야 하는지 매우 궁금해 한다. 그러면서 흔히들 AI 시대에는 단순 노동이나 단순 지식의 경험적 축적을 가지고 판단을 해주는 직종이 모두 AI에 의해 점령당할 것이기 때문에 창의적인 일을 하는 직종이 뜰 것이라고 이야기한다.

그렇다면 정말 어떻게 우리나라의 이 높은 교육열을 AI시대에 맞출 것인가? 컴퓨터와 소통을 해야하기 때문에 코딩 혹은 프로그래밍을 열심히 배워야 할까? 창의적이지 않은 인지적 활동은 모두 컴퓨터와 AI가 알아서 해줄 것이므로 어려서부터 이제는 창의력을 기르는 미술, 음악, 글쓰기 등을 중점적으로 배워야 하는 걸까?

창의적인 일을 하는 사람들의 예를 좀 들어보면 답이 어느 정도 나올 듯하다. 흔히들 창의적인 일을 하는 직업으로 예술가를 꼽는다. 미술가, 음악가, 무용가 등 많은 장르와 형태의 예술에 종사하는 전문 예술가들의 훈련 과정이 어떠한가? 미술가를 예로 들면 피카소나 모네와 같이 독특하고 어디서도 흔히 보지 못했던 그림을 그리는 훈련을 처음부터 하지는 않는다. 이른바 자기만의 창의적인 스타일이라는 것은 기본적인 그림을 그리는 훈련을 해 나가는 오랜 과정에서 자연스럽게 만들어지는 것이다. 추상화를 전문적으로 그리는 화가는 마치 사진과 구분이 안 갈 정도로 자세하고 사실적으로 묘사된 그림 역시 매우 잘 그린다. 이를 뇌인지적으로 해석해 보자면, 화가의 뇌는 사물이나 풍경을 바라보면 이를 그림으로 그리는 과정을 수없이 반복하면서 세상을 2차원 평면에 옮기는 법을 연습할 것이다. 이 과정에서 애매한 순간들을 처음에는 자주 맞이하게 될 것이다. 초보자의 경우 풍경화 한 장을 그리는데 아주 긴 시간이 소요되는 이유는 바로 이 애매함을 어떻게 처리할지에 대해 뇌가 아직 학습이 되어 있지 않기 때문일 것이다. 물론 그림을 그리는 기술 자체도 배울 것이 많겠지만 외부 세계의 사물들을 뇌가 받아들이고 이를 해석하는 과정에서 생기는 애매함들 속에서 그 화가만의 창의성의 싹은 트이게 된다. 거의 모든 창의적 일을 하는 전문직 종사자들의 훈련과정이 매우 힘난한 기본기 다지기 과정으로부터 출발하는 이유도 그 모든 기본적인 것들을 수없이 마주하면서 기술적인 면을 터득함과 동시에 애매함에 대한 자신만의 해석의 눈을 길러내는 과정을 필요로 하기 때문이다. 창의성에는 정답이라는 것이 없으며 무엇이 틀리고 무엇이 맞는지에 대한 기계학습의 소위 '레이블(label)'이라는 정보가 존재하지 않는다. 따라서 현재의 기계학습 알고리즘을 탑재한 인공지능이 창의적인 작업을 하기까지는 아마도 오랜 세월과 기술적 진보가 필요할 것이다. 이 점을 고려한다면, 인공지능 시대의 교육이라고 해도 그다지 특별한 것은 없어 보인다. 오히려 현재의 인공지능이 인간 대신 모든 것을 해줄 것이라고 믿고 뭔가 설익은 창의성 교육을 한다는 미명하에 기본기를 무시한 교육이 대세를 이루게 되면 어떻게 하나 하는 걱정이 앞선다.

또한, 인공지능은 인간의 뇌가 가지고 있는 '공감' 능력이 없다. 다른 사람이 느끼고 있는 고통이나 기쁨 등의 감정적, 심리적 상태를 마치 나의 것처럼 느끼고 그에 걸맞은 행동을 할 수 있는 공감 능력은 사람이 가지고 있는 고위 뇌기능 중 하나이다. 공감을 할 수 있기 때문에 사회적인 상호작용이 가능하며 인간 사이의 질서 유지가 가능하다. 공감은 또 사람과 사람 사이의 의사소통의 기저에 흐르는 큰 강물과도 같다. 인공지능은 사회적 생활을 할 필요가 없다. 즉, 인공지능과 인공지능이 서로 대화를 하며 협업을 하거나 하는 일은 아직까지는 영화 속에서나 나오는 장면이며, 현실에서 일어나기 위해서는 공감 능력을 기술적으로 구현해야만 하는데 이는 아직 먼 훗날의 일일 것이다.

독자들은 이즈음에서 인공지능이 창의성도 없고 공감도 못하지만 이유야 어쨌건 인공지능이 사람을 이기고 있는 세상이 아니냐고 반문

할지도 모른다. 필자는 이런 생각 자체가 어쩌면 인간이 가지고 있는 태생적 열등감 혹은 불완전함에 대한 불안의 표현이라고 생각한다. 특히 현대사회에서 인간은 무한경쟁 속에 내몰려 힘든 삶을 살아가고 있다. 산업혁명 이래로 거대사회의 부품과 같이 일을 하는 인간은 직장에서도 경쟁을 딛고 올라서야 한다. 그렇지 않을 경우 다른 누군가에 의해 교체될 수 있는 존재가 되었는지 모른다. 따라서 자신의 능력 이상으로 과제를 수행하는 누군가의 등장은 곧 경쟁에서의 낙오를 의미하여 당연히 이를 경계할 것이다. 하물며 그 누군가가 바로 자신의 충실한 하인처럼 생각했던 컴퓨터라는 현실을 인정하기 싫을지도 모른다. 실제로 AI는 단기간만 훈련을 받으면 누구나 어느 정도 수행할 수 있는 직종을 비롯하여 평생 동안 경험을 축적하여 소위 전문성을 발휘해 온 상당수 직종에 종사하는 사람들을 위협하고 있다. 방대한 인류 전체의 데이터를 학습한 AI는 그토록 방대한 자료를 경험해 본 적도 없고 그럴 수도 없는 인간보다 훨씬 더 승률이 높은 게임을 하고 있다고 볼 수 있고, 계산에 관해서는 절대 틀리는 적이 없다. 게다가 인공지능은 인간처럼 쉬거나 잠을 잘 필요도 없으므로 이런 AI가 우리의 생활 속으로 깊이 들어올 경우 "내 직업은 안전할까?" 하는 생각에서 자유로운 사람들은 그리 많지 않을 것이다. 필자가 알고 있는 인공지능을 연구하는 교수님이 만든 AI 알고리즘은 야구 경기가 끝나면 곧바로 그날의 야구 경기의 모든 이닝의 데이터를 종합하여 경기를 요약하는 기사를 쓸 수 있는데, 실제 스포츠 기자가 요약한 기사와 인공지능이 요약한 기사를 엔간해서는 구별할 수 없을 정도로 뛰어나고 정확하며 자연스럽다. 정도의 차이는 있지만 이런 일은 비일비재하게 거의 모든 직종에서 전방위적으로 일어날 것이니 우리는 인공지능과의 공생에 대비해야만 할 것이다.

달리 생각하면 인공지능 기술의 진보는 과연 '인간'이란 무엇인가에 대한 근원적인 질문을 우리 자신에게 던지게 만들고 있다. 존재에 대한 근본적 질문은 철학자들이 오랫동안 답하고자 노력한 질문이지만 이제는 철학자들만의 전유물이 아니라 인공지능과 더불어 살아가야 하는 모든 평범한 사람들의 질문이 되었다. 인공지능이 기술적으로 발전하면서 사람이 인공지능보다 더 잘할 수 있는 분야의 일들이 점점 줄어들고 있다. 사회에서 이러한 분야의 직종에 종사하는 사람들은 당연히 저항할 것이며 이는 앞으로 펼쳐질 미래에 큰 사회문제가 될 것이다. 아마 택시를 타본 독자라면 택시 운전사가 인공지능이 탑재된 자율주행차가 언제 등장해서 자신의 일자리를 빼앗아갈지 걱정스런 이야기를 하는 것을 한번쯤은 들어본 적이 있을 것이다. 분명한 것은 이것은 우리가 저항하기 어려운 전세계적인 흐름이다. 우리는 어떻게 인공지능과 함께 살것이며 어떻게 보다 인간답게 살 것인가를 현 시점에서 격렬하게 고민해야 한다. 필자의 주관적인 견해로는 인간은 산업혁명을 거치며 더 이상 기계처럼 힘을 쓰지 않아도 되었고 정신적인 활동에 집중할 수 있게 되었다. 마찬가지로 이제 인공지능의 시대를 맞이하면서 인간 인지 기능 중 다소 '기계적인 부분'은 인공지능에게 내주게 될 것이다. 인간은 이제 기계가 할 수 없는 부분에 집중하며 살게 될 것이고 거기에서 행복을 느끼게 될 것이다. 이 글에서 필자는 이러한 삶의 예로 '창의적' 인지활동과 '공감'에 바탕을 둔 사회적 활동을 들었으나 이 밖에도 더 많은, 어쩌면 우리도 몰랐던 우리만의 인간적인 부분을 인공지능 덕분에 알게 될 수도 있을 것이다. 앞으로의 50년이 우리 앞에 어떻게 펼쳐질지 필자도 매우 궁금해 하는 이유다.

6. '또 다른 뇌와 인지'를 쓰고 나서

필자는 대중을 상대로 글을 전문적으로 쓰는 작가가 아니라 대학에서 대학원생들과 함께 일반인들에게는 다소 어렵게 생각될 수 있는 뇌인지과학적 실험을 하는 자연과학자이자 교육자이다. 필자가 학습과 기억이라는 뇌인지과학 분야의 연구에 처음 발을 들여 놓았던 1998년부터 지금까지 인간을 비롯한 동물의 뇌는 도대체 어떻게 세포로 이루어져 있음에도 마치 컴퓨터가 정보를 처리하고 기억하듯이 학습을 하며 우리의 정신세계를 지배하는지에 대해 알아내려고 노력해왔다. 그 과정에서 인간의 뇌세포와 이들 세포들로 이루어진 신경망은 다분히 아날로그적인 측면이 있고 화학물질에 의한 변화무쌍한 조절이 가능한 축축한 정보처리 기관이지만 바로 이런 측면 때문에 모든 연결망이 기계적으로 이미 정해져 있는 전기회로 기반 컴퓨터에 비해 외부 환경과 상호작용하는 과정에서 엄청난 장점을 발휘한다는 것을 깨달았다. 뇌인지의 이런 측면이 기계학습이 대세인 요즘의 인공지능 시대에 어떤 함의를 가지며 앞으로의 인간의 삶에 어떤 의미를 지니고 있는지를 설명해 보려고 하였으나 역시 필력이 미치지 못함을 새삼 깨달았다. 다만 독자들이 조금이나마 필자의 진의를 헤아리며 읽어주기 바랄 뿐이다.

인공지능 기술이 중요한 시대적 화두로 등장한 이유는 무엇일까? 그 기술적 놀라움도 있지만 한편으로는 인공지능 기술이 점차 발전해 가면서 그로 인해 인간의 삶이, 즉 우리의 삶이 바뀔 것으로 예상되며 그렇게 바뀐 삶을 사는 인간의 뇌와 인지도 결국 언젠가는 과거의 뇌인지와는 많이 달라진 모습을 갖게 되지 않을까 하는 궁금증과 불안감 때문일 것이다. 뇌인지과학은 50년 전에 비해 놀라운 발전을 하였지만 물리학이나 수학, 화학, 생물학 등 인류의 역사와 함께 오랫동안 발달해온 다른 과학 분야에 비하면 아직까지 역사가 오래되지 않은 신흥 학문에 가깝다. 우리의 정신세계와 소위 '마음'을 과학적이고 객관적인 증거를 가지고 설명한다는 것은 결코 쉬운 일이 아니며 앞으로도 상당한 시간이 지나야 뇌인지의 신비는 밝혀질 것이다. 바로 이런 이유, 즉 우리가 우리 뇌의 작동원리를 잘 모르는 이유로 인해 뇌인지는 신비하다고 여겨져 왔으며, 그 신비한 뇌와 그것을 소유하고 있는 인간을 기계가 닮고자 노력하며 빠르게 발전하고 있는 현실이 사람들에게 두려움을 줄지도 모른다.

하지만 모든 기술은 궁극적으로는 인간의 행복을 위해 개발된다는 점을 잊지 말아야 하겠다. 생존만을 위해 위험을 무릅쓰고 힘들게 살았을 원시시대의 인간으로부터 기계의 도움을 받아 엄청난 힘을 발휘할 수 있게 된 산업혁명 이후의 인간을 거쳐 컴퓨터와 정보망을 이용한 지식정보화 네트워크 시대를 살게 된 오늘날의 인간까지 인류는 자연계의 진화와는 다른, 또 다른 문명의 진화를 겪으면서 살아왔다. 인공지능 기술은 여전히 생물학적 뇌를 흉내내려고 하지만 이는 어쩌면 신경세포로 컴퓨터를 만들지 않는 한 불가능할지도 모르며 결국 인간의 뇌기능 중 공학적, 기계적으로 대체할 수 있는 부분을 대체하는 수준에서 한동안 정착할 가능성이 높다고 예상해 본다. 공상과학 영화에서 인간 몸의 모든 부분을 인공적인 부품으로 대체하지만 결국 뇌를 인공적으로 구현하는데 실패하여 실제 뇌를 이식하는 방식으로 문제를 해결하는 것도 아마 상상의 세계에서조차 이는 불가능에 가까운 목표로 생각했기 때문인지 모른다.

따라서 우리 인간의 다음 50년의 행복을 위해서는 인공지능의 확산으로 우리 생활 속에 인공지능이 한 부분으로 들어오는 것을 빠르게 인정하고 이를 위해 교육, 제도, 생활방식 등을 하루빨리 미래지향적으로 정비하는 것이 중요한 일이다. 아니, 그보다 더 중요한 것은 아마도 인간이 인공지능과 차별되는 인지적, 감성적, 창의적 특성을 누리며 행복하게 살아갈 준비를 하는 것이 아닐까 하는 물음이자 제안을 던지는 것으로 이 글을 맺는다.

참고문헌

[1] Fuster, J.M., Unit activity in prefrontal cortex during delayed-response performance: neuronal correlates of transient memory, Journal of Neurophysiology, 36(1):61-78, 1973.

[2] Baddeley, A.D., and Hitch, G.J., Working memory, In: The Psychology of Learning and Motivation (Bower, G.A. ed.), pp.47-89, Academic Press, 1974.

[3] Tulving, E., Multiple memory systems and consciousness, *Human Neurobiology*, 6(2):67-80, 1987.

[4] Clayton, N.S., Dickinson, A., Episodic-like memory during cache recovery by scrub jays, Nature, 395(6699):272-274, 1998.

[5] Slagen, J.L., Earley, B., Jaffard, R., Richelle, M., Olton, D.S., Behavioral models of memory and amnesia, Pharmacopsychiatry, 2:81-83, 1990.

[6] Kanwisher, N., Yovel, G., The fusiform face area: a cortical region specialized for the perception of faces, Pilosophical Transactions of Royal Society London Biological Science, 361(1476):2109-2128, 2006.

[7] Sacks, O., The man who mistook his wife for a hat, Summit Books, 1985.

[8] Sutton, R.S., Barto, A.G., Reinforcement Learning: An Introduction, MIT Press, 1998.

[9] O'Keefe, J., Dostrovky, J., The hippocampus as a spatial map. Prelimineary evidence from unit activity in the freely-moving rat, Brain Research, 34(1):171-175, 1971.

권영선 카이스트 기술경영학부 교수

또 다른 지능과 상생하는 다음 50년
—우리는 누구고, 어느 곳에 있고,
다음 50년의 행복을 위해 무엇을 해야 하나?

1. 인공지능, 양날의 칼이다.
2. 인공지능시대, 우리는 누구고 우리의 장점과 단점은?
3. 또 다른 지능, 우리는 새로운 변곡점에 서 있다.
4. 다음 50년의 행복, 새로운 도전이 필요하다.
5. '또 다른 지능과 상생하는 다음 50년'을 쓰고 나서

아직은 단지 주어진 일을 효율적으로 하는 수준이기는 하나 인공지능이 인간만이 할 수 있을 것이라고 여겨졌던 일, 즉 사물을 시각적으로 식별하고 대화하고 자동차를 운전하고 바둑을 두는 수준까지 발전하였다. 우리는 이미 인공지능과 협업하기 시작했고 점차 보다 많은 일상생활에서 인공지능과 함께 살아가는 시대를 맞이하게 될 것이다. 인간이 지적역량을 갖춘 자신의 피조물과 살아가는 시대는 우리에게 기대와 두려움으로 다가오고 있으며 많은 질문을 우리에게 던지고 있다. 인공지능과 함께 살아가는 세상은 행복한 세상일까? 아니 인공지능과 함께 살아가는 세상에서 우리가 행복하게 함께 살기 위해서 무엇을 해야 할까? 경제활동을 인공지능과 본격적으로 할 세대인 현재 20~40대는 향후 10년간 전개될 경제사회의 환경변화에 관심이 클 것이다. 그러나 현재 20~40대는 자신의 미래를 결정할 경제의 구조적 변화(tectonic change)와 관련된 정책을 결정할 수 있는 우리 사회의 중추 세대가 아니다. 미래 세대를 위해서는 경제사회의 구조개혁을 과감히 추진해야 하나 현재 정책결정 세대는 자신들이 경험한 과거 산업사회의 틀 속에서 미래를 이해하고 현재의 이해관계 상충을 최대한 원만히 해결하는데 정책의 초점을 맞추고 있다. 이 글을 통해서 우리의 젊은 세대가 우리사회의 중추 세대로 좀 더 빨리 자리 잡을 수 있기를 기대하며 '또 다른 지능'인 인공지능과 상생하는 다음 50년 동안 우리가 모두 행복하기 위한 논의를 시작한다. 먼저 우리는 누구고 현재 우리는 어느 곳에 서 있는가를 이야기한 뒤, 우리가 '다음 50년의 행복'을 누리기 위해 해야 할 것을 차례대로 이야기한다.

1. 인공지능, 양날의 칼이다

 이전의 기술이 그랬던 것처럼 인공지능은 우리에게 희망과 골칫거리를 동시에 던져주고 있다. 인공지능이 발전할수록 우리는 이전보다 훨씬 편리하고 개성 있는 삶을 살아가게 될 것이나 나의 위치와 행위는 계속해서 기록되고 관찰되고 분석될 것이다. 인공지능 개발을 연구하는 학자로서 희망을 노래하고 인공지능이 가져올 밝은 미래를 설파해야 하나 장래 인공지능이 오용되었을 때 닥쳐올 수 있는 불행과 재난도 목소리 높여 떠들어야 하는 병 주고 약 주는 삶을 사는 것이 모든 과학자의 숙명적인 삶이 아닐까 생각한다. '이 세상에 나쁜 개는 없다'는 방송 프로그램의 제목과 같이 '이 세상에 나쁜 기술은 없다'고 우선 말하고 싶다. 그러나 앞의 말이 이 세상의 모든 개가 사람을 물지 않는다는 것을 의미하지 않는 것과 같이, 이 세상의 모든 기술이 부작용을 수반하지 않는다는 것을 의미하지 않는다. 새로운 기술은 대개 선한 목적에서 개발 된다. 이 세상이 직면한 문제를 해결하기 위해 기술은 개발된다. 다만 신기술로 풀고자 한 문제는 해결했으나 생각하지 못했던 다른 문제에 우리는 직면하게 되곤 한다. 마치 암을 치료하기 위해 개발된 약이 정상세포를 해치는 것과 같다. 인공지능 기술도 마찬가지이다. 그래서 인공지능 기술은 양날의 칼과 같다.

 그러면 인공지능이 우리에게 가져올 혜택은 무엇인가? 인공지능은 생산현장에서 자동화를 더욱 진전시켜 우리 경제의 생산성을 향상시켜 나갈 것이고, 마치 세탁기와 식기세척기가 여성의 가사노동을 줄인 것과 같이 많은 인류의 노동시간을 점차 줄여줄 것이다. 학생은 인공지능을 이용해 개별 맞춤형 학습을 해나갈 것이고 우리의 건강상태는 지속해서 관찰되고 분석되어 예방적 건강관리가 가능해질 것이다. 어쩌면 인간이 일하지 않거나 또는 현재보다 훨씬 적게 일하면서도 살아갈 수 있는 시대가 올 수도 있는 것이다. 먼 미래에 생산은 인공지능으로 작동되는 로봇이 담당하고 인간은 소비만 하며 살아가는 세상도 가능할 수 있다. 원하는 만큼 일하고 필요한 만큼 소비하는 사회, 한때 공산주의가 꿈꾸었던 유토피아에서 살아갈 수도 있다. 이런 세상이 인간의 본성에 적합한지 판단하기는 어려우나 그런 시대가 온다면 인간의 육체적 지적 생산능력의 차이에서 기인하는 빈부의 격차도 점차 완화될 수도 있을 것이다.

만약 1인 1인공지능을 갖는 세상이 온다면 그 세상은 어떤 세상일까? 모든 인간이 비서를 갖는 시대이다. 주인이 비서에게 전기를 공급해주고 노후화 되면 부품을 교체해줘야 하겠지만 이 비서는 인간보다 훨씬 능력이 뛰어난 존재이다. 무엇이든 물어보면 답을 알려주고 명령하면 수행하는 존재인 것이다. 만약 개개인이 알라딘의 지니와 같이 마법을 부릴 수는 없지만 무엇이든 물어보면 답을 찾아주는 인공지능을 갖게 된다면 어떤 일이 벌어질까? 이는 인간 사이에 존재하는 지식의 차이가 사라지는 것을 의미한다. 지식의 차이가 사라진다는 것은 더 나아가 지식의 차이에서 기인한 소득과 부의 차이가 사라지게 된다는 것을 의미한다. 육체적 능력의 차이, 지적 능력의 차이, 기술적 능력의 차이가 사라지는 평등한 사회, 즉 유토피아에서 우리는 살아가게 될 것이다. 칼의 시대에는 힘과 기술이 경쟁력의 척도였으나 총의 시대에는 힘이 더 이상 경쟁력의 척도가 아닌 것과 같은 이치이다. 총이 육체적 힘의 차이를 상당부분 상쇄시킨 것과 같이 인공지능은 지식의 독점에서 오는 생산력의 차이를 상쇄시켜 보다 평등한 사회를 만들 수도 있다. 물론 모든 총이 동일하지 않은 것 같이 모든 인공지능이 동일하지 않을 것이기 때문에 어떤 인공지능을 갖느냐가 그 사람의 생산력을 결정하게 될 수 있다. 요즈음 선진국들이 우수한 인공지능 개발에 극한 경쟁을 하는 이유가 바로 최소한 과도기적으로는 어떤 인공지능을 확보하느냐에 따라 국운이 결정될 수 있기 때문이다. 핵무기를 갖고 있는 국가와 핵무기가 없는 국가의 국제적 위상이 다른 것과 마찬가지이다.

앞의 세 글들이 자세히 소개한 것과 같이 인공지능기술이 타 분야의 지식과 결합되면서 더욱 빠르게 발전해 나가고 있고 동시에 타 분야의 기술발전도 촉진시키고 있다. 인간의 행태를 이해하기 위한 심리학 인지과학 경제학 생명과학 등 다양한 학문분야의 지식이 인공지능 개발에 융합되고 활용되면서 인공지능기술의 발전 속도가 빨라지고 깊어지는 가운데 인공지능의 확산이 독립적 인격체로서의 인간과 사회적 존재로서의 인간에 어떤 의미로 다가올지에 대한 인문사회과학적 논의도 활발히 전개되고 있다. 또한 인공지능기술이 대학과 연구소의 울타리를 넘어서 실제 여러 산업현장에 보급되어 성공적으로 활용되는 사례가 축적되고 있다. 실제로 인공지능이 제품과 서비스의 효율적 생산뿐만 아니라 새로운 제품과 서비스 개발에 활용되고 있고 교육과 예술적 창작에도 성공적으로 활용되기 시작했다. 인공지능을 유통, 제조, 건설, 금융, 제약, 바이오, 교육, 예술, 법률, 보안, 방위산업 등 전 산업에서 활용하면 생산성을 크게 향상시킬 수 있다는 것이 검증되면서 인공지능의 개발과 활용은 전 지구적 관심사로 떠올랐다. 특히 인공지능이 산업의 생산성과 국제경쟁력을 결정할 뿐만 아니라 국가의 군사력과 안보에 직결되어 미래 국가의 흥망성쇠를 결정하는 핵심기술로 받아들여지면서 선진국들의 인공지능 개발 경쟁은 더욱 치열해지고 있는 것이다.

그러나 일상에서 다양한 용도로 아주 유용하게 사용되는 칼이라는 도구가 살인에도 사용될 수 있고 2차 세계대전을 적은 희생으로 빠르게 종식시키기 위해 개발된 원자폭탄이 인류 생존의 위협요소가 된 것 같이 인공지능기술도 잘 사용되면 인류의 행복과 번영을 가져올 것이나 오용되면 인류의 파멸을 재촉할 수도 있다. 이미 인공지능이 살상무기에 활용될 수 있다는 우려, 금융자산의 거래에 활용되면서 금융시장의 안정성을 해칠 수도 있다는 우려, 인류로부터 노동의 권리를 빼앗아 갈 수 있다는 우려, 기존 산업구조의 급격한 재구조화를 통해 과도기적으로 빈부의 격차를 심화시킬 것이라는 우려, 인류가 인공지능의 감시와 통제대상이 되고 종국에는 70년 전인 1949년 출판된 조지 오웰(George Orwell)의 소설 『1984』에 등장한 전체주의적 빅브라더(big brother) 감시사회나 제레미 벤담(Jeremy Bentham)이 1700년대 후반에 제시했던 원형감옥(panopticon) 형태의 효율적 감시사회로 갈 수 있다는 우려, 지식의 편재가 가져온 인류사회의 불평등을 해소하는 계기가 될 수 있으나 축적된 데이터에 녹아 있는 인류의 기존 편견을 강화시킬 수 있다는 우려 등 많은 논란을 낳고 있다.

　양날의 칼과 같은 인공지능을 우리의 '다음 50년의 행복'을 위해서, 나아가 인류의 공존을 위해서 제대로 활용하자면 우리의 특성에 맞는 전략을 짜고 인공지능이 확산되면서 발생할 수 있는 부작용을 극복할 수 있어야 한다. 기업은 인공지능을 이용해 생산성을 향상시키고 이윤을 높일 수 있기 때문에 인공지능이 발생시킬 수 있는 사회경제적 부작용을 간과한 채 인공지능을 개발하고 활용할 유인을 갖는다. 그러나 전체 사회의 행복을 위해 정책을 결정하는 정부는 인공지능 도입의 효과성과 파생되는 부작용을 동시에 감안해서 인공지능 개발과 확산정책의 우선순위를 정하고 추진해야 한다. 민간부문의 인공지능 개발과 활용은 자율에 맡기고 장려하되 그 과정에서 나타날 수 있는 개인정보 오남용과 인권침해로부터 국민을 보호하기 위한 조치를 취해야 하고, 일자리 축소에 따른 복지제도 확충과 같은 보완적 조치를 추진해야 한다. 아울러 우리 사회가 고령화 사회로 나아가고 있음을 고려해 정부는 인공지능기술을 독거노인의 복지문제 해결에 우선적으로 활용할 수 있도록 공공부문의 인공지능투자 우선순위를 조정해 나가는 것도 필요하다. 인공지능을 현재 시점에서 우리의 상황에 적합하게 효과적으로 사용하기 위해서는 현재 우리의 사회경제적 특성, 즉 '인공지능 시대를 살아갈 우리는 누구인가?'를 먼저 파악해야 한다.

2. 인공지능시대, 우리는 누구고 우리의 장점과 약점은?

이 글에서 '우리'는 대한민국을 구성하는 모든 국민, 그들 모두로 구성된 자주적 주권을 갖는 정치사회조직으로서 대한민국을 대신하는 대명사로 사용되었다. '우리는 누구인가?' 라는 질문은 매우 모호한 질문이다. 왜냐하면 모든 생물과 사물의 실체는 특정 환경 속에서 구체화 될 수 있고, 구체화 되지 않은 대상에 대해 논의하는 것은 현실에 존재하지 않는 유령에 대해 이야기 하는 것과 같기 때문이다. 예를 들어, 오늘날 한일 간의 문제를 백 년 전 한일관계의 맥락이나 경험에서, 더 나아가 임진왜란의 경험에서 이야기하는 것은 문제해결에 도움이 되지 않는다. 기껏해야 그것은 과거에 그러했으니 오늘에도 그러할 것이라는 매우 시대착오적이거나 선동적이거나 주관적 주장에 그치기 마련이다. 왜 시대착오적인가? 과거와 현재의 사람과 환경이 다르고, 사람들의 관계로 형성되는 삶의 양태와 국가 간의 역학관계가 다르며, 그러한 관계를 규정하고 통제하는 가치관, 규범, 제도가 다르기 때문이다. 요즈음 핫한 한 단어로 표현하면 과거와 현재를 표현(representation)하는 데이터가 다르기 때문이다.

어떤 객체(object)를 표현(represent) 또는 규정(define)하는 과학적 방법으로 널리 쓰이는 것이 바로 어떤 객체의 특징(features)을 이용해 그 객체를 표현 또는 설명하는 것이다. 물론 특징만으로 어느 객체를 완전히 특정화 할 수는 없고, 그 객체의 구체화를 위해서는 특정 객체가 존재하는 시간과 장소 등 환경변수를 특정해야 한다. 동그란 눈, 작고 뾰쪽한 귀, 연분홍색의 예쁜 코, 흰색과 옅은 갈색 털이 조화를 이룬 어린 고양이 사진에 대한 우리의 인식은 언제 어디서 어떤 날씨에서 어떤 자세와 표정을 찍은 것이냐에 따라 크게 달라진다. 이러한 객체의 특정성을 전략적으로 이용하는 것이 바로 프레이밍(framing)으로서, 동일한 고양이를 이용해서 기쁨을 표현할 수도 있고 슬픔을 표현할 수도 있으며 동정심을 유발할 수도 있다. 그러면 우리를 표현하는 나의 프레임(frame)은 무엇인가? 과학적이고 미래지향적 프레임이다. 과학적이라는 것은 데이터 기반의 검증된 또는 검증가능한 지식에 근거해 오늘의 우리를 표현한다는 것을 의미하고, 미래지향적이라는 것은 우리의 행복한 미래를 이야기하기 위한 담론(프레임)을 지향한다는 것이다. 이제 우리를 규정하는 주요 특징 6가지에 대해 이야기하고, 이러한 특징이 인공지능시대에 어떤 장점과 단점으로 작용할 것인지에 대해 논의한다.

제1 특징: 우리의 강한 민족주의적 성향은 미래에 장점보다는 단점으로 작용하기 쉽다.

우리 역사에서 어쩌면 고려와 조선시대를 거치는 약 1000년의 시기를 서구의 중세에 비유할 수 있는 시대였다고 볼 수 있다. 918년 고려 건국 이후 한반도 내로 우리 생각과 국가의 틀이 고정되었고 중국 중심의 세계관에 매몰되어 드넓은 해양으로는 눈길조차 주지 않던 시기였다. 우리가 중국 중심의 세계관을 갖게 된 것은 우리의 주요 이해관계가 중국을 비롯한 한반도 북방 민족과의 관계 속에서 형성되고 유지되어 왔기 때문이다. 특히 이조 500여 년은 우리의 주요 정사가 중국과의 사대관계 속에서 해석되고 진행된 시기였고 제주도보다 가까이 있는 대마도를 해양진출의 발판으로 삼을 생각은 꿈도 꾸지 않던 폐쇄형 국가가 유지된 시대였다. 어쩌면 우리가 해양 진출을 시도하지 않은 것은 한반도를 동쪽과 남쪽에서 감싸고 있는 일본에 막혀 있었기 때문일 수도 있다. 기껏 대마도 밖으로 가봤자 일본이 있을 뿐이고 일본은 중국의 선진문명이 우리를 거쳐 마지막으로 전달되는 변방의 변방으로 인식됐기 때문에 우리는 해양진출을 생각조차 하지 않았을 수도 있다.

19세기 말에서야 중국이 세계의 중심이 아니고 중국보다 월등히 앞선 문명국가들이 많다는 사실을 깨닫고 얼마 지나지 않아 변방의 변방 국가로 여겼던 일본에게 36년이란 긴 식민 지배를 받았지만 민족적 정체성을 유지하고 항거하였으며 단군 이래 공격보다는 방어로 점철된 오랜 역사에 불구하고 여전히 오만한 선민의식이라고 보일 정도로 자긍심 높은 민족의식을 우리는 갖고 있다. 강한 민족의식은 위기에 빠졌을 때뿐만 아니라 국제경쟁에 있어서 국민역량을 결집하는 데 도움이 되기도 하나 폐쇄주의에 빠지기 쉬어 민족적 우월주의를 내세우는 정치세력에 이용되기 쉽고, 다른 민족이나 인종의 사람들을 경시하는 성향을 보이곤 한다. 제4차 산업혁명이 진행되는 현재 기술개발 경쟁력이 국가경제의 국제경쟁력과 직결된다는 인식이 확산되면서

미·중·일·러 강대국의 기술패권주의가 노골화 되고 있다. 전 세계적인 경기부진 추세가 지속되면서 영국의 유럽연합탈퇴(Brexit), 미국과 중국의 폐쇄적 자국이익 우선주의에서 볼 수 있는 것과 같이 강대국의 경제적 패권주의 또한 노골화 되고 있다. 특히, 인공지능이 제조업 혁신을 가속화 시켜 국가경쟁력 향상에 기여한다는 인식이 확산되면서 미·일·중·러·유럽의 인공지능 기술개발 및 활용 경쟁이 치열해지고 있다. 이러한 대립과 경쟁의 시대에 우리의 기술적 자립과 우위를 확보하기 위해 내적 역량을 결집하는 데 있어서 강한 민족적 정체성은 긍정적으로 작용할 수도 있으나, 전통 제조업체가 제조업에서의 경쟁력을 기반으로 서비스 플랫폼 기업으로 전환해 나가는 제4차 산업혁명 시대에 덩치가 작은 국가인 우리가 추구해야할 가치는 다양성과 개방이지 민족적 우월성이나 폐쇄가 아니라는 점에서 우리의 핏속에 짙게 녹아있는 민족주의 정서를 완화시켜야지 강화시켜서는 안 된다.

제2 특징: 빈약한 부존자원, 협소한 국토, 높은 인구밀도의 국가로서 폐쇄적 자급자족 경제체제의 실현이 불가능하고 미래에도 기술개발로 극복해야 할 단점이다.

2019년 우리 인구는 약 5천170만으로 세계 17위이고, 우리가 실효지배 중인 국토는 휴전선이남 한반도와 그 부속도서이다. 인구밀도는 1평방킬로미터(km2) 당 약 511명(2016년)으로 세계 15위이고, OECD 국가 중에서는 1위이다. 한마디로 우리나라는 국토면적 대비 인구비

율이 높은 국가로서, 상대적으로 인적 자원이 부존자원보다 훨씬 풍
부한 국가이다. 우리나라의 풍부한 부존자원이 텅스텐과 시멘트의
원료가 되는 석회석에 불과하다는 것은 잘 알려진 사항이고 석탄, 철
광석, 석유, 천연가스 등 중요한 자원과 에너지는 거의 대부분 수입되
고 있다. 이는 우리 경제가 농산물을 포함에서 우리 땅에서 생산된
것으로만 소비하며 살아가는 폐쇄적 자립경제체제를 구현할 수 없다
는 것이다. 만약 폐쇄경제를 추구한다면 우리의 소득수준은 얼마로
떨어질까? 쉽게 답할 수 있는 질문은 아니나 북한의 경제수준이 하나
의 준거기준이 될 수 있다. 부존자원이 북한에 많고 북한 인구가 우리
의 약 절반수준임을 고려할 때 폐쇄경제 체제에서 우리의 평균적 소
득 수준은 북한보다도 훨씬 낮은 수준이 될 수도 있다. 물론 시장경제
체제가 유지된다면 생산성이 북한보다는 높을 것이니 1인당 소득수
준은 북한과 비슷한 수준에 불과할 것이라고 추측해 볼 수도 있을 것
이다. 요지는 우리 국토의 특징을 감안할 때 우리 경제가 폐쇄적 자급
자족 경제체제를 지향해서는 안 된다는 것이다.

사실 우리 경제의 제2 특징은 이미 잘 알려진 사항으로서 전혀 새
로운 것이 아니나 많은 정치경제 논쟁에서 간과되곤 했던 사항이다.
특히, 일부 논객들은 조금 가난하게 살면서 강대국 눈치 보지 않고
'자주적' 정치경제체제로 살아가는 것이 좋다는 주장을 한다. 그러나
그러한 주장은 정말로 우리를 모르는 몽상일 뿐이다. 높은 인구밀도
통계에서 알 수 있듯이 우리 경제에서 국토는 상대적으로 부족할 뿐
만 아니라, 이용가능한 농지는 자급자족 경제에서 우리 인구를 부양

할 만큼 넓지도 않다. 우리 국토에서 농지가 차지하는 비중은 국토의 약 20% 수준으로서 5천2백만 인구의 생존에 필요한 식자재를 생산할 여건이 안 된다는 것이다. 즉, 우리 농업이 모든 국민의 생계를 해결하고 일자리를 충분히 제공할 수 있을 만큼 농지가 넓지도 비옥하지도 않은 것이다. 우리 경제의 지속적인 발전을 위해서는 기술개발, 특히 인공지능 바이오 기술 신소재 등 첨단기술의 개발과 활용을 통해서 신산업을 창출하고 우리 경제의 경쟁력을 강화시켜 나가야 한다. 우리 경제의 태생적 한계는 극복의 대상이지 순응의 대상이 아닌 것이다.

제3 특징: 에너지와 자연자원 수입에 필요한 외화 조달을 위해 수출을 해야만 하는 국가로서, 이는 미래에도 바뀌지 않는 우리의 제약조건이다.

에너지는 모든 생명체의 생존과 번식에 반드시 필요할 뿐만 아니라 기업의 생산 활동 및 국가경제의 유지와 성장에도 꼭 필요한 자원이다. 2016년 기준으로 우리가 소비하는 총 에너지 소비량에서 수입된 에너지 비중을 나타내는 에너지 수입의존도는 94.7%로 매우 높은 상황이고 국내생산 에너지가 전체 에너지 소비량에서 차지하는 비중은 5.3%에 불과하다. 2016년 에너지 수입금액은 809억4천만 달러로서 같은 해 총 수입금액의 약 20%를 차지했고, 현재 우리나라 5대 수입품목의 3가지가 원유(1위), 천연가스(3위), 석탄(5위)일 정도로 에너지

해외의존도가 높은 상황이다. 결국, 제품이나 서비스 수출을 통해서 에너지, 원자재, 부품소재, 자본재 수입에 필요한 충분한 외환을 조달하지 못하면 우리 경제는 1997년 외환위기에서 경험한 것과 같이 급격한 소득감소, 산업구조 조정과 일자리 감소를 경험할 수밖에 없다. 즉, 우리에게 수출을 통해 적정 규모의 외환을 안정적으로 확보하는 것은 긴요하며, 우리의 임금수준이 국제수준에 도달한 지금 수출경쟁력 확보를 위해서는 연구개발투자 확대를 통한 기술 및 산업 경쟁력 확보와 개방적 교역환경 유지가 필수적으로 요구되고 있다.

불행히도 현재 세계경제 환경은 브렉시트와 미중 무역 갈등에서 나타난 것과 같이 개방보다는 폐쇄적 성향이 강화되는 방향으로 나아가고 있다. 세계경제의 침체가 지속되면서 이러한 폐쇄주의적 추세는 오랜 기간 지속되는 가운데 더욱 강화될 것으로 보인다. 우리 경제의 미래에 가장 큰 위협의 하나는 이러한 우리의 태생적 제약조건이 외부 국제정치경제환경의 변화와 맞물려 우리의 개방성 유지와 자주적 국제관계 설정이 크게 제약받는 상황에 직면하게 되는 것이다. 강대국의 물리적 경제적 힘에 근거한 자기편 줄 세우기에 직면해 우리의 자율성을 조금이라도 더 확보하기 위해서는 경제적 기술적 역량을 키워나가면서 외교적 역량 또한 강화해 나가야 한다.

제4 특징: 작은 경제규모로 인해 데이터 식민지화 될 수 있고 한글 사용 경제로서 국제적 플랫폼 서비스 기업이 등장하기 어려우나 제조업의 플랫폼 기업화는 가능하다.

과거 우리의 제조 기업은 표준화된 제품을 대량생산함으로써 생산원가를 낮추었고, 이를 통해서 국제경쟁력을 확보하고 품질향상을 통해서 삼성 현대 포항제철과 같은 국제적 브랜드를 구축할 수 있었다. 포스코는 철광석과 유연탄을 외국에서 수입해 철강과 철강제품을 생산한다. 철광석은 주로 호주와 브라질에서, 유연탄은 호주 인도네시아 중국에서 수입한다. 그러면 포스코는 '거의 대부분의 원료와 에너지를 해외에서 수입해 가공생산하면서 어떻게 국제경쟁력을 유지하면서 이윤을 남기고 성장해올 수 있었는가?'라는 질문에 직면하게 된다. 만약 포스코가 설립 초기에 국내 철강수요만을 생각해서 공장을 지었다면 포스코는 지금까지 존재하지 못했을 것이다. 포스코를 건설할 때 미국수출입은행에서 차관을 못 들여 온 것은 바로 포스코를 국내용으로 짓느냐 내수 및 수출용으로 짓느냐는 선택 문제와 직결되어 있었다. 미국국제개발처(AID)는 "철을 생산하는 것보다 수입하는 것이 경제적(p.21)"이라고 평가했고 당시 세계은행은 우리나라가 종합제철소 건설보다는 기계공업발전에 우선해야 한다는 제안을 했었다(포스코 50년사, p.50). 한편으로는 철강이 산업화 과정에서 필요한 기본소재이기는 하나 거의 모든 원료를 수입해서 제품을 생산하면서 국내소비량을 훨씬 능가하는 생산 공장을 짓겠다는 기획안에 대해서는 경제성이 없다고 판단했던 것이고, 다른 한편으로는 포항종합제철이 계획대로 진행될 경우 국제 철강시장에 교란이 발생할 것이란 선진국 제철기업의 견제심리가 작동하고 있었다. 결국 지속가능성이 없다는 명분과 견제심리로 인해 미국과 국제기구로부터 차관을 도입해 포스코 건설에 필요한 자금을 확보하려는 노력은 실패했다(이대환, 2016). 결국 포스코 건설계획은 무산될 위기에 처했고 박태준 회장과 박정희 대통령은 한일청구권자금을 이용해 국제경쟁력을 갖출 수 있는 규모와 시설로 포스코를 건설했으며, 포스코는 1973년 포항 1고로에서 철강생산을 시작한 이후 바로 수출을 시작해 1974년 1억불 수출액을 달성했고 흑자를 내기 시작했다. 포스코가 생산시작과 함께 수출을 할 수 있었던 것은 국제 가격경쟁력을 확보할 수 있었기 때문이었고, 국제 가격경쟁력을 확보하기 위해 박태준 회장이 103만 톤 조강생산 규모의 일관제철소를 건설하는 기획안을 수많은 국내외의 반대 의견에 불구하고 관철시켰기에 가능한 것이었다. 이후 꾸준한 기술혁신과 시설투자, 경영효율성 향상을 통해서 포스코 창업 50년이 지난 현재 우리나라는 OECD 국가 중 일본과 미국에 이어서 조강 생산능력 3위를 유지하고 있고, 포스코는 국제 경쟁력을 갖춘 100년 기업을 향해 나아가고 있다. 포스코가 성공적으로 국제경쟁력을 갖춘 제철산업을 우리나라에서 일으킴으로써 전에는 존재하지 않던 새로운 일자리가 창출됐을 뿐만 아니라 수출로 벌어들인 외화는 경제성장에 필요한 타 산업의 원자재와 자본재를 수입하는 데 사용됨으로써 우리나라 경제발전의 초석이 되었다. 기적과 같은 포스코의 성공에는 여러 요인이 있었으나 세계시장에서 경쟁할 수 있는 제품원가를 확보하기에 충분한 생산규모를 확보한 것이 가장 긴요한 요인이었다고 할 수 있다.

우리나라는 경제발전과 함께 지난 60여년 동안 인구와 소득이 증가하면서 내수시장의 크기가 꾸준히 성장해 왔으나 여전히 규모의 경제효과를 충분히 확보할 수 있을 만큼 내수시장이 크지 않다. 남북한이 통일될 경우 7천8백만 인구규모가 되어 세계 13위 국가로 네 단계 상승하나, 2018년 북한의 1인당 국민소득이 약 143만원으로서 남한의 3천679만원과 비교할 때 약 3.9% 수준에 불과하고 국민총소득(GNI)으로 비교한 경제규모에서는 남한의 1.9%에 불과해서 남북한 통일이 된다고 해도 우리 경제의 내수시장 규모가 단기간에 크게 성장하지는 않을 것으로 보인다.

2018년 남북한 통합 경제규모(GNI)비교

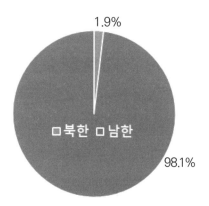

우리의 작은 경제규모는 제조업 시대에는 규모의 경제 효과를 제한하는 요인이었고, 정보통신산업시대에는 직간접적 네트워크 효과를 제한하는 요소로 작동하였다. 이용자 숫자가 증가하면서 기존 고객과 잠재 고객이 해당 서비스로부터 얻는 가치나 만족감이 더욱 증가

해 서비스 이용자 숫자가 증가하게 되는 선순환 효과가 인터넷 시장에서는 흔히 발생하고, 이러한 효과를 직접네트워크 효과라고 한다. 전화서비스 가입자가 증가하면 전화기를 가진 사람은 더 많은 사람과 통화를 할 수 있기 때문에 전화서비스의 가치가 증가하고 보다 많은 사람이 전화 서비스에 가입할 유인을 갖게 되는 것이 직접네트워크 효과의 좋은 사례이다. 간접네트워크 효과는 상호 의존관계에 있는 둘 이상의 소비자 집단이 플랫폼을 중심으로 연계되면서 어느 집단의 숫자가 커지면 다른 집단의 해당 플랫폼에 대한 인지된 가치가 커지는 효과를 의미한다. 흔히 간접네트워크 효과의 사례로 이용되는 것이 바로 신용카드 시장이다. 신용카드 이용자가 많아지면 보다 많은 판매자(가맹점)가 신용카드를 지불수단으로 받아줄 유인을 갖게 되고, 보다 많은 카드 가맹점이 생기면 보다 많은 이용자가 물건을 살 때 신용카드를 이용할 수 있게 되어 신용카드 회원이 증가하게 된다. 같은 효과가 나이트클럽 비즈니스에서도 나타난다. 나이트클럽은 상호 보완관계에 있는(?) 여성과 남성이 나이트클럽이란 플랫폼을 통해 만날 수 있게 해주면서 플랫폼에 모인 남자와 여자에게 술을 팔고, 필요시에는 회비를 받아 플랫폼 운영비용을 회수하는 사업으로서 간접네트워크 효과를 극대화하여 이윤을 증가시킨다. 이러한 간접네트워크 효과를 강화하기 위해 여성에게는 입장료를 받지 않고 경우에 따라서는 무료 음료까지 제공하기도 한다. 여성 이용자가 증가하면 남성 이용자들은 자연히 나이트클럽을 방문할 유인이 생기고 남성 이용자의 지불 의사도 증가하기 때문이다.

직간접 네트워크 효과가 존재하는 산업에서는 상호 의존관계에 있는 이용자나 고객을 많이 확보한 플랫폼은 더욱 번창하는 반면, 이용자 기반이 작은 플랫폼은 쇠퇴해 시장에서 퇴출되기 마련이다. 따라서 직간접 네트워크 효과가 있는 시장에서는 시간이 지나면서 자연스럽게 경쟁을 통해 독과점적인 시장구조가 나타나게 된다. 네이버 다음 구글 같은 기업이 경쟁하는 인터넷 포털 시장은 직간접 네트워크 효과가 모두 존재하는 플랫폼 서비스를 이용자에게 제공하는 시장으로서 시장구조가 독과점적인 형태를 보이기 마련이고 실제 국내외 시장에서 그러한 모습이 나타나고 있다. 세계경제가 제조업 중심에서 정보통신기술 기반의 서비스업 중심으로 전환되는 과정에서 구글(Google) 페이스북(Facebook) 넷플릭스(Netflix) 같은 플랫폼 사업자는 전 세계 소비자를 대상으로 빠르게 성장해 가고 있으나 네이버 카카오 옥수수 같은 국내 플랫폼 기업은 국제시장으로 진출하기는 고사하고 국내시장을 방어하기도 버거워하는 처지에 있다.

　제조업 시대에는 규모의 경제 달성을 위한 대규모 투자를 통해서 협소한 국내시장의 한계를 극복했으나 정보통신산업시대에 국내 인터넷 플랫폼 기업은 국제시장 진출에 실패했다. 정보통신산업시대는 미국이 세계시장을 주도했고, 유럽도 구글과 페이스북에 점령당했다. 그러나 우리나라는 방어에 성공했고 비록 페이스북과 트위터 시장은 내주었으나 우리의 토종 포탈인 네이버와 카카오 톡과 내비 같은 검색엔진, 문자서비스, 길안내(navigation) 서비스는 시장에서 1위를 유지하고 있다. 그러면 제4차 산업혁명 시대에 우리는 '작은 내수시장의 한계를 극복한 글로벌 기업을 만들어낼 수 있을 것인가?'란 질문을 하게 된다. 이 질문에 대한 필자의 답은 '그렇지 못할 것이다'라는 부정적인 것에 그치지 않고 우리가 성공적으로 인공지능을 개발하고 활용하지 못하면 우리는 제4차 산업혁명시대의 기본 원료인 데이터를 선진국에 제공하고 선진국이 개발한 인공지능 서비스를 소비하는 데이터 식민지로 전락할 수 있다는 것이다. 이미 영국 독일 프랑스를 비롯한 유럽의 선진국은 인터넷 포탈산업에서 미국의 식민지가 되었다. 인터넷 포털시장에서 구글이 1위 사업자가 아닌 국가는 정부가 규제하고 있는 중국과 러시아를 제외하고는 전 세계에서 우리나라가 유일하다.

미국 워싱턴대학의 페드로 도밍고스 교수는 "인공지능이 우리가 도착하려는 행성이라고 할 경우 기계학습은 로켓에 해당하고 빅 데이터는 이 로켓의 연료에 해당 한다"는 비유를 통해서 빅 데이터와 인공지능의 관계를 설명했다. 인공지능을 훈련(학습)시키기 위해서는 많은 데이터가 있어야 함을 강조한 것이다. 따라서 나라가 작으면 데이터의 양도 적고, 인공지능 개발에 있어서 데이터가 많은 국가에 비해 뒤쳐질 수밖에 없다. 중국이 인공지능 개발에 있어서 미국과 경쟁할 수 있게 된 중요한 이유의 하나가 바로 가용 데이터가 많다는 점이다. 구글의 알파고 개발 과정에서 알 수 있듯이 알파고 제로가 나오자 이전에 개발되어 이세돌과 경쟁했던 알파고 리는 의미 없는 존재가 되어 버렸다. 결국 인공지능은 일단 개발 되면 거의 무한 복제가 가능하기 때문에 인공지능시대에는 정보통신산업시대보다 훨씬 더 큰 쏠림현상이 산업계를 지배할 것이다. 그 결과 적은 양의 데이터를 생성하는 작은 국가는 데이터를 큰 국가에 제공하고 큰 국가에서 사용되던 덜 떨어진 인공지능 서비스를 사용하는 식민지로 전락하게 되는 것이다. 과거 산업혁명시대에 식민지는 자연자원을 제공하고 그 대가로 공산품을 수입하였는데 미래에도 이와 유사한 국제적 종속관계가 재현될 수 있는 것이다.

앞서 논의한 것과 같이 제조업 시대에 우리는 좁은 국내시장을 넘어 세계시장에서 태극기를 휘날렸으나 정보통신산업시대에는 국제시장 진출은 모두 실패하고 간신히 국내시장을 지킬 수 있었다. 그 원인은 무엇일까? 한글기반에서 기인한다고 본다. 제조업에서 삼성 현대 포스코가 세계적 기업으로 성장한 것과 같이 네이버나 카카오와 같은 국내 플랫폼 산업의 강자가 글로벌 기업으로 성장해 나가기 어려운 것은 한글 사용 플랫폼이기 때문이다. 제품은 표준화 및 자동화되어 있기 때문에 사용자가 편리하게 사용할 수 있도록 디자인만 신경 쓰면 어느 국가에서든 잘 팔려 나간다. 그러나 검색이나 지식 플랫폼은 언어가 다르면 다시 제작되어야 하고 이용자가 자기의 언어로 참여하기 때문에 언어적 한계를 뛰어넘기 매우 어렵다. 방탄소년단, 강남스타일, 영화와 드라마 등 우리의 문화상품이 세계시장을 휩쓸고 있는데, 이러한 문화상품에는 이미 영어가 많이 사용되고 있고 영상 콘텐츠는 국내제작물 자체보다 콘텐츠의 각본이나 얼개(format)가 수출되는 경향을 볼 때 플랫폼 서비스에서 언어의 중요성은 매우 크다고 할 수 있다. 궁극적으로 플랫폼 사업의 크기는 이용자 숫자에 의해 결정되나, 한글기반 플랫폼은 한국인으로 고정되어 현재와 미래의 플랫폼 서비스 경쟁에서 극복하기 어려운 제약조건에 직면해 있는 것이다.

　그동안 플랫폼 서비스 경쟁은 정보통신산업에서 주로 나타나는 현상이었으나 이미 오래전부터 제조업 부문으로 확장되어 왔다. 인공지능을 활용한 스마트 공장시스템의 도입이 확산되면서 자동차 조선 항공 철강 등 전통 제조업의 많은 강자들이 디지털화와 플랫폼 서비스 기업화를 추진해 왔다. GE(General Electric)는 이미 10년 전 실리콘밸리에 GE 소프트웨어센터를 설립했고 예방적 기계관리와 기계장치운용 최적화를 통해 산업 데이터분석 기업으로 전환을 시도해 왔다. 2009년 자체제작 항공기 엔진에 센서를 부착해 정보를 모으기 시작했고 모아진 데이터를 분석하기 위해 클라우드 기반의 프리딕스(Predix) 플랫폼을 구축해 운영하고 있다. 이 플랫폼을 통해 데이터가 동태적으로 모아지고 예측과 최적화를 통한 분석결과를 항공사에 제공해 항공사가 비행기 연착이나 지연 없이 운행할 수 있도록 지원하고 있다. 이와 같은 제조업의 플랫폼 기업화는 항공에 그치지 않고 조선 분야의 디지털 쌍둥이 선박(digital twin ship) 사업 등의 형태로 확산되어 가고 있다. 우리나라의 경쟁력 있는 제조업 분야 기업이 제조업에서의 시장점유율을 기반으로 국제적 플랫폼 서비스 기업으로 전환해 나가는 데는 성공할 가능성이 있으나 디지털 플랫폼 서비스 개발에서 독일과 미국 등 서구선진국에 뒤쳐져 있어 미래가 밝지는 않은 상태이다. 전통 제조업의 플랫폼 기업 전환이 성공하기 위해서는 좋은 성능의 인공지능을 활용한 데이터 분석과 예측이 필요하고, 동태적 정보처리를 통한 예방적 유지보수 서비스 제공이 가능해야 한다. 정보통신산업분야와 달리 인공지능 기술을 활용한 제조업의 디지털 플랫폼 기업전환에서는 다양한 소비자로부터 정보를 획득하는 것이 아니기 때문에 우리의 태생적 제약요인을 극복할 수 있는 유일한 분야일 수도 있다.

제5 특징: 고학력 인적자원의 초과 공급이 지속되고 있다.

전통적으로 유교문화의 영향을 강하게 받은 우리나라에서는 교육이 계층이동의 사다리로 인식되어 왔고 대체로 그렇게 작동되어 왔다고 볼 수 있다. 만약 교육이 계층이동의 사다리로 작동되지 않는 사회였다면 오랜 시간 동안 우리나라에서 높은 교육열이 유지될 수 없었을 것이다. 우리나라 대학진학률은 1980년 27.2%였으나 2000년 68%로 상승했고 2008년에는 83.8%까지 높아진 이후 하락세로 전환되어 2019년 입학기준으로 76.5%를 기록한 상태이다. 높은 교육열로 인해 고학력 인적자원이 풍부한 상태이나 우리의 현재 경제는 고학력 인적자원에게 충분한 일자리를 제공하지 못하고 있다. 15세에서 29세 사이 젊은이들 실업률(청년실업률)은 10%를 초과하는 높은 상황인데, 중소기업의 인력 부족율은 2017년 조사에 따르면 4.5% 수준으로 인력난에서 벗어나지 못하고 있다. 특히 중소기업이 인력부족 상황을 직군별로 보면 사무직은 1% 이하로 낮은 반면 영업마케팅직과 일반서비스직은 높은 상황이고, 인력부족의 원인으로는 '근무여건 열악'과 '취업지원자 없음'인 것으로 나타났다. 즉, 우리나라 노동시장에서 노동 수요와 공급 사이의 괴리(mismatch)가 높은 상황이다.

우리 경제가 현재 직면한 고학력 인적자원의 초과공급 현상은 당면한 문제이나 점차 심화되어 가는 인공지능 기반의 플랫폼 경제시대에는 중장기적으로 우리 경제의 장점으로 작용할 수 있다. 고학력자는 저학력자보다 신지식과 소프트웨어 기술 습득에 있어서 보다 탄력적이고 민첩하기 때문에 단기간 재교육을 통해 신기술 및 신규 서비스 개발에 투입될 수 있기 때문이다. 특히 인공지능 활용이 사회와 경제의 전분야로 확산되면서 다양한 전공의 인력이 인공지능 기술을 습득해 각 분야의 기술혁신과 생산성 향상을 이끌어 나가기 위해서는 고학력 인력이 절대적으로 필요한 상황임을 고려할 때 현재 인력에 대한 과잉투자가 미래에는 현명한 선행투자로 평가될 수 있을 것이라 생각된다.

제6 특징: 상대적으로 높은 연구개발투자와 뛰어난 통신네트워크를 유지하고 있다.

우리는 전후(戰後) 빈약한 산업시설마저 모두 파괴된 상황에서 부족한 자본을 경제발전 파급효과가 큰 산업에 집중 투자하는 불균형 성장전략을 추구해 왔고, 불균형 성장전략은 우리 경제의 발전에 기여한 성공전략의 하나로 평가되어 왔다. 과거 산업화 기간에 우리의 연구개발투자는 소재 전자 자동차 조선 기계 화공 등 기간 중화공업육성에 초점이 맞추어져 있었다. 이후 선진국을 따라잡고자 기술개발투자를 지속했고 학계 연구소 산업계를 연계한 국가연구개발체계를 고도화해 왔다. 유네스코 통계에 의하면 2017년 기준으로 연구개발투자 지출(R&D expenditure)이 국내총생산(GDP)에서 차지하는 비중에 있어서 우리나라(4.55%)는 이스라엘(4.57%)에 이어 세계 2위를 차지했고, 2018년에는 세계 1위로 올라섰을 뿐만 아니라 절대 투자금액에 있어서도 세계 5위를 차지할 정도로 많은 자금을 기술개발에 투자하고 있다. 2017년 경제규모에서 1위~4위 국가는 연구개발투자금액에서도 동일한 순서를 유지했으나 경제규모에서 세계 12위의 우리 경제는 5위(영국)부터 11위(러시아) 사이의 국가를 모두 제치고 연구개발투자금액에 있어서 세계 5위를 기록한 것이다. 이러한 추세는 지속되고 있고 비록 연구개발투자의 생산성을 높여야 한다는 지적이 제기되고는 있으나 분명히 향후 우리 경제의 미래를 밝게 하는 우리의 장점이다.

제1차 산업혁명이 시작된 이후 현재까지 지난 270년을 개관해볼 때 분명한 사실의 하나는 기술발전 역량이 국가의 흥망성쇠를 결정한다는 것이다. 신기술 개발로 신산업 창출과 고용창출이 가능했다. 이러한 추세는 3만3천여 개의 기업을 대상으로 한 연구개발투자지출과 광고비용 지출의 변화에서도 잘 보고되어 있다(HBR, 2019.05). 이 연구보고서에 따르면 1975년 이후 광고 비용지출이 1980년대 말까지 기업 총 지출액의 1% 수준을 유지하다가 점차 그 비중이 줄어 2017

연구개발투자금액과 국내총생산 비중

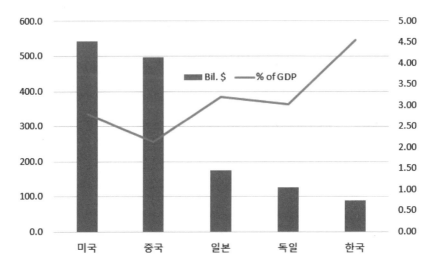

년 0.8% 수준까지 하락한 반면, 연구개발투자지출의 비중은 1970년
대 후반까지 광고비 지출보다 적은 1% 미만이었으나 이후 지속적으
로 증가해서 이제는 7%를 초과하고 있다는 것이다. 조사대상 기업을
유통업(retail), 제조업(manufacturing), 기술(technology)산업으로 분
류해 계산을 했을 때, 유통업은 총 지출액의 2~3%에 해당하는 연구
개발투자를 지난 35년 동안 지속한 것으로 나타나 3가지 산업 중에
서 가장 기술 및 비즈니스 혁신에 둔감했던 것으로 평가되었고, 바로
이와 같은 이유로 아마존과 같은 신유통사업자의 경쟁에 대응을 못
하고 있는 것으로 언급되고 있다. 제조업자들은 광고비 지출 비중은
높이지 않으면서 연구개발투자 비중은 지속적으로 높여 5% 수준을
유지하고 있고 지난 35년간 계속해서 기술 및 비즈니스 혁신을 해온

것으로 평가되었다. 기술산업 기업들은 1995년 이후 연구개발투자비중을 10% 이상 유지한 반면 광고비용은 1% 미만을 유지하고 있는 것으로 조사되었고, 과거 30년간 가장 활발하게 혁신과 신제품과 서비스 개발을 주도하고 있는 것으로 평가되었다. 이 연구보고서의 재미난 이야기의 하나는 애플 알파벳(구글) 마이크로소프트 세 기업의 비교이다. 애플은 초창기 광고비 지출이 연구개발투지지출을 초과하다 1990년대 초반 이후 연구개발투자지출이 광고비 지출을 초과하기 시작한 기업이다. 즉, 애플의 경영전략이 바뀌면서 초 일류기업의 하나로 성장하게 된 것이다. 나머지 두 개 기업은 모두 지속해서 연구개발투자지출이 광고비 지출을 크게 초과한 기업으로서 오늘날 세 기업이 세계적 기술기업으로서 성장하게 된 주원인은 바로 연구개발에 대한 지속적 투자라는 것이다.

우리나라는 1960년대 전반 경제개발을 시작하면서 인력양성, 연구와 기술개발, 연구개발 정책 수립과 집행을 담당하는 국가연구개발체제를 구축하기 시작하였다. 경제개발 초기인 1965년 식량이 부족했지만 해외원조자금의 일부를 이용해 첫 과학기술연구소인 KIST(Korea Institute of Science and Technology)를 설립했고 우수 해외인재를 유치하기 위해 해외수준에 맞춘 봉급과 주택 등 특혜를 제공했었다. 1971년에는 서울대를 비롯한 여러 국내 대학의 반대에 불구하고 과학기술인재양성에 특화된 한국과학기술원(KAIST)을 설립하고 우수인재를 유치할 수 있도록 학비 전액장학금, 생활비 제공, 군역면제 등 파격적인 혜택을 제공했으며 아직까지 그 정책을 유지하고 있다. 이와 같은 연구개발 하부구조를 구축하면서 동시에 연구개발투자지출을 지속해서 증가시킴으로서 현재는 국내총생산 대비 연구개발투자지출 비중이 이스라엘을 제치고 세계 1위로 올라서게 되었고, 이러한 노력은 제4차 산업혁명시대 중장기에 걸쳐 큰 장점으로 작용할 것으로 예상된다.

현재 시점에서 우리를 규정하는 또 다른 중요한 특징이자 장점의 하나는 우수한 인터넷을 갖고 있다는 것이다. 해외에 나가면 우리나라의 장점이 보인다고 하는데 해외 어느 나라를 가든 갈 때마다 우리 인터넷이 얼마나 빠르고 잘 연결되는지 감탄하게 된다. 우리나라는 2019년 상반기 세계 처음으로 사물인터넷의 1세대라 할 수 있는 차세대 인터넷(5G) 상용서비스를 시작했고 5개월 만에 5G 가입자가 이동통신서비스 가입자의 4.7%를 차지하게 되었다. 이전의 인터넷이 사람과 사람, 사람과 기업, 기업과 기업을 연결하는 인터넷이었다면 사물인터넷은 이러한 연결성을 인간의 생활환경을 구성하는 모든 사물까지 확장하기 때문에 기존 인터넷의 종결자이자 사물인터넷의 시조가 될 것으로 보인다. "인공지능이 우리가 도착하려는 행성이라고 할 경우 기계학습은 로켓에 해당하고 빅 데이터는 이 로켓의 연료에 해당 한다"는 페드로 도밍고스 교수의 비유에 하나를 더하면, 5세대 인터넷은 빅 데이터를 실시간으로 제공하는 기반이 될 것이기 때문에 기계학습이란 로켓의 발사대(launch pad)에 비유될 수 있다. 우리는 인공지능을 활용하여 다양한 서비스를 개발하고 제공할 수 있는 네트워크 기반을 갖고 있고 세계 어느 국가보다 빨리 보강하기 시작했다는 점에서 큰 장점을 가졌다고 할 수 있다.

우리의 장점과 약점 요약

'인공지능시대, 우리는 누구인가?' 이 질문에 대한 답을 통하여 인공지능시대 우리의 장점과 단점에 대해 지금까지 이야기하였다.

가장 큰 장점은 인공지능시대 가장 중요한 데이터를 모으는 기반이 될 5세대 네트워크가 다른 국가보다 앞서 구축되기 시작했다는 점이고, 그 다음 장점은 아직 뚜렷한 성과가 가시화 되지는 않고 있으나 우리의 덩치에 비해 높은 연구개발투자지출 비율을 유지하고 있다는 것이며, 세 번째 장점은 고학력 인적자원이 풍부하다는 점이고, 네 번째 장점은 국제적 경쟁력을 확보한 제조 기업이 아직 건재하기 때문에 이들이 플랫폼 기업으로의 전환에 성공하면 우리는 제4차 산업혁명시대에 재도약이 가능할 수 있다.

가장 큰 단점은 경제규모가 작고 한글을 사용하는 국가로서 플랫폼 서비스를 글로벌 차원에서 제공하기 어렵다는 것이고 통일이 된다고 하더라도 제조업 분야 외에서는 별로 도움이 안 될 수 있다는 것이다. 두 번째 단점은 에너지를 비롯한 주요 자연자원과 농산물을 해외로부터 수입해야만 생존이 가능한 해외의존도가 높은 경제체제로서 수출을 통해 수입에 필요한 외환을 벌어 와야 한다는 것이다. 특히 4대 강국의 경계에 위치해 우리끼리만 잘살자는 폐쇄주의적 태도로는 생존이 불가능하고 개방적 정책을 지속해야 한다는 것이다. 끝으로 우리의 뿌리 깊은 순혈주의에 기반을 둔 민족주의적 성향은 제4차 산업혁명시대에 우리가 지향해야할 다양성, 개방성의 가치와 상충되기 때문에 극복해야만 할 과제이다.

3. 또 다른 지능, 우리는 새로운 변곡점에 서 있다

자연지능인 우리와 다른 인공지능이 우리 생활 속으로 한 발짝 한 발짝 다가오고 있다. 이미 자연지능인 인간의 능력을 뛰어넘은 사례가 많이 보고되고 있다. 구글의 딥마인드가 개발한 알파고가 이세돌을 꺾고 알파고 마스터가 커제를 꺾고 알파고 제로가 알파고 마스터를 꺾은 이후 알파고 제로는 인간의 바둑계를 떠났다. 2019년 8월 29일 제1회 법률 인공지능 컨퍼런스가 우리나라 서울에서 개최되었고, 한편에서는 2명씩으로 구성된 12개 팀이 근로계약서를 검토하는 경진대회가 개최되었다. 변호사 1명과 인공지능으로 구성된 2팀, 일반인 1명과 인공지능으로 구성된 1팀, 변호사 2명으로 구성된 9개 팀, 총 12개 팀이 경쟁한 결과 인공지능과 변호사로 구성된 두 팀이 1, 2위를 차지했고 인공지능과 일반인으로 구성된 팀이 3등을 차지했다. 이 사례가 우리게 던지는 의미는 인공지능이 생산과 유통과정의 최적화와 자동화에서 벗어나 우리의 일상생활에서 인간과 함께 일할 수 있고 생산성을 높일 수 있다는 것을 보여준 것이다. 이제 우리는 우리와 다른 지능과 공존공생하며 살아가는 세상으로 들어가고 있다. 이 시점에서 다음 50년의 행복을 위해 인공지능과 함께 살아갈 방향을 탐색하기 위해서는 앞서 논의한 특성을 지닌 우리가 어떤 상황에 있는지 먼저 이해해야 한다. 우리가 직면한 문제, 나아가 인류가 직면한 문제를 해결하는 데 인공지능을 활용하기 위해서는 우리가 어디에 있는가를 알아야만 하기 때문이다. 우리는 현재 다양한 차원에서 변곡점에 서 있다. 이제 하나씩 이야기해 보자.

인구구조가 변하고 있다. 우리의 적정인구 규모에 대한 관점이 변할 시점이다!

우리나라 인구성장률은 아직은 작지만 증가세를 유지하고 있으나 2029년경부터 총 인구 감소가 시작될 전망이다. 인구구조에서 14세 이하 유소년 인구는 꾸준히 감소하는 반면 65세 이상 고령인구 비중이 빠르게 증가하면서 그 사이에 있는 15세 이상 64세 이하 사이의 생산연령인구는 감소추세를 오랜 기간 지속할 전망이다. 따라서 유소년 인구를 생산연령인구로 나눈 부양비율은 정체상태를 보일 것이나 고령인구 부양비율이 빠르게 상승하면서 총 부양비가 2056년 100%를 초과할 전망이다. 부양비 100%는 평균적으로 생산연령인구 1명이 누군가 1명을 부양해야만 하는 사회, 즉 한 사람이 일해서 두 사람이 먹고 살아야 하는 사회가 된다는 뜻이다. 물론 생산연령인구가 모두 생산 활동에 참여하는 것이 아니기 때문에 실제 부양비는 더욱 높다. 그때의 삶이 어떨 것인지 부양비 통계로는 실감하기 어렵다. 어려운 경제상황에 있는 우리의 현재 부양비와 비교해 보면 대충은 그때의 삶이 어떨지 상상해 볼 수 있을 것이다. 2017년 우리나라의 총 부양비는 36.7%로서 현재는 평균적으로 대략 세 명이 한 명을 부양하고 있는 것이 된다. 고령층이 증가하면서 경제의 활력과 성장이 더욱 둔화되기 마련인데 1명이 1명을 평균적으로 부양하는 사회가 된다면 경제의 생산성을 획기적으로 향상시키는 기술혁신이 없이는 경제의 지속가능성이 담보되기 어려울 것이다.

초고령사회는 65세 이상 고령인구가 총인구에서 차지하는 비율이 20% 이상인 사회이고 고령사회는 14% 이상인 사회를 의미하는데, 우리나라는 2018년 14.3%로 고령사회에 진입했고 2025년 20.3%로 초고령사회에 진입할 전망이다. 15세에서 64세 사이의 생산연령인구는 2018년 3천765만 명 최고치를 기록한 후 하락추세로 돌아서 우리 사회의 노동가능인구(생산연령인구에서 군복무 수감 등의 이유로 노동이 불가능한 인구를 제외한 인구)의 절대적 감소가 이미 시작되었다. 또한 2017년 추계 기준으로 총인구도 2028년경 5천194만2천명에 다다른 후 감소로 전환될 전망이며, 2065년에는 절대 숫자에 있어서 고령인구가 생산연령인구를 초월할 전망이다. 70세 이상 인구변화를 살펴보면 2019년에 총인구의 10.1%이고 2017년에 14.5%를 기록한 이후 2034년에 20.6%에 다다를 전망이다. 즉, 생산가능인구의 상한을 70세로 연장할 경우 초고령사회로 진입하는 시점을 9년 정도 지연시킬 수 있을 뿐이다. 결국 노동력이 핵심 생산요소의 한 축을 형성하는 경제체제가 향후에도 지속된다면 우리 경제의 성장잠재력은 상당기간 동안 위축되는 가운데 장기 경기침체가 지속될 전망이다.

2017 인구추계

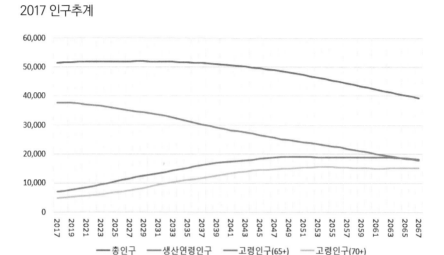

한편으로 다행인 것은 인공지능이 생산현장에 보다 많이 투입되면 될수록 노동가능인구의 축소가 문제되지 않을 수도 있다는 것이다. 2005년 저출산고령사회기본법을 제정하고 정부가 다양한 출산장려 정책을 지속해서 추진했으나 출산율은 지속해서 하락하였고 2018년 0.96명을 기록했다. 즉, 사회경제적 유인제도를 통해서 출산율은 높이는 것이 지난 15년간의 정책결과를 볼 때 불가능하다는 것을 인정해야할 시점이라고 생각한다. 앞서 인공지능컨퍼런스에서 실험된 것과 같이 기업경영에서 인공지능과 인간이 함께 일하면 생산성을 크게

높일 수 있다는 많은 사례가 보고되고 있다. 오히려 인공지능으로 인하여 인간의 일자리 축소를 걱정해야하는 상황에 곧 직면하게 될 것이다. 그렇다면 우리의 현재 출산율 저하에 따른 인구구조 변화를 이전과 다른 시각에서 볼 수 있게 된다. 에너지 고갈, 공해, 지구 온난화 등 우리 환경의 지속가능성 문제는 종국에는 모두 인구규모와 직간접적으로 관련된 문제이다. 인구가 줄면 지속가능성 문제는 자연히 완화된다. 우리의 인구구조 변화, 특히 총 인구의 감소를 긍정적 시각에서 보고 인공지능을 생산적이고 보완적으로 활용해 새로운 균형을 찾아나가야 한다.

우리는 산업화 50년의 변곡점을 지나고 있다. 새로운 돌파구를 찾아야 한다!

우리는 산업화 50년의 변곡점에 서 있다. 1960년대 초반 수출주도형 경제발전전략과 부족한 자본의 한계를 극복하기 위해 불균형 성장전략을 시작한 이래 반백년이 지나가고 있다. 신흥개발도상국의 하나였던 우리나라가 중년에 들어선 것이다. 2017년 현대자동차 설립 50주년을 맞았고 2018년 포스코에 이어서 삼성전자가 2019년 설립 50주년이 되었다. 현대중공업이 73년, 삼성중공업이 74년 설립되었으나 현대중공업의 설립은 71년에 시작되었음을 고려할 때 우리나라의 주요 핵심 기업들이 60년대 후반 70년대 전반에 설립되어 50세를 지나고 있는 것이다. 산업화에 필요한 과학기술인력을 공급하기 위해

1971년 설립된 카이스트도 이제 2년 뒤에 설립 50주년을 맞게 된다. 우리나라 경제발전의 주력 기관들이 모두 50세를 지나 다음 50년을 맞이하고 있으나 지난 50년을 무사히 살아오고 잘 성장해 왔다는 안도감보다는 다음 50년 동안 생존하고 성장하기 위해서 과거보다 더 변하고 노력해야 한다는 위기감에 휩싸여 있다. 2018년 50세를 지나 백년기업을 향해 나가는 포스코는 지난 50년간의 비전이었던 '제철보국'을 '창의보국'으로 바꿔 제시하였다. 과거 50년간 부지런히 선진기업을 추격한 결과 어느덧 국제경쟁에서 가장 앞서 있는 선진기업의 하나가 되면서 그 위상을 지속하기 위해서는 기술과 신제품 개발을 선도해 나가야 한다는 시대적 인식과 나아갈 방향성을 천명한 것이다.

우리나라의 경제성장 : 1954-2018

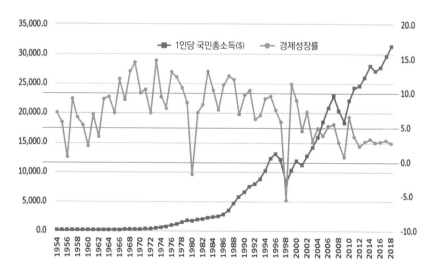

2017년 우리나라의 1인당 국민총소득(GNI)이 3만 달러를 초과했고 2018년 3만3천434달러를 달성했다. 1963년 1인당 국민총소득이 104달러였으니 55년 동안 1인당 국민소득이 300배 증가한 것이다. 1962년 경제개발5개년계획이 시작된 이후 10%를 초과하는 성장률을 16번 기록했고 5% 이상 10% 이하 성장률을 24번 달성하면서 우리는 선진국의 하나로 나서게 되었다. 그러나 우리나라에서 제조업 중심의 경제 패러다임은 임금수준의 상승과 수익률 높은 투자기회의 고갈로 인해 더 이상 작동하지 않게 되었다. 2~3% 내외의 경제성장률이 최근 7년 이상 고착화되는 모습을 보이고 있다. 이는 우리가 새로운 형태의 돌파구를 찾아야 한다는 것을 의미한다. 저임금에 기반을 둔 제조업 위주의 과거 추격형 성장모형에서 탈피해 신기술개발과 신성장산업 발굴을 통해 탈추격형 성장모형으로 전환해야 했으나 아직 성공적으로 신산업 발굴을 못하고 있는 상황이다. 한마디로 노력(perspiration)을 기반으로 한 양적성장에서 영감(inspiration)에 기반을 둔 기술개발과 비즈니스 혁신을 통해 부가가치를 창출하는 발전전략 전환의 획기적 변곡점에 다다른 것이다. 5세대 인터넷 시대가 시작되는 시점에 있는 우리는 다행히 인공지능기술의 개발과 활용을 통해서 제조업의 플랫폼 서비스 기업전환과 같은 산업구조의 변화를 성공적으로 주도하기 좋은 조건을 갖추고 있다.

제4차 산업혁명의 초입에 다른 선진국과 함께 서 있다. 모방하고 따라갈 대상이 없다.

제4차 산업혁명은 인터넷을 기반으로 하는 정보통신·컴퓨팅·소프트웨어 기술이 사람의 일상과 산업에 활용되면서 생산의 효율성과 생산성이 높아지고, 새로운 제품과 서비스가 등장하면서 산업구조가 점진적이기보다는 단절적으로 급변하는 현상을 의미한다. 인공지능 산업이 비약적으로 발전하면서 현실 세계를 표현하는 데이터를 분석하는 능력이 급속히 향상되고 있으며, 모든 산업에서 인공지능을 활용하게 되면서 생산성 향상과 자동화가 급진전되고 있다. 또한 생명의 책(book of life)이라고 할 수 있는 유전자를 읽고 해석하고 편집하는 기술이 발전하면서 신의 영역으로 여겼던 분야에까지 인간의 통제력이 미치기 시작하고 있다. 4차 산업혁명의 기본 인프라는 이제 도입되기 시작한 5세대 인터넷 망이 될 것이고 사람과 사람, 사람과 사물, 사물과 사물을 실시간으로 연결하는 지능네트워크로 발전되어 나갈 것이다. 이러한 지능네트워크로 각종 정보가 모아지고 인공지능기술로 분석해서 개개인의 수요에 맞춰 의료·건강·오락·미디어 등의 서비스를 실시간으로 제공하는 것이 이미 가능해지고 있다. 인공지능과 가상현실, 스마트 전력관리 등이 4차 산업혁명 관련 기술로 소개되고 있으며, 궁극적으로는 모든 기술을 다양한 형태로 조합해서 개별화·지능화·자율화·분산화 된 서비스를 제공할 수 있게 될 것이다. 생산과 가공과 소비의 경계가 사라지면서 산업의 경계도 자연히 무너질 것이고, 사람의 생활과 근로와 소통 방식도 급격히 변할 것이다. 다행히 우리나라는 지금 서구 선진국들과 함께 4차 산업혁명의 길에 들어서 있다. 또 정보화 과정에서 구축한 우수한 정보통신 환경과 역량이 있기에 제4차 산업혁명에서는 그들보다 앞설 수 있는 여건은 갖췄다고 할 수 있다. 한마디로 과거 1960년대 초반 경제개발 시기에 아무 산업 인프라도 없었던 것과 다르게 선진국과 유사한 출발선에 서 있기 때문에 우리의 미래는 앞으로 우리가 어떻게 하느냐에 달려 있는 것이다.

1960년대 전반에 경제발전 웜홀(worm hole)이라는 지름길에 빨려들어가 그 웜홀을 통과하는 동안 서구가 270여년에 걸쳐 경험한 1차 2차 3차 산업혁명을 불과 60여년이란 짧은 기간에 경험한 우리 경제는 현재 제4차 산업혁명의 초입에 선진국과 함께 서 있다.

우리 경제가 웜홀을 통과한 과정을 개관해 보면, 우리나라는 1960~70년대 노동집약적인 경공업을 중심으로 경제개발을 추진하면서 경부고속도로와 소양강댐 같은 기반시설을 구축해 성장잠재력을 키웠고, 70년대부터는 중화학공업을 미래 산업으로 육성해 서구에서는 200년 걸린 1·2차 산업혁명을 1990년대 전반기에 완료했다. 불과 30년이라는 짧은 기간이었다. 그 결과 우리는 농업국에서 경공업 중심국가로, 또 중화학공업 중심국가로 산업구조가 고도화 되었다. 우리나라의 이러한 변화를 수출품목으로 살펴보면, 1961년에는 철광석·텅스텐·흑연·석탄·오징어·생사·수산물·쌀·돼지털 등이 주요 수출품이었다. 현재 개발도상국처럼 천연자원(광업)과 농수산물을 수출했다. 1962년부터 본격적으로 경제개발에 착수한 이후 1970년에는 섬유·합판·가발·철광석·전자제품·신발·담배 같은 경공업 제품과 원자재를 주로 수출했다. 10년이 안 되는 사이에 산업구조가 제법 달라진 것이다. 이후 다시 10년이 지난 1980년에는 섬유·전자제품·철강제품·신발·선박·합판·생선 등을 수출했는데 중화학공업 제품이 상위를 차지했다. 1970년대 후반부터 중화학산업을 육성하는 정책을 폈으나, 1980년대 초반까지는 경공업 제품이 중심을 차지하는 가운데 중화학공업 제품이 주요 수출품으로 등장하기 시작한 것이다. 우리 경제에서 2차 산업혁명 후반기로 볼 수 있는 1991년에는 전자제품·섬유·철강제품·선박·신발·석유화학제품·기계류·자동차가 중심 수출품이었고, 중화학공업이 우리 경제의 주류 산업이 되었다. 수출 중심의 경제정책을 성공적으로 추진하면서 1961년에서 1991년까지 30년 사이에 연간 수출액은 1,753배 늘었고, 1963년에는 104달러 수준이던 1인당 국민소득이 75배 늘어 1991년에는 7,521달러를 기록했다. 또 국내 총생산(GDP)에서 농수산 생산액이 차지하는 비중이 1953년에는 30.1%였으나 2015년에는 2.2%로 낮아졌고, 제조업 비중은 같은 기간에 2.8%에서 31.5%로 높아졌다.

미국의 산업구조 변화와 비교해 보면 우리나라의 산업구조가 얼마나 빠르게 극적으로 변했는지 쉽게 알 수 있다. 미국은 1820~1999년까지 180년간 농업에 종사하는 인구가 72%에서 2.5%로 줄었으나, 우리는 1949~2015년까지 불과 65년 만에 71.4%에서 5.1%로 줄었다. 미국보다 3배 정도 빨리 바뀐 것이다.

우리 경제에서 3차 산업혁명이 시작된 시기는 1990년대 중반이라고 할 수 있다. 우리 정부는 산업화에는 뒤졌지만 정보화에서는 앞서겠다는 비전을 갖고 전국에 초고속 인터넷 구축을 추진했다. 그 결과 어느 나라보다도 먼저 우수한 정보 인프라를 구축했고, 다양한 인터넷 이용 교육과 개인용 컴퓨터 보급 사업을 펼쳐 인터넷 생태계를 풍성하게 했다. 이러한 노력으로 우리의 정보통신산업만큼은 국제적으로 앞서가는 나라가 되었다. 이러한 성과를 잘 보여주는 예를 하나 들면, 전 세계 인터넷 검색 포털시장에서 1위를 차지하는 구글이 우리나라에서는 3위에 머무르며 힘을 쓰지 못했다는 것이다. 이는 우리의 위상을 잘 대변해 주는 것이라고 볼 수 있다. 우리가 선진국들과 같은 시기에 4차 산업혁명의 문턱에 도달한 것은 우연이 아니다. 산업화 기틀을 세우고 과감하게 경제발전을 이끈 박정희 대통령의 뛰어난 리더십, 정주영·이병철·박태준처럼 무에서 유를 창조한 모험적인 경영인들, 1960년대부터 90년대까지 후세대의 더 나은 삶을 위해 보이지 않는 곳에서 희생한 아버지들과 어머니들 덕분이다. 또 선진국들의 예를 창조적으로 모방한 우수한 인재들이 있었다. 우리는 앞선 나라들을 쫓아가는 것에 그치지 않고, 지름길을 찾아 격차를 끊임없이 줄이려 노력했다. 그 결과 제4차 산업혁명 시작점에서는 선진국과 나란히 설 수 있게 된 것이다. 그런데 이제는 우리가 따라할 모방의 대상이 없다. 우리 스스로 지도 밖으로 나가 남보다 앞서 새 길을 찾아가야 하는 변곡점에 서있는 것이다.

인구구조가 바뀌면서 우리 사회의 가치관도 바뀌고 있다. 산업화 민주화 세대는 가고 8000년대 세대가 중심에 등장하고 있다

50년대와 60년대 태어나 이전 세대가 싹틔운 산업화를 완성하고 민주화를 이끈 세대가 은퇴하고 있고 70년대 태어나 뒤늦게 민주화에 동참한 세대가 이제 50세를 넘어가기 시작하고 있다. 향후 20~30년 동안 우리 사회경제의 변화와 발전을 주도할 세대는 바로 현재 20세와 40세 사이의 8000세대이다. 이 세대는 기성세대로부터 보고 배웠으나 이전 세대보다는 훨씬 유복한 경제 환경에서 성장했고 치열했던 민주화 과정에서도 벗어나 있던 세대이다. 산업화 이전의 빈곤에 대한 경험도 없고 민주화 과정에서 겪어야 했던 갈등에서도 소원했던 세대로 어쩌면 지금까지 지속되는 산업화 세대와 민주화 세대의 갈등을 뛰어넘어 새로운 사회의 중추세력으로 등장할 잠재력을 갖춘 세대이다.

이들은 우파에서 좌파로 정치적 중심세력이 왔다 갔다 하는 산업화와 민주화 세력 사이의 이념적 갈등을 넘어서 행복 정의 자유 개인주의와 같은 새로운 정치성향을 토대로 분열된 우리 사회를 통합할 수 있는 세대이다. 이들의 창의력과 열정이 현재 진행되는 제4차 산업혁명시대 우리나라의 명운을 결정할 것이다. 앞선 세대는 이 세대가 거침없이 질주할 수 있도록 자신들의 기득권을 일정부분 양보해야 하고 그 출발점은 산업화 시대에 구축돼 지속되고 있는 철지난 규제를 철폐하는 것이다.

4. 다음 50년의 행복, 새로운 도전이 필요하다

앞서 과거에서 현재까지 우리의 선택을 제약했고 미래에 우리의 선택을 제약할 수 있는 우리만의 특성과 장단점을 경제사회학의 관점에서 서술(description)하고 현재 우리는 여러 차원의 변곡점에 위치해 있고 각 변곡점에서 우리가 나아갈 방향을 예측(prediction)하고 과거와는 다른 관점의 정책적 처방(prescription)이 필요함을 간단히 언급하였다. 이 과정을 통해 필자는 독자와 우리가 나아갈 방향을 함께 탐색해 나가기 위한 공감대를 형성하고자 했다. 우리가 새로운 변곡점에 있다는 것은 유지, 상승, 추락의 가능성이 공존한다는 것을 의미한다. 결국 우리가 얼마나 진취적으로 환경변화에 적응하는가가 우리의 다음 50년 동안의 행복을 결정할 것이다. 네온 메긴슨(Neon Megginson) 교수는 찰스 다윈의 저서 『종의 기원』의 골자를 "살아남는 종(the species)은 가장 똑똑한(most intellectual) 종이 아니고, 가장 강한(strongest) 종도 아니며, 자신이 처한 환경 변화에 가장 잘 적응하는 종"이라고 요약했다. 이 것은 제4차 산업혁명의 초입에 함께 서있는 우리를 비롯한 여러 선진국이 남보다 먼저 성공적으로 새로운 도약을 해낼 수 있는지의 여부가 인공지능과 같은 신기술 개발역량보다 변화하는 환경에 저항하는 구체제(old regime)를 얼마나 빨리 파괴하고 새로운 환경에 적합한 신체제(new regime)를 구축하느냐에 달려있다는 것을 의미한다. 이제 변곡점에 선 우리가 다른 경쟁국보다 앞서 경제사회제도를 개선하고 재구조화해서 인공지능시대에 다음 50년의 행복을 지속하기 위한 대안을 하나씩 함께 생각해 보자.

미래 경쟁은 제도개선 경쟁이다! 과거 산업사회에서 형성되어 현재 기술경제 환경에 맞지 않는 기존 체제를 과감히 바꿔 나가야 한다.

자연에서 살아가는 사람은 환경이 변할 때 순응하며 적응해 살아간다. 매일 아침 날씨를 보고 예고 없이 닥칠 수 있는 불확실성에 대비해 미리 준비를 한다. 산업화 이후 자연환경에 순응하기보다는 자연환경을 바꾸어 도시에서 편안한 삶을 살아온 사람들, 전문성을 토대로 평생 직장생활을 해온 사람들, 분업을 토대로 평생 특정 업무만 해온 사람들, 이들이 바로 현 시대를 살아가는 우리다. 현재 생활양식에 익숙한 대개의 사람들은 새로운 변화가 닥쳐오면 적응하기보다는 저항한다. 특히, 같은 가치와 이해관계로 뭉쳐 있을 때는 국가사회 전체가 변화에 적응하는데 있어서 지체를 발생시키는 주된 세력이 된다. 물론 저항이 없으면 사회는 변화의 과정에서 약자나 낙오자를 추슬러 함께 살아가려는 제도 구축을 등한시하곤 했다. 이런 측면에서 환경변화에 대한 조직적 저항은 약자나 낙오자의 본능적 반응일 수도 있지만 과거에 반복된 학습의 결과일 수도 있다. 문제는 이러한 저항이 국가사회 전체의 변화를 늦추어 국제경쟁에서 뒤쳐질 경우 우리는 앞서 논의한 것과 같이 자급자족이 불가능한 경제이기 때문에 급속한 경제적 퇴보를 경험할 것이라는 점이다.

기술변화는 늘 사회변화를 앞섰다. 제1차 산업혁명이 한창 진행되던 19세기 초반에 영국에서 발생했던 기계파괴운동(Luddite), 20세기 초반 우리나라에서 발생했던 인력거꾼의 택시서비스 확산에 저항한 파업, 21세기 초반에 우리사회에서 발생한 대형마트의 성장에 따른 지역상권의 저항, 우리나라를 비롯한 여러 국가에서 발생한 우버, 카카오택시, 타다 같은 새로운 운송서비스 시작에 따른 기존 택시기사와 사업체의 저항, 비트코인과 같은 전자화폐 거래에 대한 정부와 정치권의 탄압 등 수없이 많은 사례에서 우리는 기술진보와 사회제도 변화 사이의 지체를 경험하곤 했다. 새로운 기술이 개발되면 사람들은 새로운 기술을 이용해서 보다 효율적인 새로운 생산수단이나 서비스를 제공함으로써 부를 축적하려는 유인을 갖는다. 증기기관을 이용한 동력을 활용해 대규모 공장을 짓고 기계를 이용해 제품을 생산하면서 기존 가내수공업 방식의 생산방식이 사라졌고 그 과정에서 기계파괴 운동이 발생했다. 내연기관기술이 등장하면서 이를 이용한 택시서비스가 등장했고 택시에 비해 비효율적인 인력거 서비스가 사라졌으며, 이제는 정보통신기술의 발전으로 시시각각 변화하는 다양한 형태의 운송수요에 효율적으로 대응할 수 있는 탄력적인 운송서비스가 등장하면서 전통택시산업이 위협받고 있다. 이러한 사례는 오래전 제1차 산업혁명이 시작된 이후 270여년 동안 수없이 많이 발생했기 때문에 그러한 저항이 당시 직면했던 문제를 해결하기보다는 단지 구조조정의 시간과 고통을 연장시켰고 발전의 지체를 가져왔을 뿐이라는 것은 너무나 잘 알려진 사실이다.

흔히 파괴적 혁신을 통해 경제가 발전하고 생산성이 향상되고 새로운 일자리가 생겨난다고 한다. 파괴적 혁신이란 바로 혁신의 본질이 기존 시장생태계를 교란시키고 파괴하는 데 있다는 것을 의미한다. 기존 생태계 파괴의 과정은 새로운 효율적인 사업자의 도전으로 촉발되고 기존 기업의 응전을 통한 치열한 경쟁과정을 거쳐 새로운 균형점을 찾아가는 과정이다. 그 과정에서 비효율적인 구체제는 붕괴되거나 효율적인 형태로 진화되고 보다 효율적인 새로운 생태계가 형성되면서 혁신의 한 과정이 종료된다. 이러한 파괴적 혁신의 원활한 진행을 가로막는 것은 기존 생태계에 기반을 둔 기득권층이다. 그들이 세운 각종 규제제도는 자신들의 기득권을 최대한 연장하기 위한 수단이 되고 산업의 자연적 구조조정은 지연된다. 그 결과 발생하는 저성장의 피해는 고스란히 타인의 자식세대에게 전가된다. 이는 기득권층은 자신이 쌓은 부를 통해 자기 자식들이 저성장의 피해에서 벗어날 수 있도록 온갖 준비를 해주기 때문이다.

　기존 산업이 변하거나 망하지 않으면 새 산업이 나올 수가 없다. 이는 기존 산업이 경쟁 사업자의 등장을 규제로써 막기 때문이다. 기존 생태계의 규제혁신을 얘기하면서 택시업계의 반대로 보다 효율적이고 안전한 우버와 같은 수요 반응형 서비스를 도입하지 못한다는 것은 정부의 직무유기다. 이미 우버 서비스 도입 이후 미국에서는 택시면허가격이 폭락했다는 것이 경제학 교과서에 통계와 함께 사례로 제공되고 있는 세상인데, 세계 최고의 인터넷 망을 갖고 있다는 우리나라에서 도입조차 못한다는 것은 정부의 우유부단과 직무유기라고 볼 수밖에 없는 것이다. 원격의료 서비스가 이미 선진국에서는 도입되었고 우리도 수많은 시범사업을 통해서 원격의료의 효과성과 효율성을 확인하였다. 문제는 의료법에서 의사의 대면진료를 의무화하고 있는 것이다. 이로 인해 원격진료가 막혀있고 시내버스도 잘 다니지 않는 시골의 칠순, 팔순의 당뇨병 고혈압 환자도 단지 약을 타기 위해 정기적으로 의사를 만나야 하고 이로 인해 많은 시간과 비용을 허비해야 하는 세상을 우리는 살아가고 있다.

정부의 인허가 규제가 없는 산업이라면 파괴적 혁신은 앞서 기술한 것과 같이 시장경쟁의 과정을 통해서 진행된다. 그러나 인허가를 받아야만 하는 산업에서 정부가 이해당사자의 타협을 얘기하면 이는 새로운 사업자가 도전을 하지 말라는 것이 된다. 최소한 중립을 지킨다면 이제 정부의 진입규제를 폐지할 것이니 경쟁을 통해 살 길을 찾아가라고 하는 규제정책 전환이 필요하다. 현재 우리가 직면한 국제경쟁은 기술개발경쟁이기도 하나 동시에 제도개선 경쟁이다. 기술개발과 창업은 과학자 공학자 경영자 미래세대의 젊은이에게 맡겨두면 되나 기존 경제생태계를 지탱하고 있는 규제제도를 해체하는 것은 정부와 정치인과 기존 세대가 해야만 한다. 그들이 제도개선을 게을리하면 우리의 미래는 없고 우리의 미래세대는 희망이 없게 된다!

소득 불균형 완화를 위한 과감하고 창의적인 소득보장(소비보장) 정책이 필요하다. 새로운 공생의 사회규약이 필요하다!

사회경제제도의 유연성 향상을 위해서, 파괴적 혁신에 수반될 수밖에 없는 구조조정을 원활히 뒷받침하기 위해서는 소득 불균형 완화 및 보다 전향적인 소득보장 정책이 필요하다. 역사를 살펴보면 기술변화를 주도하면서 공생의 제도개선을 동시에 추진해 성공한 사례가 없는 것이 아니다. 대표적인 사례가 헨리 포드(Henry Ford)이다. 포드는 자동차 생산과정에 표준화와 분업을 활용한 연속조립생산방식(assembly line)을 도입해서 생산성을 획기적으로 상승시킴으로써 미국에서 국민자동차 시대를 열고 동시에 노동자의 임금을 두 배 이상 인상함으로써 노동자의 경제적 위상을 획기적으로 제고하였으며 미국 자본주의제도의 성숙에 크게 기여한 경영자이다. 1914년 초 포드자동차는 1일 근로시간을 9시간에서 8시간으로 줄이면서 동시에 하루 최저 임금을 2.34달러에서 5달러로 인상했다. 흥미로운 것은 이처럼 인상된 임금은 임금(wages)이 아니고 기업의 이윤공유(profit sharing)로 발표되었다. 물론 이러한 새 임금정책의 대상은 모든 노동자가 아니었고 일정 조건을 충족한 직원에게만 적용되었지만 당시 언론에서는 혁명적 변화로 받아들여졌다.

　포드자동차와 같은 혁신적 임금 또는 복지정책이 미국에만 있었던 것은 아니고 우리나라 포스코에서도 찾아볼 수 있다. 포스코는 경영효율성을 제고하기 위해 설립초기부터 꾸준히 노력해왔고 설립 이후 현재까지 국제적으로 경쟁력을 인정받는 우량 제철기업으로서 위상을 유지하고 있으나 박태준 회장이 포스코를 통해 달성하고자 한 목적은 제철보국이었다. 포항제철은 한일청구권자금이 없었으면 실행이 불가능한 국가사업이었다. 박태준 회장이 "우리 조상의 혈세로 짓는 제철소입니다"라고 외치며 비장한 각오로 포철 1기 건설을 성공적으로 이끌었음은 잘 알려진 사실이다(이대환, p.389). 이처럼 비장했지만 박태준 회장은 사원복지 확충에 한시도 게을리하지 않았다. 포스코는 1970년 포항제철 착공식 이전인 1968년 은행융자를 받아 전원속에 직원사택을 먼저 지을 정도로 사원복지에 힘쓴 기업이었다. 포스코는 영리를 추구하는 기업이었지만 기업의 이윤을 직원들과 공유한 우리나라의 대표적 기업이라고 할 수 있다.

인공지능이 생산 활동과 서비스 제공에 보다 많이 활용되기 시작하면 할수록 인간의 일자리는 줄어들 것이고, 인공지능과 함께 생산 활동에 참여하는 사람과 그렇지 못하고 직장을 잃은 사람 사이의 소득격차는 더욱 확대될 것이다. 흔히 기업의 목적은 이윤극대화를 통한 주주이익 극대화에 있다고 믿어져 왔고 현재도 주류 경제학자의 그 믿음은 변하지 않고 있다고 본다. 이는 마치 자연계에서 진화를 설명하는 적자생존의 법칙과 일맥상통하는 부정하기 힘든 원칙임에는 틀림없다. 주류경제학을 공부해온 필자도 크게 공감하는 경제생태계의 법칙이다. 그러나 이윤극대화가 꼭 주주이익 극대화를 의미해야 하는가에 대해서는 재고해볼 필요가 있다고 본다. 극대화된 이윤을 어떻게 나누는가에 따라 우리가 사는 세상은 달라질 수도 있고 실제 그런 가능성을 보여준 사례가 포드자동차나 포스코의 사례에서와 같이 존재하기 때문이다. 특히 인공지능으로 산업구조가 바뀌는 상황에서 기존 생태계의 파괴적 혁신에 따른 저항을 극복하기 위해서는 기존 직업에서 탈락자를 보호하는 과감한 사회복지제도의 구축이 필요하다.

　인공지능이 생산과정에서 많이 활용되면 될수록 인간의 노동기회와 시간이 줄고 소득 획득기회가 줄 것이기 때문에 기본소득보장, 직장 내 최저임금과 최대 임금의 격차를 규제하는 등 다양한 이윤공유 제도를 확대해 나가야 할 것이다. 생산과정에서 인공지능을 많이 활용하면 할수록 인간의 부가가치 창출에 기여하는 기회는 축소될 것이고, 이는 어느 개인이 살아가기 위한 소득이 노동의 대가뿐만 아니라 사회에 존재하는 생산자산에서 산출된 과실을 함께 나눈 부분으로 구성되어야만 하는 상황에 직면하는 것이다. 국가가 1인 1인공지능 시대를 구현하면 그때는 자신의 인공지능이 생산에 기여한 만큼 소득을 보상 받는 제도가 필요할 수도 있다. 미래에 어떤 사회가 전개될지 현재는 알 수 없다. 그러나 분명한 것은 인공지능이 확산되면서 직면하게 될 소득 불균형 확대 방지와 기본소득보장을 위해 새로운 사회규약을 만들고 환경변화에 맞추어 보완해 나가야 한다는 것이다.

　우리 경제 생산능력의 지속적 성장과 사회경제 문제해결을 위해 인공지능 활용을 적극 장려해야 한다. 인공지능을 두려워 말고 적극 활용하자!

　앞서 논의한 것과 같이 우리나라는 급격한 인구구조 변화에 직면해 있고 이 문제의 근원에는 저출산 현상이 자리 잡고 있다. 저출산 현상이 지속되면서 곧 절대 인구가 감소하고 이미 생산연령인구는 감소하기 시작했으며 고령인구가 빠르게 증가하면서 부양률도 증가하고 있다. 인구감소가 한편으로는 문제이나 에너지와 자원 부족문제를 완화하고 환경친화적 지속가능 사회로 나가기 위해서는 바람직한 측면도 있다. 인구 감소가 문제가 되는 근본 원인은 생산력 감소에 있다. 그러나 인공지능 기술을 효과적으로 생산 활동에 활용하면 생산연령인구의 감소에도 불구하고 자동화의 심화를 통해서 우리 사회의 생산력을 유지시키고 성장시킬 수 있다. 인공지능을 활용한 자동화로 생산성을 급격히 향상시킬 수 있다는 것은 이미 잘 알려진 사실로서 인공지능까지 이야기하지 않더라도 인류역사에서 자동화로 인력투입량이 감소하고 생산성이 증가한 것과 동일한 현상이 발생하는 것이다.

인공지능을 활용하면 전문가 활용을 크게 줄이면서 생산성을 높일 수 있다는 것이 2019년 8월말 우리나라에서 개최된 제1회 인공지능법학회의 알파로(alpha law) 경진대회에서 잘 시현되었다. 이번 경진대회는 1시간 동안 3건의 근로계약을 분석하여 문제점을 찾고 개선방안을 제시하는 시합이었다. 경진대회에서 사용된 알파로는 '지능형 계약분석기'로서 변호사 1명과 두 팀을 구성하였고, 일반인 1명과 또 한 팀을 구성하였다. 즉, 3개 팀은 인공지능과 팀을 구성하였고 나머지 9개 팀은 변호사 두 명으로 구성되었다. 총 12개 팀이 경쟁을 하였고, 1위와 2위는 인공지능 알파로와 변호사 협업 팀이 차지했고, 3위는 인공지능과 일반인 팀이 차지하였다. 아쉽게도 변호사 두 명으로 구성된 9개 팀은 4위 이하를 차지하였고, 더욱 놀라운 것은 1위를 차지한 인공지능과 변호사 협업 팀의 성적과 변호사로만 구성된 팀 중에서 가장 높은 4위를 차지한 팀의 성적 차가 두 배 가까이 났다는 것이다. 인공지능과 협업을 하면 인간의 고유영역으로 여겨졌던 자문과 컨설팅의 전문적 업무 수행에서도 생산성이 크게 높아진다는 것이 잘 드러난 경진대회였다.

물론 인공지능과 협업을 통해 생산성이 향상된다면 이는 우리 인간의 일자리가 그만큼 줄어든다는 것을 의미한다. 인공지능과의 협업에 잘 적응하는 사람의 수요가 늘면서 그들의 소득은 증가할 것이나 그렇지 못한 사람의 일자리는 줄어들 것이다. 또한 알파고와 이세돌의 바둑 대국에서 본 것처럼 육체적 실체가 없는 인공지능의 지시를 받아 바둑판에 바둑돌을 놓았던 사람처럼 인공지능의 수족 역할을 하는 형태의 도구화된 단순 노동자도 로봇기술이 발전하기 전까지는 확산되어 갈 수 있다. 설사 로봇기술이 발전해 인간처럼 행동하는 로봇이 등장한다 하더라도 로봇을 운영하는 것보다 인간을 인공지능의 보조자로 활용하는 것이 경제적이라면 많은 사람이 인공지능의 보조인력으로 살아갈 것이다. 이처럼 인공지능을 인간의 일자리를 뺏어가는 존재로 볼 수도 있으나 인간을 노동에서 해방시켜 보다 많은 시간을 개인이나 가족과 사회의 행복을 위해 사용할 수 있게 하는 기술진보로 볼 수도 있다.

결국 인공지능은 우리 사회가 어떻게 사용하고 인공지능의 확산에 맞추어 사회경제제도를 얼마나 유연하게 인간의 행복을 향상시키는 방향으로 발전시켜 나가느냐에 따라 우리의 다음 50년의 행복을 보장하는 수단이 될 수도 있는 것이다. 아울러 우리와 인류 전체가 공동으로 직면하고 있는 에너지 고갈 문제와 기후변화 문제의 해결과 지속가능한 사회 구현에 인공지능이 크게 기여할 것으로 보인다. 또한, 소프트웨어 형태의 인공지능은 한 번 개발되면 복제가 쉽게 가능하기 때문에 모든 인간이 미래의 스마트 기기에 하나씩 인공지능 비서를 갖는 시대가 오면 우리 사회에서 형평성이 크게 제고될 수도 있다. 총이 개발되면서 인류사회의 전쟁형태가 바뀌었고 과거와 달리 전쟁에서 사상자가 크게 증가하는 부작용이 있었지만, 총기 소유가 허용되면 사회에서 육체적 힘의 차이에서 발생하는 폭력의 불평등이 크게 완화된다는 장점이 있는 것과 같이 인공지능이 확산되면 지식의 차이에서 발생하는 폭력과 불평등이 크게 완화될 수도 있다.

수많은 과거의 기술진보에서 알 수 있는 것과 같이 그리고 19세기 열강의 침략에서 경험한 것과 같이 기술변화를 적극 수용해 상업을 활성화한 민족은 번성한 반면 그렇지 못한 민족은 쇠퇴하였다. 인공지능 기술의 위협에 압도되어 슬기롭게 사용하지 못한다면 우리는 번영을 지속할 수 없다. 인공지능과 같은 신기술을 두려워하지 말고 적극 수용하고 생산적으로 활용하면서 유연하게 사회경제제도를 개선해 우리의 행복을 위해 신기술을 활용할 수 있어야 한다.

정부도 인공지능을 활용하고 인공지능의 확산이 가져올 경제환경 변화에 대비해야 한다.

인공지능 기술은 일상의 여러 가지 문제를 해결하기 위해 사용될 수 있다. 인공지능개발에 있어서 많은 데이터가 꼭 있어야 하는 것은 아니나 데이터가 많으면 인공지능을 활용해 문제를 해결하는 과정에서 정확도가 일반적으로 향상된다. 수많은 데이터에서 이상 현상을 찾아내는 것에 인공지능 기술을 활용할 경우 쉽게 성과를 낼 수 있다. 실제로 신용카드 불법사용 등 이상 징후 파악에 이미 많이 활용되고 있다. 신문지상에 가끔 나타나는 경제적 빈곤으로 인한 일가족 자살과 같은 불행은 정부가 전기나 물 사용데이터를 활용하면 굳이 사회복지사가 일일이 방문하지 않는다고 하더라도 쉽게 인지할 수 있을 것이다. 즉, 맞춤형 공공서비스 제공에 서 양질의 공공서비스를 저렴하고 효율적으로 제공할 수 있다. 전기 사용이나 물 소비 측정 데이터가 좀 더 자주 센서로 모집되면 저소득 계층이 복지사각 지대에 빠져 생을 포기하는 사례를 크게 줄일 것이다.

인공지능은 개별화된 공공서비스 제공에 도움이 될 뿐만 아니라 정부의 거시경제정책 운영에도 큰 도움이 될 수 있다. 인공지능이 거시경제 운영에 쉽게 사용되지 못하는 것은 거시경제 변수가 대개의 경우 여러 하위변수 값이 합산(aggregated)된 변수이고 분기나 연간 데이터로서 숫자가 작기 때문이다. 그러나 거시경제변수도 결국은 일별 경제활동이 총합된 변수이기 때문에 일별, 주별, 월별 경제활동 데이터를 이용해 거시경제운영 상황을 보다 면밀히 관찰하고 예측하기 위한 거시경제정책 용도의 인공지능을 개발해 활용할 수 있을 것이다. 오히려 기존의 거시경제모형보다 훨씬 넓고 다양한 데이터를 이용해 거시인공지능경제모형을 개발하면 보다 예측가능하고 탄력적인 거시경제정책 운용이 가능해질 것이다. 통화신용정책의 방향을 결정하는 금융통화위원회도 국내외 거시경제 상황과 금융시장의 흐름을 관찰하고 금리정책의 방향을 결정하는 데 있어서 거시인공지능경제모형을 보완적으로 활용하면 보다 미래지향적으로 의사결정을 할 수 있을 것이다. 문제는 거시인공지능경제모형을 개발하기 위해서는 많은 시간과 인력을 투입해야 한다는 것이다. 아직 필요성을 크게 느끼지는 못할 수 있으나 10년을 두고 투자를 하면 성공할 수 있을 것이라고 본다.

인공지능이 국내외 다양한 산업에서 활용되고 있다. 특히 태생적으로 데이터 축적과 활용이 활성화된 금융산업에서 인공지능 이용이 빠르게 확산되고 있으며 주식이나 채권의 투자의사 결정에도 인공지능이 사용되기 시작했다. 인공지능 활용으로 금융산업의 효율성이 향상되는 것은 바람직하나 금융시장의 안정적 운영을 책임지고 있는 선진국 중앙은행들은 금융산업에서 인공지능이 보다 많이 활용되면 금융시장의 안정성 유지가 어려워지는 것은 아닌지에 대해 우려하기 시작했다. 이미 2008년 미국에서 리먼브라더스 파산과 함께 시작된 금융위기가 국제 금융위기로 전이된 경험을 갖고 있기 때문에 선진국 중앙은행들은 인공지능 활용이 확산되면서 국제 및 국내 금융시장의 변동성이 더 확대될 수도 있다는 우려를 표명하고 이에 대한 연구를 시작했다. 인공지능을 활용한 금융상품 투자는 최적화 알고리즘에 기반을 두고 있고, 동일한 데이터를 통해 훈련을 한다면 인공지능의 투자행태는 결국 유사한 모습을 보일 것이며, 외부 충격이 왔을 때 인공지능의 행태는 유사한 모습을 보일 것이라는 우려이다. 즉, 인공지능이 외부 충격에 동일한 기대를 갖고 움직여 나간다면 금융시장에서 가격 변동성이 발산할 것이고 이러한 발산현상이 국제시장에서 더 확산되면 국제 금융시장은 큰 혼란에 빠지고 중앙은행 개입을 통한 안정화 정책의 효과도 크게 위축될 것이라는 우려이다. 인공지능 기술은 아직 초기 발전단계에 있고, 인공지능이 외부 충격에 대하여 동일한 방향으로 반응을 할 것이란 가설은 아직 가설일 뿐 검증된 것이 아니다. 인간도 합리적 의사결정을 하는 존재이나 외부 충격이 발생했을 때 쏠림현상을 보인다. 그런데 인간의 쏠림현상은 대개 미래에 대한 합리적 예측이 불가능할 때 생기는 불안감 때문에 발생한다. 반면 경쟁시장에서 수익률 경쟁을 벌이는 인공지능은 아직은 감정이 없기 때문에 외부 충격이 발생했을 때 합리적으로 행동하고 쏠림현상을 적게 보일 수 있다. 인공지능은 인간과 달리 감정적인 요인의 영향을 받지 않고 투자수익률 극대화라는 목적을 달성하기 위해 과거와 현재의 정보를 활용해 합리적 의사결정을 하는 존재이기 때문에 오히려 쏠림현상이 적을 수도 있는 것이다. 물론 이러한 생각도 현재는 검증되지 않은 가설일 뿐이다. 결론은 현재 단계에서는 금융산업에 인공지능 활용이 증가하면서 금융시장의 안정성이 낮아질지 높아질지 모른다는 것이다. 모르면 공부를 해야 한다! 인공지능 투자자로만 구성된 가상의 금융시장을 열고 그 시장에서 인공지능의 투자 행태를 연구하고 외부 충격이 발생했을 때 어떻게 반응하는지, 쏠림현상을 줄이기 위해서는 어떤 제약조건을 설정해야 하는지에 대해 연구를 해야 하는 것이다.

　우리나라의 경쟁정책기관인 공정거래위원회도 기업의 반경쟁적 행위를 보다 효율적으로 감시하고 인공지능의 확산이 초래할 시장경쟁에 대한 파급효과를 분석하여 대응정책을 마련하기 위해서는 인공지능을 업무에 활용하기 위한 투자와 인력양성을 해야 한다. 이미 앞서 소개한 알파로의 사례에서와 같이 인공지능을 활용하면 수많은 문헌자료를 조사하고 검토해서 경쟁법 위반여부를 판단하는 과정에서 성과를 크게 높일 수 있다. 알파로의 사례를 통해서 드러난 것과 같이 인공지능과 전문가가 자료 분석을 함께하면 성과가 크게 높아지기 때문에 기업들은 이미 인공지능을 적극적으로 경영과정에 도입하고 있다. 정부라고 못할 이유가 없는 것이다. 공정거래위원회는 또한 인공지능이 시장경쟁과 성과에 미치는 영향에 대해 이해하고 분석하기 위한 노력을 해야 한다. 특히 데이터가 중요한 자원으로 떠오르면서 기업들의 데이터를 확보하기 위한 인수합병이 빠르게 증가하고 있다. 데이터가 필수 설비의 하나로 등장하고 있고 데이터의 독점화가 공정경쟁정책의 주요 이슈로 떠오르고 있는 것이다. 따라서 인수합병 승인에서 데이터 독점화 의도 또한 중요한 변수로 고려되어야 할 수 있고 통신산업에서 필수설비를 경쟁업체에게 개방하는 것을 의무화 하는 것과 같이 독점적 데이터의 경쟁업체에 대한 개방 의무부과도 조사·연구·검토하기 시작해야 한다. 또한 지금까지는 가격차별화가 소비자 선택을 통한 가격차별화이었던 반면 추천 알고리즘을 통한 가격차별화는 기업주도의 가격차별화로서 새로운 소비자보호 문제로 다루어야 할 수도 있고, 가격차별화에 인공지능을 활용하면서 차별화의 수준이 완전한 가격차별화에 보다 가깝게 진전될 경우 소비자잉여의 생산자잉여 전환이 심화될 것인 만큼 면밀한 검토가 필요한 부분이다. 소비자 권리의 보호를 위한 정책조정이 필요할 수도 있는 만큼 공정거래위원회의 적극적인 연구와 학습노력이 필요한 시점이다. 그리고 제조업자가 인공지능을 활용해서 온라인 유통업자의 재판매가격을 관찰하고 통제할 수도 있기 때문에 시장지배력 남용 여부의 판단 범위가 더 다양해질 수도 있다. 이처럼 인공지능으로 인해 변해가는 시장에서의 경쟁상황을 관찰하고 대응하기 위한 노력이 공정거래위원회에 요구되고 있다.

인공지능의 부정적 효과를 통제하고 인간의 도구화를 방지하며 인간의 자유와 자율성(autonomy)을 확보하기 위한 개인정보보호제도 정립이 필요하다

잘 알려진 바와 같이 인공지능의 구현을 위해서는 여러 기술요소가 필요하나 무엇보다도 데이터가 있어야만 한다. 페드로 도밍고스 교수가 말한 것과 같이 데이터는 인공지능이라는 행성에 도착하기 위해 필요한 기계학습이라는 로켓을 가동하기 위한 연료로 여겨지기도 한다. 연료인 데이터가 없으면 기계학습도 인공지능의 개발도 불가능하다. 인공지능이나 기계학습은 사실 전기를 연료로 쓰지 데이터를 연

료로 사용하지 않는다. 전기를 연료로 사용해 수많은 데이터에 흩뿌려져 있는 정보를 모으고 분석해서 인간이 볼 수 없는 정보와 지식을 찾아낸다. 그렇기 때문에 인공지능을 경영에 사용하면 기업의 생산성이 상승한다. 그러면 데이터는 무엇이기에 정보와 지식의 원천이 되는가?

이 세상에서 생성된 데이터는 이 세상의 아주 작은 일면을 보여주는 조각난 정보이고 어떤 형태로든 측정이 되어야 현실에 존재하게 된다. 조각난 정보이기 때문에 대개의 경우 작은 데이터 그 자체로는 의사결정에 필요한 의미 있는 정보가 되지 못한다. 자연에 존재하는 인간을 비롯한 수많은 사물에서 매시간 데이터가 생성되나 우리가 감지하지 못하고 측정하지 못하면, 즉 데이터로 모으지 못하면, 우리는 무지의 삶을 살게 된다. 지금까지 인류는 자연에서 발현되는 데이터를 측정하고 모은 후 그 의미를 분석하고 해석함으로써 새로운 농법을 찾고 에너지를 발견하고 기술을 개발하고 공장을 짓고 보다 많이 생산함으로써 현재의 생활수준을 영위할 수 있게 되었다. 데이터에서 정보와 지식을 얻지 못했으면 빈곤으로부터 자유도, 무지로 부터 자유도, 언론의 자유도, 압제로부터 인신의 자유도, 질병으로부터 자유도, 사회적 소수집단(minority)의 자유도 불가능했을 것이다. 지식이나 정보로 정제 가공된 데이터는 인간이 온갖 질곡으로부터 자유로워질 수 있는 원천이 되었다. 결국 이 세상의 모든 사물은 데이터로 표현이 가능하고 인류의 과학사와 문명사는 이러한 데이터에서 추출된 지식과 정보를 기록한 것이다.

그러나 데이터가 국가사회의 안전과 경제의 생산성 향상을 위해 사용되기 시작하면 인간의 자유와 사생활(privacy)이 침해받을 가능성 또한 높아지기 마련이다. 이 글의 첫 제목처럼 인공지능은 양날의 칼인 것이다. 거의 모든 국민이 스마트 기기를 사용하는 요즈음 우리는 디지털 흔적(digital footprint)을 남기지 않고 살아가기 어렵다. 디지털 흔적은 개인이 자신의 행태정보가 공개·공유되는 것을 인지하고 있는 '인지된 흔적'이라 그래도 문제가 적으나, 개인 모르게 모아지는 개인 정보인 디지털 그늘(digital shadow) 또한 빠르게 증가하고 있다. 디지털 그늘은 보안 교통 쓰레기 투기 등을 감시하기 위해 거리와 공공장소에 설치된 수많은 폐쇄회로녹화장치에 기록된 정보와 자동차의 블랙박스에 기록된 정보와 같이 특정 목적의 정보를 모으기 위한 장치가 범죄인 식별 등 다른 목적에 이용되는 숨겨진 통제(control creep) 기기로 활용되면서 개인 정보가 노출되는 것을 의미한다. 작은 디지털 흔적이 모아지고(profiling) 분류되고 다른 디지털 기기에서 나온 정보와 연관되어 분석되면 누가 언제 어디서 무엇을 했는지 쉽게 알 수 있는 세상을 우리는 살아가고 있고 앞으로 정보노출의 정도는 더욱 넓고 깊어질 것이다. 인공지능을 활용해서 범죄 적발과 사전 예측이 가능해지고 테러를 방지할 수도 있고 사기를 막을 수 있고 개개인에게 맞춤형 의료 교육 소비 서비스를 제공하는 것이 가능해지면서 우리의 자유 건강 편리성이 향상되는 밝은 면이 있으나, 우리의 일거수일투족이 관찰되고 우리의 행태가 예측되어 개인의 사적 영역은 사라진 원형감옥 사회에서 살아가는 암울한 미래, 소설 『1984』에 묘사된 빅브라더 사회가 다가올 수도 있다. 18세기 제레미 벤담(Jeremy Bentham)은 중앙에 위치한 소수의 감시자가 주변을 따라 원형으로 배치된 수형자 방을 감시하는 효율적인 감옥의 형태를 제시했다. 이후 팬옵티콘은 감시사회를 묘사하는 대표적 표현이 되었는데, 제레미 벤담이 제시한 원형감독의 사회는 인공지능 사회에서 실제 보편적으로 구현될 것이라는 우려가 점증하고 있다.

그동안 기업은 겉으로 드러나지 않은 소비자의 선호를 파악할 수 없었기 때문에 모든 소비자의 선호가 동일하지 않다는 것을 알면서도 차별화된 맞춤형 서비스를 제공할 수 없었다. 분명 선호에 따른 차별화된 서비스를 제공하고 차별화된 가격을 부과하면 이윤을 높일 수 있는데 소비자와 판매자 사이에 존재하는 정보의 비대칭성(information asymmetry)으로 인해서 차별화된 서비스 제공이 크게 제약을 받았다. 지금까지 기업들은 여러 가지 메뉴를 소비자에게 제시해 소비자로 하여금 자신의 선호에 따라 다른 메뉴를 선택하고 다른 가격을 지불하게 하거나, 할인쿠폰을 광고지에 넣어 흩뿌린 후 이를 모아서 매장으로 가져오는 번거로움을 감내하는 소비자에게만 할인을 제공함으로써 정보의 비대칭성 문제를 부분적으로 극복하고자 하였다. 그러나 요즈음에는 기업이 개개인의 다양한 행태정보를 수집하고 인공지능을 이용해 분석함으로써 소비자의 미세한 선호 차이를 예측할 수 있게 되었고 추천 알고리즘을 통해 소비자에게 개별화된 서비스 제공이 가능하게 되었다. 즉, 그동안 소비자와 판매자 사이에 존재하던 정보의 비대칭성이 크게 완화된 것이다. 문제는 지금까지는 소비자가 비교와 선택을 통해 소비를 했으나 점차 비교 없이 추천된 상품이나 서비스를 구매하는 소비생활로 변해간다는 것이다. 이러한 생활습관이 오랜 시간 지속되면 인간의 자율적 판단력은 저하되고 알고리즘에 의해 분류되고 할당된 내가 속한 집단 특성에 따라 취급되고 대우받고 사육되는 세상을 우리와 우리 후세는 살아갈 수도 있다는 우려 또한 커지고 있다. 더 나아가 알고리즘 분류를 통해 제공된 맞춤형 서비스와 차별적으로 부과된 가격이 소비자 자신이 선택한 차별이 아니고 서비스 제공자에 의해 만들어진 차별이기 때문에 과거의 소비자 선택형 가격차별화와는 다르게 판매자의 차별적 소비자 대우가 적절한 것인지에 대한 논란이 발생할 수 있는 것이다. 인공지능 시대 이전에는 개인이 자신의 개성을 선택해 표현했으나 인공지능 시대에는 인공지능이 나의 개성을 규정하는 시대가 되는 것이다. 인공지능에 의해 소비자가 어떤 집단으로 분류되는가에 따라 자신도 모르게 차별적 서비스를 받고 그러한 차별적 대우가 오랜 시간 굳어져 지속될 수도 있다는 것은 미래사회에서 개인의 자율성(autonomy)이 크게 위축될 수 있다는 것이다.

개인에 관한 데이터(profile)가 모아져 인공지능의 처리과정을 거치면 개개인에 대한 평판이 계산되어 제공되고 그 평가결과는 곧 그 개인을 규정하게 된다. 개인에 대한 평판(reputation)이 인공지능 시스템에 의해 디지털로 만들어지면 그 평판을 바꾸는 것은 아날로그 시대에서 와는 비교가 안 될 정도로 어려울 수 있다. 이사를 가거나 이름을 바꾸는 방식으로 자신의 과거 평판을 바꾸고자 하더라도 인공지능 시스템은 그 사람의 행태 정보를 이용해 다시 유사한 평가결과를 제공할 것이기 때문이다. 결국 행동을 할 때 나의 선택이 나의 평판에 어떤 영향을 미칠 것인가를 고려해 행동을 하게 될 것이고 그만큼 인간의 자율성은 제약받게 된다. 우연히 테러리스트 사이트를 방문한 기록이 있는 개인이나 스트레스 지수가 높은 사람은 잠재적 위험집단으로 분류되어 강한 감시를 받게 되고, 극한 스포츠 경기를 즐기는 친구를 많이 갖고 있는 사람은 그렇지 않은 사람보다 높은 생명 보험료를 내야 하고, 술집을 많이 드나든 사람은 건강보험료를 많이 내야 하는 등 우리는 어쩌면 미래에 보다 효율적인 사회에서 살아가게 될 수는 있으나 만약 그 분석이 오류가 있는 데이터에 기반을 둔 것이라면 많은 사람이 자신도 모르게 부정적 평판의 사람으로 낙인찍히는 (labeling) 문제가 발생한다. 특히 축적된 개인의 디지털 행태 데이터가 마케팅 목적으로 다양한 기업에게 팔려 나가고 있는 현실을 감안할 때 만약 오류가 있는 데이터가 여러 기업에게 팔려나갈 때 그 부작용은 더욱 강화되고 상승작용을 일으켜 평판이 나쁜 사람은 더욱 나빠지는 악순환에 빠질 수 있다.

우리 사회에서 모아진 데이터는 이 세상의 희로애락, 선과 악, 편견과 사랑과 증오 모두를 그대로 담고 있다. 따라서 최적화 알고리즘인 인공지능은 이런 데이터에 반영되어 있는 편견과 증오 또한 그대로 노출하게 된다. 인공지능이 인종 차별적 또는 성 차별적 행태를 보이는 것은 인공지능의 알고리즘이 편향되었기 때문이 아니고 인공지능을 교육시키는 데이터가 편향된 현실을 반영하고 있기 때문이다. 데이터의 편향성이 컴퓨터의 연산과정을 통해 그대로 재현된 것이다. 인공지능은 최적화 알고리즘에 기반을 두고 있어서 인공지능 개발자의 개인적 편향성이 알고리즘에 반영되었다면 그렇지 않은 알고리즘보다 성능이 하락될 수밖에 없기 때문에 알고리즘 편향성은 경쟁적인 시장에서는 지속되기 어렵다. 결국 인공지능(컴퓨터)의 편향성은 알고리즘 편향성보다는 현재 우리 사회의 모습을 반영하는 데이터 편향성을 통해서 나타난 현상일 가능성이 크다. 많은 사람이 우려하는 것은 단지 현실의 편견을 재현하는 것에 그치지 않고 더 강화시킬 수 있다는 것이다. 현재 많은 논란을 불러일으키고 있는 사례가 미국과 영국에서 사용되고 있는 '프레드폴'이라 불리는 지능형 예방적 순찰(predictive policing: PredPol) 시스템이다. 프레드폴은 지능형 순찰 시스템으로서 전날까지의 데이터를 활용해 매일 특정 지역의 범죄발생 가능성을 예측해 경찰의 순찰이 범죄발생 가능성이 높은 지역으로 집중되도록 한다. 이 시스템은 제한된 경찰인력을 효율적으로 사용하기 위한 지능형 시스템으로서 그 성과에 대해서는 긍정적 평가와 부정적 평가가 아직 혼재하고 있는 상태이나, 이 시스템이 미국이나 영국 사회에 존재하는 인종적 편견, 저소득층이 많이 사는 지역에 대한 편견을 강화시킬 수 있다는 우려가 제기되고 있다. 과거와 다르게 부자 동네를 경찰이 많이 찾지 않고 치안이 나쁜 지역에 경찰이 많이 들리게 하는 것을 바람직한 현상으로 받아들일 수도 있으나 경찰이 많이 방문함으로써 저소득층이 많은 지역의 범죄자 검거율이 증가하고, 이는 그 지역의 오명을 더욱 강화시키는 결과를 초래할 수 있다는 것이다. 특히, 전과자의 사회관계망(social networks) 정보를 이용해 잠재 범죄자를 찾고 이들의 주소정보와 결합해 어떤 지역의 범죄발생 가능성을 예측할 경우 교도소에는 남미나 아프리카 혈통의 사람이 많기 때문에 결국 남미계 백인과 흑인이 많이 사는 지역이 경찰의 주된 감시대상이 되고 교도소에는 다시 이러한 집단의 사람들이 비대칭적으로 많게 되는 편견의 영속화 내지 심화문제가 발생할 수 있다는 것이다.

또한 인공지능은 생로병사라는 태생적 제약으로부터 인간을 자유롭게 할 수도 있으나 인간의 자율성을 여러 가지 형태로 옥죄는 결과를 가져 오기도 한다. 이 세상 모든 새로운 기술이 그러했듯이 어떻게 쓰는가에 따라 인간에 대한 영향이 달라지는 양날의 칼이다. 네덜란드의 데이터보호기관이 2009년 발표한 자료에 따르면 평균적 네덜란드 시민의 정보는 250개에서 500개의 데이터베이스에 기록되어 있고 활동적인 시민의 경우에는 자신의 정보가 기록된 데이터베이스의 숫자가 1000개까지 증가했다고 한다. 오늘날 신용카드사, 이동전화기업, 자동차 판매기업, 공공기관, 직장, 항공사, 버스회사, 지하철, 영화관, 지하철 등 수많은 앱을 통해서 기업은 우리의 개인정보를 기록하고 사용한다. 결국 법적으로나 정책적으로 정부나 사회단체가 할 일은 데이터의 축적과 활용에 있어서 서로 충돌하는 두 가치, 개인의 자유 및 사적 영역 보호와 안전하고 생산적인 사회 실현, 이들 사이의 균형을 유지하는 것인데, 이미 여러 국가에서 많은 정책적 대응을 진행하고 있다.

우선, 개인정보보호법(personal data-protection act)을 제정해서 개인의 자유와 권리를 보호해온 세계의 많은 국가에서 스마트 기기 확산 이후 축적되는 정보 양이 급증하고 인공지능을 통해 데이터 분석이 가능해지면서 개인정보보호 규정을 강화해 나가고 있다. 유럽의회는 기존 개인정보보호지침을 기반으로 개인정보보호원칙을 확장하고 강화한 일반정보보호규정(General Data Protection Regulations)을 2016년 통과시켰고, 이 규정은 2018년 5월부터 발효되었다. 유럽연합의 일반개인정보보호규정은 데이터의 축적, 저장, 양도와 처리에 이르기까지 데이터 활용 전 과정에서 사업자가 지켜야할 규정을 담고 있을 뿐만 아니라 기업이 규정을 위반했을 경우 적용될 구제책과 처벌에 관한 실행 수단까지 담고 있다. 유럽지역에서만 적용되는 것이 아니고 유럽기업과 사업관계를 맺고 있는 외국기업에게도 적용되는 규정으로서 국제적으로 통용되는 개인정보보호 규정이라고 할 수 있다. 유럽연합의 일반개인정보보호규정보다 폭 넓게 개인정보보호 및 데이터 활용에 관한 규정을 담고 있는 것이 1980년 제정되어 2013년 보완된 경제협력개발기구(OECD)의 개인정보보호 및 개인정보의 국제이동에 관한 지침(Guidelines on the Protection of Privacy and Transborder Flows of Personal Data)이다. 경제협력개발기구의 지침에서 개인정보(personal data)는 개인을 식별할 수 있는 정보로 정의되어 있고, 개인정보보호를 위한 8가지 원칙(적법하고 동의를 얻은 데이터 수집, 정확한 데이터 수집 및 관리, 사용목적에 적합한 정보수집, 데이터 사용목적의 공지, 공지한 사용목적 내에서 데이터 사용, 책임 있는 데이터 사용 등)을 천명하고 있다. 우리나라의 개인정보보법은 2011년 제정되어 2012년 발표되었고 현재 법령상 규제가 너무 강해서 완화해야 한다는 견해와 개인정보보호를 더 보강해야 한다는 견해가 충돌하고 있다. 2016년 정부가 개인정보 비식별 조치 가이드라인을 발표한 이후 개인정보의 산업적 활용을 활성화하기 위한 여러 개인정보보호법 개정안이 국회에 제출되었고 2018년 말에도 상충된 여러 법령개정안이 제출된 상태이다.

우리나라를 비롯해 모든 국가가 데이터 기반의 인공지능 사회로 발전해 가면서 개인정보보호와 정보의 산업적 활용이라는 상충된 가치를 추구하는 깃발 아래 모인 다양한 이해집단이 충돌하고 있다. 인터넷기업, 마케팅 및 광고기업, 보험회사, 안전 및 경찰 조직, 정부기관, 병원, 시민단체 등이 크게 보면 두 진영으로 나뉘어 개인정보보호 관련 논의를 진행하고 있다. 다양한 견해가 존재하나 크게 두 견해로 정리하면, 하나는 개인정보의 수집과 사용, 사용목적의 변경과 관련해서 개인의 권리를 강화하기 위해 규제를 강화해야 한다는 견해이고, 다른 하나는 정보의 수집과 활용에 대한 규제를 완화하되 오용의 경우에 대한 규제는 강화하자는 견해이다. 즉, 개인정보보호가 우리 사회가 보호해야할 중요한 가치라는 점에 대해서는 양 진영의 차이가 없으나, 규제를 어떤 수준에서 어떻게 할 것인가라는 각론에서는 상충된 견해를 보이고 있으며 현재 어떤 형태로의 법령개정 작업도 진행되지 못하고 있는 상태이다.

몇 가지 큰 개선 방향을 찾아 제안해 보면, 첫째는 산업별로 다른 수준의 규제를 적용하는 것을 고려할 필요가 있다. 이는 산업분야별로 개인정보 사용의 목적과 내용이 다르기 때문에 획일적인 원칙을 적용하기보다는 차별적 규제방식을 도입하면 대립하는 양 진영의 협상을 보다 쉽게 이끌어낼 수 있고, 실제로 개인들이 요구하는 정보보호의 수준도 산업별로 다르기 때문이다. 예를 들면, 유럽과 미국의 연구에 따르면 의료연구의 경우에 비해 맞춤형 광고를 위한 개인정보의 활용에 대한 시민의 부정적 태도가 훨씬 높다는 것이다.

둘째, 현재 진행되고 있는 기술진보가 개인정보의 보다 많은 축적과 사용을 가능하게 하고 또한 요구하고 있으나 사회제도 개선이 기술진보 속도를 따라가기에는 너무 느리기 때문에 법령을 통해서는 개인정보보호 일반 원칙을 정하고 데이터 축적과 사용에 있어서 투명성을 높이는 방향으로 규제를 전환해 나가면서 윤리적 개인정보 사용을 확산하는 것도 대안이 될 수 있다고 생각한다. 이를 위해서는 인공지능 개발자와 인공지능을 활용하는 공공 및 민간 조직의 최고경영자가 주기적으로 개인정보보호에 관한 윤리교육을 받도록 할 필요가 있다.

셋째, 이미 1990년대 개발된 개인정보보호 방법으로서 미국 연방거래위원회(FTC)가 권장하는 디자인을 통한 정보보호(privacy protection by design) 원칙을 활용하는 방법이다. 이 원칙에 따르면 인공지능이나 정보시스템 개발에 있어서 개인정보보호는 초기 디자인 때부터 기본원칙으로 고려되어야 하고, 개발자는 시스템 개발, 업무 처리절차 설계, 데이터 네트워크 구축과정에서 정보보호원칙을 적극적 의도적으로 내재화시켜야 한다. 다양한 산업에서 다양한 형태로 전개되는 개인정보의 축적과 활용을 규제하는 정책을 하나의 일반적 규제제도로 통제하려 하지 말고, 각각의 현장에서 개인정보보호라는 가치가 네트워크 구축, 기술개발, 업무처리 절차 수립 초기 단계부터 최우선적으로 고려된 상태에서 주어진 문제를 풀어가는 접근법을 사용하자는 것이다. 인공지능 개발에 있어서도 데이터의 축적과 확보, 데이터 전 처리, 알고리즘의 적용, 모델검증 전 과정에서 인간의 존엄성과 개인정보보호란 가치가 최우선적으로 고려되는 표준화된 개발과정을 수립하고 현장에서는 이 원칙에 따라 업무를 처리하도록 하되 이 원칙을 손상시키지 않는 범위에서는 개발자의 자율성을 충분히 허용하는 유연한 접근법인 것이다. 이를 위해서는 개발자의 인간의 존엄성에 대한 충분한 이해가 있어야 하고 초기 인공지능 디자인 단계부터 인간적 가치를 반영할 수 있도록 하는 접근법(design thinking approach)을 개발자가 체화할 수 있는 교육시스템이 구축되어야 한다. 아울러 인공지능을 개발하고 활용하는 모든 조직에 개인정보보호 전문가 조직을 내부적으로 운영하도록 함으로써 개발자가 판단할 수 없는 사안에 대해 자문하고 함께 인공지능 개발에 참여하도록 하는 제도적 보완이 필요하다.

네 번째 대안은 개인정보보호 문제를 제도적 방법으로 풀려 하지 않고 통계학 또는 인공지능 알고리즘을 이용해서 과학적으로 풀어보자는 접근법으로서 애플이나 구글이 이미 사용하고 있는 방식이다. 통계학적 방법은 차별적 개인정보(differential privacy) 처리 방식으로서 모집단에 속한 개인을 식별할 수 없으면서도 모집단 특성을 추출해낼 수 있도록 데이터 수집과정이나 데이터베이스에서 데이터를 추출하는 과정에 의도적으로 확률적 오차를 추가하는 방식이다. 즉, 추가된 오차로 인해 개별 데이터에서 개인 식별은 불가능하게 되지만 오차가 추가된 모집단 데이터에서는 추가된 오차를 제거함으로써 분석의 정확도가 저하되지 않도록 하는 것이다. 이 방법을 통해서 달성하려는 것은 개인 식별이 가능하든 안하든 데이터 분석을 통해 얻어진 결과가 동일하다면 개발자는 굳이 개인 식별정보를 분석에 사용할 필요가 없고 따라서 성과를 높이기 위해 개인정보보호 가치를 훼손할 유인이 사라지도록 하겠다는 것이다. 이 방법을 사용하면 설문조사 답변자의 성별정보가 식별될 수 없게 하면서 남녀 식별정보 분석에는 사용할 수 있도록 할 수 있다. 아주 단순한 예를 하나 들어보면, 설문 답변자는 성별정보를 선택하기 전에 동전을 던져서 앞면이 나오면 남성을 무조건 선택하게 하고, 뒷면이 나오면 남성과 여성을 정확히 표기하도록 한다. 이 설문 조사의 결과에는 확률적 오차가 가미되어 실제 어떤 설문자의 답이 사실인지 알 수 없게 된다. 다만, 만약 100명 중에서 여성이 40명 있다면 실제 여성으로 표시된 설문은 20개고 남성으로 표시된 80개 설문에서 20개는 실제 여성이다. 이 방법을 사용하면 개인 식별은 어렵게 하면서도 모집단의 성별 정보를 정확하게 추정할 수 있게 된다. 인공지능 알고리즘을 이용한 익명화 방식은 연합학습(federated learning)방식으로 앙상블(ensemble)방식이라 불리기도 하는 인공지능 학습방식이다. 여러 병원의 데이터를 모아서 인공지능을 학습시키지 않고 개별 단위의 병원에서 각각 인공지능 모델을 개발하고 이 모델이 클라우드에 모아져서 평균화된 일반모델이 구축된다. 이후 이 일반모델이 각 병원의 인공지능 모델을 대체해 사용되면서 다시 각 병원의 데이터로 수정되고 다시 클라우드로 모아져 수정된 일반모델이 구축되는 과정이 반복된다. 개인정보보호란 측면에서 개별 병원에 있는 개인정보가 병원 밖으로 유출되지 않기 때문에 장점이 큰 방법이다. 만약 개별 병원의 정보가 작으면 몇 개씩 모아서 공동 사용하면 되기 때문에 모든 정보가 집중되어 관리될 때 직면하는 개인정보 침해 위험이 크게 완화된다.

위에서 언급한 네 가지 개인정보보호 방식은 서로 대체관계에 있지 않고 보완관계에 있기 때문에 모두 함께 개인정보보호 방식으로 사용될 수 있으나 법령의 규정을 통한 규제는 피해 예방보다는 구제에 집중하고 피해 예방은 기업경영활동 및 업무추진 방식에 개인정보보호가 내재화될 수 있도록 하면서 개인정보를 집중화 하지 않고 또는 수학적 익명화를 통해 인공지능을 개발하는 방식을 확산시켜 나갈 필요가 있다. 보다 먼 장래에는 개인정보는 개개인의 디지털 쌍둥이(digital twin)인 디지털 자아(digital self)로 모아지게 하여 개인정보의 소유권을 개인에게 부여하는 것이 바람직할 것으로 보인다. 모든 사람은 탄생과 동시에 자신의 디지털 자아를 갖게 되고 그 개인의 모든 정보는 디지털 자아에 축적되고 그 소유권은 현실의 개인이 되는 것이다. 미래 인간은 일하지 않고도 살아가는 세상에 다다를 수 있고, 이때 인간은 자아 정보에 대한 거래를 통해서 생활에 필요한 모든 수단을 얻는 정보생산자로서의 위상을 갖게 될 수도 있을 것이다.

기존세대 특히 공공부문 정책결정자에 대한 직무능력 향상 교육과
재교육이 필요하다

기술진보가 빠를 때 기성세대는 새 기술을 직무에 활용해 성과를
향상시키기 위한 직무능력향상(upskilling) 교육을 받고 사라지는 직
종에 종사하는 사람은 새로운 취업을 위한 교육(reskilling)을 받는
다. 민간부문은 직무교육이나 재교육을 통해서 기업성과를 향상시
킬 수 있기 때문에 알아서 먼저 움직여 나가고 그럴 재원이 없는 중소
기업의 직원 교육에는 정부가 지원을 한다. 문제는 공공부문 종사자
가 신기술에 대한 이해를 높이고 업무추진에 활용하기 위해 직무능
력향상(upskilling) 교육을 받아야할 필요성은 높으나 그럴 유인이 작
다는 것이다. 앞서 논의한 것과 같이 인공지능이 확산되면 우리 경제
사회에서 과거 생산기술에 기반을 둔 생태계가 붕괴되고 새로운 생태
계가 탄생하는 재구조화가 진행되어야 하고 진행될 것이다. 이 과정
에서 이해당사자 사이의 갈등이 커지는데 미래지향적으로 제도를 개
선하면서 갈등을 해소할 대안을 찾기 위해서는 신기술에 대한 폭 넓
은 이해가 공직자에게 꼭 필요하나, 공직자는 기본적으로 보수적이
고 일상의 업무에 파묻혀 새로운 시각에서 미래지향적으로 갈등을
풀기보다는 기득권자의 눈치를 보기 때문에 제도개선이 더뎌진다. 이
러한 보수적이고 소극적인 행태는 본질적으로 새로운 기술에 대한 이

해 부족과 자신감 부족에서 기인하기 쉽다. 전문가의 조언을 들을 수는 있으나 실제 정책결정을 해야 하는 공무원의 미래 변화에 대한 자신감이 적으면 적을수록 제도개선에 소극적일 수밖에 없다. 인공지능을 활용하는 공공사업의 우선순위를 결정하고 해당 사업에서 발생가능한 부작용을 방지할 수 있는 보완적 수단을 강구하는 한편 구조조정 과정에서 발생하는 탈락자를 보호하기 위한 보완책을 마련하기 위해서는 공직자의 적극적이고 창의적인 정책개발이 반드시 필요하다. 미래사회로 먼저 나아가기 위한 국제경쟁은 앞서 얘기한 것과 같이 국내 제도개선 경쟁이기 때문에 공공부문의 정책결정자에 대한 직무능력 향상 교육을 적극 추진해야 한다. 또한 정부는 사라져 가는 직업에 종사하는 인력이 인공지능과 함께 생활하는 방법을 배워 새로운 직장을 찾을 수 있도록 재교육도 폭 넓게 제공해야 한다.

인간이 살아갈 환경과 생활방식을 선택할 자유를 보장해야 한다

시간이 지나 점차 인공지능이 확산되고 로봇기술도 발전하면 인간의 의도적 진화에 대한 논의도 활성화 될 것이다. 일부 생명공학 관련 연구에서 인간의 유전자 편집이나 조작을 통한 질병의 치료가 논의되고 있을 뿐 인간 자체의 진화에 대한 논의는 아직 진행되지 않고 있다. 인간의 화성 탐험이 이미 준비되고 있음에 불구하고 인간의 진화나 개조에 대한 논의는 없이 인간은 미래에도 현재와 같을 것이란 생각이 아직은 지배적이다. 인간의 정보처리 능력과 인지능력을 초월하고 물리적인 힘에 있어서 인간을 초월하며 인간과 같이 대화하고 협업하고 경쟁할 수 있는 인공지능을 지닌 로봇에 대한 이야기는 있다. 그러나 미래 인간의 진화나 개조에 대한 이야기는 감히 언급조차 안되고 있다. 이처럼 인간 자신의 진화나 개조에 대한 이야기와 그런 미래 인간사회에 대한 이야기가 논의되지 않고 있는 것은 종교적인 이유 또는 기존 도덕관념에서 기인한 고정된 가치관 때문이다. 바로 인간의 생물학적 순수성을 훼손해서는 안 된다는 고정관념이 우리 의식을 지배하고 있기 때문이다.

그러나 과학기술의 발전과 함께 인류역사에서 수많은 고정관념이 깨진 것과 같이 인간의 생물학적 순수성에 대한 고정관념도 깨질 것이다. 한때 인간의 몸에 대한 수술은 금기시 됐다. 죽은 인간의 몸을 해부해 보는 것도 불가능했던 때가 있었다. 1500년대 아직도 인간의 부활에 대한 믿음이 보편적으로 존재하던 시기, 서구에서 시체를 해부하는 것은 금기시 됐다. 시체를 훼손하면 부활이 불가능하다고 믿었던 것이다. 당시에는 시체 해부가 극악무도한 범죄자에게 부활하지 못하도록 부가하는 형벌로 사용되기도 했다. 그러나 의학기술이 발전하기 위해서는 해부를 통해 인간의 몸에 대한 이해를 높이는 것이 필수불가결했다. 호기심 많은 의사는 시체를 훔쳐서라도 해부해 보고 싶어 했고, 한때 시체가 불법으로 거래되기도 했다. 오랜 시간이 지난 지금, 외과수술은 인간사회에서 당연한 것으로 여겨지고 있으며, 병을 고치기 위한 것이 아니고 단지 보다 나은 외모를 갖기 위해 성형수술을 받는 시대에 살고 있다.

이미 인간의 새로운 진화는 시작되었고 인공지능이 확산되면 될수록 그 속도도 더 빨라질 것이다. 길안내 프로그램의 도움을 받게 되면서 인간은 길을 기억하지 못하게 되었고, 스마트폰을 사용하게 되면서 우리는 가족의 전화번호조차 기억하지 못하게 되었다. 개개인이 인공지능을 비서처럼 사용하는 시대가 되면 인간의 두뇌는 과거는 물론 현재와 다른 구조나 형태로 변화되어 있을 것이다. 인공지능 시대에 인간의 계산능력, 암기력, 기억력은 더욱 퇴화될 것이고 인공지능의 도움이 없으면 살아가기 힘든 때가 올 것이다. 인간보다 훨씬 강한 기계가 인간의 능력과 지능을 초월하게 될 때, 인간도 생물학적 순수성만 신봉한다면 더욱더 인공지능 의존적인 삶을 살아갈 것이다. 기계의 특성을 인간의 신체에 적용해 인간의 신체능력과 지능을 향상시켜 나가야만 기계에 지배당하지 않고 동시에 인간의 생래적 제약을 극복할 수 있다. 인간의 생래적 한계를 극복하지 않고 자율적 존재로서 인간이 살아가는 것은 불가능해지고 지구를 떠나 화성으로 날아갈 수도 없다. 과학기술 발전사는 인간이 직면한 다양한 제약을 극복하기 위한 기술개발의 역사였다. 향후 50년의 역사는 바로 인간 자신이 진화나 개조를 통해 생물학적 제약을 극복하기 위한 시대일 것이다.

물론 생물학적 순수성을 고집하면서 자연인으로 살아가려는 인류도 있을 것이다. 미래의 자연환경과 사회경제체제가 인간이 자연인으로서 살아가는 것이 가능할 정도로 유지된다면 인간에게 자연인으로 살아가는 선택지가 허용될 것이나 그렇지 못하다면 인간의 인위적 개조는 불가피할 수도 있다. 앞으로도 오래도록, 아니 영원히 인간 개개인이 자신이 살아갈 환경과 방식을 선택할 수 있기를 기대하며 이 글을 마친다. 과연 필자는 얼마나 오랫동안 자연인으로 살아남을 수 있을 것인가? 아니, 과연 자연인으로 살아남기를 원할까? 최소한 현재는 그렇다.

5. '또 다른 지능과 상생하는 다음 50년'을 쓰고 나서

인공지능 기술은 아직 초기 단계로서 성숙단계에 도달하려면 20~30년은 더 기다려야 할 것이다. 인공지능 개발 초기 단계에 인간이 자신보다 뛰어난 새로운 지능과 함께 살아갈 다음 50년의 미래를 예측하기는 어렵다. 인공지능이 새로운 기술이기는 하나 인류 역사에서 우리 경제사회정치문화 전 영역에 단절적 변화를 가져온 기술은 이전에도 여럿 있었다. 비록 새로운 기술이 우리 앞에 보여줄 변화를 자세히 예측하기는 어려워도 새로운 기술이 대두됐을 때 어떻게 대응해야만 국가사회 발전에 도움이 된다는 교훈은 이미 잘 알려져 있는 것이다. 자레드 다이아몬드 교수의 말과 같이 "과거는 일찍 온 현재"이기 때문이다. 따라서 과거를 통해서 미래의 변화를 예견하고 현재의 갈등을 발전적으로 풀어나갈 대안을 얘기하는 것이 가능하다. 필자는 현재 시점에서 자신의 지식에 상상력을 더해 최대한 가능성 있는 미래를 그려보고 미래에 우리가 함께 잘 살 수 있는 대응방안을 모색하는 가운데 비관보다는 희망을 노래하려고 노력했다. 향후 5년 정도 뒤에 5세대 이동통신이 우리 사회에 보편적으로 구축되고 10년 정도 뒤에 양자컴퓨팅(quantum computing) 기술이 구현되어 양자컴퓨팅 기반의 인공지능이 구현될 때쯤이면 아마도 인공일반지능(artificial general intelligence)이 우리와 함께 할 수 있을 것이다. 그때쯤 이 글을 돌아보고, 그 다음 50년에 대해 다시 쓰기를 기대한다.

참고문헌

이대환. (2016). *세계 최고의 철강인 박태준 평전*. 서울: 아시아.

통계청. (1995). *통계로 본 한국의 발자취*. 서울: 문성인쇄주식회사.

포스코 50년사: 1968-2018, http://www.posco.co.kr/docs/kor6/jsp/dn/company/posco/History_of_POSCO.pdf

Arute, F. et al. (2019). Quantum supremacy using a programmable superconducting processor. *Nature, 574*, pp. 505-511.

Govindarajan, V., Rajgopal, S., Srivastava, A., & Ye Wang, Y. (2019, May). R&D Spending Has Dramatically Surpassed Advertising Spending. *Harvard Business Review*.

Huberman, M., & Minns, C. (2007). The times they are not changing': Days and hours of work in old and new worlds, 1870-2000. *Explorations in Economic History, 44*, 538-567.

Jasanoff, S. (2019). Can science make sense of life? Cambridge, UK: Polity Press.

Kelleher, J.D., & Tierney, B. (2018). *Data science*. Cambridge, MA: MIT Press.

Maddison, A. (2006). *The world economy: A millennial perspective*. Development Centre Studies, OECD.

Raff. D.M.G., & Summers, L.H. (1987). Did Henry Ford pay efficiency wages? *Journal of Labor Economics, 5(4)*, S57-S86.

Zuboff, S. (2019). *The age of surveillance capitalism: the fight for a human future at the new frontier of power*. New York, NY: PublicAffairs.

현재가 과거의 축적 위에 있듯 미래는 현재를 포함한 과거의 축적 위에 있게 된다. 과거와 현재가 미래의 상당한 실재를 담보하는 것이다. 다만, 소통의 수준에는 격차가 크다. '역사와의 대화'에서 확인할 수 있는 것처럼 현재가 과거와 소통하는 일은 선명한 이해를 이룰 수 있어도, 현재가 미래와 소통하는 일은 희미한 공감을 넘어서기 어렵다. 이른바 'ICT시대'라 불리는 21세기 '지금 여기'서는 더욱 그러하다. 현란하고 다양한 현재의 상상력들이 서로 융합하고 충돌하면서 예측불허의 창조적 조화를 생성하기 때문이다. 그러나 그것이 인간 또는 인간사회의 어떤 근원적인 문제를 해결할 수는 없다.

나는 어디서 와서 어디로 가는가? 어떻게 살아야 인간답게 사는 것인가? 이런 질문들은 모든 개인에게 가장 근원적인 문제다. 이 문제의 완전한 해답이 나오는 날에 인문학은 사그라질지 모른다.

더 나은 공동체로 가는 변화의 길은 무엇인가? 더 나은 공동체로 가는 시대정신과 비전은 무엇인가? 이런 질문들은 인간사회가 결코 놓아버릴 수 없는 가장 근원적인 문제다. 이 문제가 '현재 공동체에서 벗어날 수 없는 우리'에게 당위적 책무의 하나로서 미래전략 탐구를 강력히 요청한다. 거대담론적인 미래전략도 있어야 하고, 실사구시적인 미래전략도 있어야 한다.

거대담론적인 미래전략 연구가 이상적(理想的)인 체제를 기획하는 원대한 작업에 주력한다면, 실사구시적인 미래전략 연구는 가까운 장래에 공동체가 당면할 주요 이슈들을 예측하고 대응책을 제시하는 작업에 주력한다. 박태준미래전략연구소는 앞으로 일정 기간 동안 후자에 집중할 계획이며, 그 결실들을 총서로 출간하여 더 나은 공동체를 향해 나아가는 사회적 자산으로 공유할 것이다.

꼭두새벽에 깨어난 이는 먼동을 예감한다. 그 먼동의 한 자락이 이 총서에 담겨 있기를 바랄 따름이다.

박태준미래전략연구소

박태준미래전략연구총서 12

또 다른 지능, 다음 50년의 행복 ©장병탁 권호정 이인아 권영선

발행일	2019년 11월 18일 초판 1쇄 발행
펴낸이	김재범
펴낸곳	(주)아시아
지은이	장병탁 권호정 이인아 권영선
기획	포스텍 박태준미래전략연구소
편집	김지연 강민영
관리	김주희 홍희표
출판등록	2006년 1월 27일 제406-2006-000004호
인쇄·제본	굿에그커뮤니케이션
종이	한솔 PNS
디자인	나루기획

전화	02-821-5055
팩스	02-821-5057
주소	경기도 파주시 회동길 445(서울 사무소: 서울시 동작구 서달로 161-1 3층)
이메일	bookasia@hanmail.net
홈페이지	www.bookasia.org
페이스북	www.facebook.com/asiapublishers

ISBN	979-11-5662-422-6 (94080)
	979-11-5662-119-5(set)

한국 평전문학의 '수작'이라 격찬 받는 책

"무사심無私心 일류국가주의와 무소유無所有 대기업가정신은
어떻게 형성되고 실현되는가?"
─완결판『박태준 평전』이 대답해 준다.

세계 최고의 철강인
박태준 평전

이대환 지음
1,032쪽 | 32,000원 | 아시아

외국에서 나오는 수작(秀作)의 전기에 비견할 만한 이 작품이 나올 수 있었던 것은 전적
으로 저자의 노력 덕분이다. _조선일보

이 책은 실로 "나는 나라를 사랑했고 나라에 나를 바쳤어"라고 감히 말할 자격이 있는
인물의 평전이다. _중앙일보

작가로서 내가 지켜본 박태준의 최고 매력은 무엇인가? 지장, 덕장, 용장의 리더십을 두
루 갖춘 그의 탁월한 능력인가? 흔히들 그것을 꼽는다. 나도 흔쾌히 인정한다. 그러나 그
것을 최고 매력으로 꼽진 않는다. 내 시선이 포착한 박태준의 최고 매력은 '정신적 가치'
를 가치의 최상에 두는 삶의 태도였다. _'작가의 말'에서

blog bookasia.blog.me **facebook** facebook.com/asiapublishers **twitter** @BookAsia   아시아

박태준미래전략연구총서 9

촛불 너머의 시민사회와 민주주의

윤평중 이진우 전상인 임지현 김석호 지음
값 15,000원

'촛불 너머의 시민사회와 민주주의'를 꿈꾸는 한국인의 필독 교양서

한국 시민사회와 민주주의는 어디쯤에 와 있는가? 민낯과 속살의 실상은 어떠한가? 어떤 한계에 봉착해 있으며 어떻게 그것을 넘어설 수 있는가? '촛불 너머'의 성찰적 시민사회와 성숙한 민주공화정 국가에 도달하기 위해 지금 여기의 우리에게 없거나 모자라는 '시민'으로서의 자질은 무엇인가? 이러한 문제의식에서 출발한 연구와 사유의 결실이 『촛불 너머의 시민사회와 민주주의』이다. 이 책에서 다섯 분의 필자들은 저마다 다른 다섯 개의 시선으로 한국사회를 들여다보고 책의 제목이 가리키는 더 나은 미래로 나아갈 다섯 개의 길을 닦아두고 있다.

경제와 국가안보를 시민정치의 열정으로 해결하는 데는 본질적 한계가 있는 것이다. 대한민국이 '촛불 그 너머'로 나아가야만 하는 까닭이다. 윤평중

성숙한 개인들만이 건강한 시민사회를 만든다. 이진우

한국민주주의의 미래는 공동체주의를 신봉하는 것에 있는 것이 아니라 개인주의를 강조하는 것에 있다. 전상인

20세기 역사 과정에서 식민주의와 전쟁, 분단과 독재를 겪은 한국사회의 고통스러운 기억들이 지구적 기억 공간 속에서 타자의 고통과 만나고 연대하면서 보편적 인권의 기억으로 진화할 때, 한국사회는 이웃과 미래를 향해 열려 있는 기억구성체로 발전해나갈 수 있을 것이다. 임지현

시민성은 시민들이 서로를 견제하지만 배려하고 관용하는 정치적 평등 관계에서 필요한 실천이다. 김석호

blog bookasia.blog.me facebook facebook.com/asiapublishers twitter @BookAsia 아시아

박태준미래전략연구총서 4

대한민국 행복지도

망고 제인 안기르 외 35인 지음 | 값 15,000원

"Happy Map, 대한민국 행복지도를 만들었어요"
-한국을 사랑하는 21개국 외국인·다문화 엄마 36인이 말하다

개인마다 삶의 모습은 각기 다르겠지만, 공통적으로 추구하는 인생의 목표는 '행복한 삶'일 것이다. 행복은 개인적 측면들, 요컨대 가치관이나 '마음 비우기'같은 수양에서 비롯되기도 하지만, 개인이 살아가고 있는 시대의 사회적 환경이 행복에 미치는 영향도 무시할 수 없다. 어쩌면 사회적 존재인 인간에게는 사회적 영향이 더 클지도 모른다.

이러한 맥락에서 포스텍 박태준미래전략연구소는 실사구시적인 미래전략연구 주제의 하나로서 '더 행복한 한국사회로 나아가기 위해 가장 중요한 과제가 무엇인가'를 선정했다. 행복에 영향을 미치는 사회적 환경에 초점을 맞추고, 조금 더 나은 사회적 환경을 건설하기 위한 방안에 대해 모색하고자 한다. 구체적으로는 이 시대를 살아가는 수많은 사람들이 '불행하다'고 느끼게 만드는 다양한 정치·사회·경제적 문제들을 직시하고 고찰하고자 한다.

한국인의 불행은 대체로 젊은이들에게 초점이 맞춰져 있고, 우울해 하는 노인보다 우울해 하는 젊은이에 더 신경을 쓴다. 다니엘 튜더(영국)

인간의 핵심, 가정과 사회의 핵심은 이타적인 사랑과 신뢰이다. 이것을 회복하지 못하면 결코 행복을 찾을 수 없다. 야마구치 히데코(일본)

blog bookasia.blog.me facebook facebook.com/asiapublishers twitter @BookAsia 아시아

박태준미래전략연구총서 5

호모 컨버전스

권호정 외 지음 | 값 15,000원

우리 삶에 많은 영향과 변화를 초래할 제4차 산업혁명

이 책은 '호모 컨버전스: 제4차 산업혁명과 미래사회'라는 주제를 다루며, 과학기술, 경제, 정책, 사회제도 등을 탐구하는 교수 19인이 제4차 산업혁명의 주요 과학기술적 특성을 소개한 다음, 우리 사회가 맞이할 변화를 전망하고, 어떻게 대비할 것인가에 대한 제언을 내놓는다. 다양한 전문성의 융합을 특징으로 하는 제4차 산업혁명의 '집단적 지혜'의 결실과 맥락을 같이하는 것인데, '호모 컨버전스(Homo Convergence)'라는 제목을 택한 이유는 제4차 산업혁명이 초래할 가까운 미래사회가 바로 '융합지식형 인간'을 원하기 때문이다.

제4차 산업혁명은 21세기에 들어서면서부터 기하급수적인 속도로 매우 빠르게 진행되고 있다. 2016년 1월 개최된 세계경제포럼에서 클라우스 슈밥 교수가 '제4차 산업혁명'을 화두로 제시하여 세계인의 주목을 받았다. 3월에는 프로바둑기사 이세돌과 인공지능 '알파고'가 펼친 인간과 컴퓨터의 바둑대결을 지켜보면서 제4차 산업혁명의 일면을 생생히 실감하였다. 제4차 산업혁명은 과학기술의 경계 영역을 넘나들며 끊임없이 융합과 조화를 이루어 수많은 새 분야를 창출하고 발견하는 독특한 특성을 보이는 가운데 이미 우리의 삶에 많은 영향과 변화를 주고 있는 것이다.

제4차 산업혁명은 이미 진행된 세 번의 산업혁명보다도 여러 방면에 매우 크고 강력한 영향력을 발휘함으로써 역사적으로 중요한 의미를 지니게 될 것으로 보인다. 따라서 우리는 제4차 산업혁명의 특성을 선제적으로 잘 이해하고 앞으로 전개될 인간과 사회의 미래를 전망하면서 적절한 대비를 갖춰야 한다.

blog bookasia.blog.me **facebook** facebook.com/asiapublishers **twitter** @BookAsia 아시아